普通高校体育选项课系列教材

乒乓球、羽毛球、网球

PINGPANGQIU YUMAOQIU WANGQIU

李明芝　高淑艳　刘积德◎编著

清华大学出版社
北京

内容简介

乒乓球、羽毛球和网球是颇受大众喜爱的小球类运动。本教材包括乒乓球、羽毛球和网球三部分，每部分分别介绍了相应运动的基本知识、基本技术、基本战术和竞赛规则的相关内容。本教材内容丰富、结构清晰、语言通俗，能够帮助读者了解和掌握小球运动的基本知识和技能，适用于高校师生与小球运动爱好者阅读参考。

图书在版编目(CIP)数据

乒乓球、羽毛球、网球 / 李明芝，高淑艳，刘积德 编著．—北京：清华大学出版社，2015（2022.12 重印）
（普通高校体育选项课系列教材）
ISBN 978-7-302-40503-0

Ⅰ.①乒… Ⅱ.①李… ②高… ③刘… Ⅲ.①乒乓球运动—高等学校—教材②羽毛球运动—高等学校—教材③网球运动—高等学校—教材 Ⅳ.①G84

中国版本图书馆 CIP 数据核字(2015)第 136815 号

责任编辑：王燊娉　胡花蕾
封面设计：赵晋锋
版式设计：周玉娇
责任校对：曹　阳
责任印制：刘海龙

出版发行：清华大学出版社
网　　址：http://www.tup.com.cn，http://www.wqbook.com
地　　址：北京清华大学学研大厦 A 座　　**邮　　编**：100084
社 总 机：010-83470000　　**邮　　购**：010-62786544
投稿与读者服务：010-62776969，c-service@tup.tsinghua.edu.cn
质 量 反 馈：010-62772015，zhiliang@tup.tsinghua.edu.cn
印 装 者：北京建宏印刷有限公司
经　　销：全国新华书店
开　　本：185mm×260mm　　**印　　张**：19　　**字　　数**：462 千字
版　　次：2015 年 8 月第 1 版　　**印　　次**：2022 年 12 月第 7 次印刷
定　　价：49.00 元

产品编号：064696-02

丛书编委会

丛 书 序

教育是立国之本，强国之基，没有优良的教育，一个国家就难以获得发展。在经济和社会的快速发展下，竞争日益加剧，而这种竞争逐渐演变为人才的竞争。在这一背景下，高等教育面临着培养全面型高素质人才的历史使命。而健康的体质是人才的基础，要培养合格的人才，高校必须重视体育教学。尤其是目前我国面临着国民体质日益下降的严峻形势，如何加强高校体育教育，进行体育教育改革，成为高校体育教育的重要工作。

我国对高校体育教育非常重视。《中共中央国务院关于深化教育改革全面推进素质教育的决定》中明确了体育教育工作的重要性，《全国普通高等学校体育课程教学指导纲要》也对体育课程进行了分析与定位，这些都为我国高校体育教育的发展指明了方向。高校体育教育要严格遵循"健康第一""以人为本""终身体育"的指导思想，以《全国普通高等学校体育课程教学指导纲要》为依据，遵循体育教育的客观规律，不断进行体育教育改革，提高体育教育质量，为实现培养全面人才的重任而努力。

高校体育教育的重要任务就是让学生获得体育运动的基本知识，掌握一两种体育锻炼的技能，从而促进自身身心健康与社会适应能力，增强体质，形成终身体育意识。基于这一任务，从高校体育教育与学生的实际情况出发，我们编写了《普通高校体育选项课系列教材》，包括《体育运动科学理论》《足球》《篮球》《排球》《乒乓球、羽毛球、网球》《健美操》《形体与体育舞蹈》《武术与养身》《跆拳道、散手及自卫防身术》《游泳救生及水上运动》《定向运动与野外生存》《休闲娱乐运动》等。

本套教材具有以下特点：

(1)内容丰富。本套教材根据高校体育教育的实际、学生体育学习的需要以及时代的发展要求，从庞大的体育系统中选择了一些对学生发展有利的、易于学生接受的、时代性强的内容进行讲解，既包含体育理论的相关知识，也包含体育运动项目的实践，编排全面、合理，能够满足高校体育教师教学与学生学习的需要。

(2)教育性强。本套教材在编写过程中突出教育性，不仅对学生进行体育文化的教育，还对学生进行体育实践的指导，更注重学生体育技能的掌握与体育意识的培养，体现出了体育在素质教育与人才培养方面的重要性。

(3)突出个性。本套教材在编写中严格遵守"以人为本"原则，内容选择上从学生的需要出发，讲解中考虑了学生的身心发展特征，并体现出了个体差异，有利于学生在学习过程中的个性培养，为终身体育奠定基础。

(4)实用性强。本套教材所选内容切合实际，编排上遵循人类认识的一般规律，语言通俗易懂，图文并茂，方便教师教学与学生学习，具有较强的实用性。

本套教材在编写过程中吸收、借鉴了国内外专家和学者的研究成果与资料，并得到了清华大学出版社的大力帮助和支持，在此表示衷心的感谢。由于编写人员精力和水平有限，书中难免存在不妥之处，敬请广大读者批评指正。

赵志明

湖南科技大学体育学院教授

北京体育大学体育教育训练学博士

2015 年 1 月

前　　言

乒乓球、羽毛球和网球在我国并称为“三小球”。我国的乒乓球和羽毛球竞技水平在当今世界首屈一指，乒乓球运动更是一家独大，展现出了“独孤求败”的庞大气势。与前面这两项运动相比，网球运动在我国开展较晚，至今仍旧与世界一流水平有较大差距，但即便在这种落后的局面下，仍旧涌现出了李娜、彭帅、郑洁等优秀选手，在国际网坛展现出了“中国金花”的实力。为了能够尽快追赶上世界一流水平，我国近年来也增加了对网球运动的投入。

乒乓球、羽毛球和网球运动除了竞技功能外，在大众健身领域中也发挥着巨大的作用。乒乓球、羽毛球运动在大众的日常体育健身活动中是最为常见的，随着网球运动的普及和参与门槛的降低，参与网球这一时尚健身运动的人群也在逐渐增加。这三项体育运动蓬勃的发展势头被广大高校所注意，越来越多的高校将它们纳入体育教学中。通过总结教学实践效果可知，学生对乒羽网运动课程的满意度颇高，由此证明了继续将这三项运动在高校中作为体育教学或课余体育活动的内容是非常合理且恰当的。为此，作者编写这本教材，以期更好地指导高校学生科学参与“三小球”运动并为其继续发展贡献一份力量。

为保证教材的完整性和全面性，本教材分为乒乓球、羽毛球和网球三大部分，每部分由四章组成。每部分的第一章主要介绍相应运动的基本知识，具体包括运动的起源与发展、特点与价值和相关重要赛事；第二章主要介绍该运动的基本技术；第三章则介绍基本战术，具体包括战术基本理论和单双打战术的实践方法等内容；第四章对相应运动的竞赛规则进行了细致的阐述，这可以帮助学生更好地参与到运动实践当中。

本教材力求紧随现代体育教育和运动项目的发展潮流，突出体现教育性、科学性、新颖性和实用性。本教材不仅可以作为现代高校体育教育的重要参考图书，为小球运动教学与训练提供科学指导，还可以作为大众球类运动健身的指导性教程。

本教材由华北科技学院李明芝、河北医科大学高淑艳、贵州师范大学刘积德编著完成，并由三人共同统稿。具体分工如下。

第九章，第十章，第十一章，第十二章：李明芝；

第一章，第四章，第六章，第七章：高淑艳；

第二章，第三章，第五章，第八章：刘积德。

教材的编写是一项庞大的工程，作者对编写过程中的各个环节都有着较高的要求。在本教材的编写过程中，为了保证知识的全面性和客观性，我们还参考借鉴了一些相关专家和学者的著作与数据，在此要向他们的辛勤劳动表示衷心的感谢。由于编写时间有限，书中难免会存在不足之处，恳请广大师生予以批评指正，不胜感激。

编　者

2015 年 1 月

目　　录

乒乓球

羽毛球

网球

乒乓球

第一章　乒乓球运动的基本知识

学海导航

乒乓球运动至今已有百余年历史，其技术打法几经演变，如今正向着“积极主动、特长突出、技术全面、战术变化多样”的方向发展。为了更好地了解乒乓球运动，本章就乒乓球运动的起源与发展、特点与价值以及乒乓球运动的重要赛事进行详细介绍。通过本章的学习，读者应了解乒乓球的基本知识和乒乓球的运动文化。

第一节　乒乓球运动的起源与发展

一、乒乓球运动的起源

乒乓球运动已有100多年的历史。有关乒乓球运动起源的说法大致有两种：第一种说法是早在1890年，几位驻守印度的英国海军军官偶然发觉在一张不大的台子上玩网球颇为刺激，于是他们将空心的小皮球代替弹性不大的实心球，并用木板代替网拍在桌子上进行了“网球赛”，这便是table tennis得名的由来。由于这种“网球赛”新颖而刺激，在table tennis出现不久，便成为风靡一时的运动。20世纪初，美国开始成套生产乒乓球的比赛用具，一位美国制造商以乒乓球撞击时所发出的声音创造出ping-pong这个新词，并作为“乒乓球”专利注册商标。Ping-pong后来成了table tennis的另一个正式名称。第二种说法是在19世纪末，欧洲盛行网球运动，但由于受到场地和天气的限制，英国一些大学的学生便把网球移到室内，以餐桌为球台，用书作球网，并用羊皮纸贴面做球拍，在餐桌上打来打去。最初只是一种活动性游戏，球用轻而富有弹性的材料制成，拍子用的是雪茄烟盒盖之类的木质板，像打网球一样在桌上打来打去，故称为“桌上网球”。第一次大型乒乓球比赛于1900年12月在英国伦敦举行。作为一种新型的运动项目，当时还有许多人不甚了解，但参加比赛的人数达到300多人。当时的比赛没有规则，也没有其他任何要求，运动员可以穿小领衣服，可以穿裙子，甚至可以戴帽子。

二、世界乒乓球运动的发展

国际乒乓球联合会于1926年在柏林正式成立。1926年1月柏林国际乒乓球邀请赛期间，在德国人勒赫曼博士的倡议下，英国的伊沃·蒙塔古、匈牙利的雅克比等主持召开了一次关于建立国际组织的座谈会，会议决定成立国际乒联，并委托英国乒协承办第一届欧洲乒乓球锦标赛，由此乒乓球运动在世界范围内正式拉开帷幕。

关于世界乒乓球运动的发展概况可以通过以下两个方面来分析。

(一)从球拍的材料和技术运用方面来看

从乒乓球拍的制作材料和新技术的运用来看，乒乓球运动大致经历了以下几个阶段。

1. 木板拍与挡球技术的运用(萌芽阶段)

乒乓球运动发展初期，运动员使用的球拍形状各异，有椭圆形、长方形、方块形，但基本上都是木制的。球拍击球的速度慢、力量小，根本谈不上什么旋转。打法也单调，基本上无技(战)术可言，因此乒乓球运动只是把球推来挡去的一种游戏活动。

2. 胶皮拍与削球技术的运用(基础阶段)

1903年，英国人古德发明了胶皮球拍，该球拍的发明大大地促进了乒乓球技术的发展。1926—1951年的25年间，世界各国选手大都使用表面有圆柱形颗粒的胶皮拍。由于击球时增加了击球的弹力和摩擦力，可以使球产生一定的旋转，因而出现了削下旋球的防守型打法。这一打法在欧洲广为流行，不少运动员采用这种打法获得了世界冠军。1926—1956年间，乒乓球运动的优势在欧洲，欧洲运动员共获得了117块金牌。

3. 海绵拍与长抽技术的运用(发展阶段)

20世纪50年代初，奥地利人又发明了海绵球拍，日本运动员首先在世界比赛中使用，并一举夺得第19届世界乒乓球锦标赛的4项冠军，打破了欧洲运动员削球技术的垄断地位。日本运动员利用海绵拍的特点创造出长抽进攻型打法，该打法具有攻球力量大、速度快、上旋转较强、发球抢攻威胁较大等优点，使得欧洲运动员的防守型打法逐渐被取代。日本队在1952年至1959年间的49项(次)世界冠军中夺得24项(次)，占47%。由于海绵拍与长抽技术的运用，使乒乓球运动的技术水平得到了突飞猛进的提高。

4. 海绵胶皮拍与弧圈球技术(提高阶段)

1959年，中国运动员容国团获得第25届世界乒乓球锦标赛男子单打冠军，中国乒乓球队开始登上国际乒坛的顶峰。在经过艰苦的磨炼和探索后，我国乒乓球队逐渐形成和创造了以

“快、准、狠、变”为主要技术风格的直拍近台快攻打法。1961年的第26届世界乒乓球锦标赛，中国队既克服了欧洲选手的削球关，又战胜了拥有远台长抽的秘密武器——“弧圈球”打法的日本选手，第一次夺得男子团体世界冠军。然后连续获得第27、28届男子团体冠军。中国近台快攻打法的优点是站位近、出手快、落点灵活多变、正反手技术运用自如，比日本远台长抽打法又大大前进了一步。20世纪60年代，中国乒乓球技术水平位于世界前列，从此乒乓球运动的优势由日本转移到中国。

5. 乒乓球运动的奥运时代

1981年在巴登由萨马兰奇主席主持召开的第84届国际奥运会全体委员会上，决定将乒乓球列为1988年奥运会正式项目(即韩国汉城的第24届奥运会)，设男子单打、女子单打、男子双打、女子双打4块金牌。至今已举行五届，中国获16块金牌，韩国获3块金牌，瑞典获1块金牌。1981年，国际奥委会把乒乓球列为奥运会正式比赛的决定推动了乒乓球运动在世界范围内更快地发展。

(二)从赛事的角度来看世界乒乓球运动的发展

如果从第1届世乒赛算起，世界乒乓球运动至今大体可分为以下几个阶段。

1. 欧洲乒乓球运动的全盛时期(1926—1951年)

这个时期共举办了18届世乒比赛，仅第13届在非洲埃及举行，其余都在欧洲举行。对于这个时期的比赛，在7个正式比赛项目中，先后共有117个冠军，除了美国选手获得了8个冠军外，剩下的全部由欧洲选手夺得，占全部锦标的93.1%。

此外，参加比赛的也主要是欧洲选手。基于以上3个原因，所以此时期称为欧洲的全盛时期。这一时期的主导打法是削球。

削球在此时期成为主导打法的原因如下：

(1)运动员大多使用胶皮拍，其特点为弹力小，容易掌握，有一定的摩擦力，可使球旋转。很明显，这种球拍的特点是利于削球打法的。

(2)当时的球台窄(146.4厘米)，球网高(17厘米)，球为软式球。这些都是利于削球而不利于攻球的。

(3)榜样的作用。例如，第2届世乒赛时，男子单打冠军由匈牙利的梅什洛维茨和贝拉克争夺。贝拉克已先胜两局，第3局又以20∶18领先，后因急于进攻，被对方反败为胜。这场比赛中梅什洛维茨削球打法的获胜起到了榜样的作用，使欧洲选手更加确信：稳健的削球打法是取胜的最好手段。于是，当时的技术方向就朝着稳健的削球发展了。

(4)当时的乒乓球运动还处于初级阶段，高级或难度大的技术还未掌握。削球失误少，攻球失误多，特别是加力的大板扣杀技术难度更大。作为当时的运动员来说，自然会趋易避难。

第11届世乒赛前，由于对比赛没有时间的限制，因此多次出现了“马拉松”式的乒乓球赛。以第10届为例，奥地利对罗马尼亚的男子团体决赛打了3天之久(实耗31小时)；波兰的欧立克与罗马尼亚的巴奈斯为争夺1分球的胜利竟用了两个半小时。第11届的女单决赛已打了1小时45分钟，双方仍未见高低，观众大多离去，裁判疲惫不堪。最后，裁判请她们用掷硬币的方法决定胜负。两位执意不从，致使这届女单冠军的宝座空设。很显然，这种冗长、乏味的比赛对乒乓球运动的发展是不利的。第11届世乒赛后，国际乒联对比赛规则进行了修改：球台加宽至152.5厘米，球网降至15.25厘米，比赛改用硬球，限制了比赛时间。这些改革皆为攻球创造了有利条件，不仅使削攻结合的打法开始发展起来，而且还出现了一些以攻为主的选手，但就这一时期的总体而言，攻球技术还未达到战胜削球的水平。

2. 日本队称雄世界乒坛(1952—1959年)

日本乒协早在1928年就加入了国际乒联，但直到1952年才第一次参加世乒赛。手握海绵球拍、采用直拍全攻型打法的日本队，虽然只有3男2女共5位运动员参赛，却一鸣惊人地夺得了男子单打、男子双打、女子团体和女子双打4项冠军。从此，世界乒坛的优势开始由欧洲的削球转到了亚洲的攻球；进攻与防守成为当时世界乒乓球运动的主要矛盾。

在这个时期一共举办了7届世乒赛，共产生了49个冠军，其中日本队独自包揽了24个，占全部锦标的49%。尤其是1954年的第21届世乒赛，日本队男团和女团均获得团体冠军；1959年第25届世乒赛，日本队包揽了7项冠军中的6项，其技术水平可谓是登峰造极。

日本队获得成功的原因有3点。

(1)勇于创新——手握海绵球拍、采用直拍全攻型打法

胶皮拍和海绵拍的最根本区别是击球的力量：使用胶皮拍击球的力量不足以攻破稳健的削球，而海绵拍的击球力量却足以打败固若金汤的削球。日本的长抽为什么取代了统治世界乒坛达1/4世纪的欧洲削球？关键的原因就是球拍的革命。

(2)扎实的基本功

日本选手的正手攻球，动作稳定、击球力量大，打机会球基本上是百发百中，关键时刻自会显示出“艺高人胆大”的魄力。

(3)意志顽强

日本选手在比分领先或落后时都能全力以赴，顽强奋战，其气势往往令对方生畏。

海绵拍的出现曾引起许多人的反对，甚至要求予以取缔。直到1959年，国际乒联才通过了对球拍规格化的决定：运动员只准使用木拍、胶皮拍以及海绵胶拍(海绵上覆盖一层颗粒胶，颗粒可向里或向外，总厚度不得超过4毫米，其中颗粒胶的厚度不得超过2毫米)。

3. 中国队崛起，朝鲜队崭露头角(1959—1969年)

1959年，中国选手容国团在第25届世乒赛上为中国夺得了第一个世界冠军。1961—1969年，共举行5届世乒赛，中国队仅参加了第26、27和28届的比赛，夺得冠军11个，占全部锦标的52%。具有“快、准、狠、变”独特风格的中国直拍近台快攻打法成为世界上最先进的打法，它代表了当时世界乒乓球技术的新潮流。

20世纪60年代初，日本大学生中西义治创造了一种新技术——弧圈球。由于这项新技术当时还处于初级阶段(上旋强烈，但弧线高、速度慢)，仅对削球打法显示了极大的优势，而对

进攻型打法并未能显示出多大的威力。然而，它对以后世界乒乓球技术的发展却起到了很大的促进作用。

20 世纪 60 年代后期，中国队没有参加世乒赛，7 项冠军是在日本和欧洲、朝鲜各队之间争夺的。第 29 届世乒赛中，朝鲜男队连续战胜欧洲强队，获得团体亚军，女队亦成为世界强队之一。

4. 欧洲队复兴，中国队重整旗鼓（1971—1979 年）

20 世纪 70 年代，世界乒乓球技术的发展突飞猛进。欧洲选手经过了近 20 年的努力，终于闯出了一条新路：他们兼取了中国快攻和日本弧圈球打法的优点，创造了弧圈球与快攻相结合的新打法，从而走上复兴之路。第 31 届世乒赛中，19 岁的瑞典选手本格森连续战胜了中国队和日本队的强手，一举夺得男单冠军；第 32 届世乒赛中，瑞典男队夺走亚洲保持了 20 年之久的团体冠军；第 33 届男单决赛是在两名欧洲选手（约尼尔和斯蒂潘契奇）之间进行的；第 35 届男团冠军由失去此冠军达 27 年之久的匈牙利队所获。面对新的发展形势，中国队及时调整了心态和技术。在 20 世纪 70 年代 5 届世乒赛的 35 个冠军中，中国队共获得其中的 16.5 个。

弧圈球与快攻相结合打法的成功，不仅使欧洲选手重新体会了获得世界冠军的感觉，而且纠正了人们在 20 世纪 60 年代将速度与旋转绝对对立的偏见，开始认识到速度与旋转相结合的“锦绣前程”。

5.“中国打世界”“世界打中国”（1981 年至今）

1981 年第 36 届世乒赛，中国队囊括了 7 项冠军和 5 个单项的亚军，创下了世界乒乓球历史的新纪录。此后的 3 届世乒赛，中国队均取得 6 项冠军，“中国打世界”的局面开始形成。20 世纪 80 年代末至 90 年代中期，中国男队走入困境，女队遭遇困扰。标志乒乓球技术最高水平的男团、男单冠军连续 3 届（第 40、41、42 届世乒赛）为欧洲选手所获；中国女队在第 41 届世乒赛中痛失团体冠军，第 42 届世乒赛的女单比赛只有高军一人进入半决赛，这是中国女队 14 年来第一次在单打比赛中未能进入决赛。1995 年第 43 届世乒赛中，中国队第二次囊括 7 项冠军。第 44 届世乒赛中国队又获 6 项冠军。第 45 届世乒赛中国队包揽 5 个单项比赛的冠亚军和女团冠军，仅男团惜败于老对手瑞典队。2001 年第 46 届世乒赛中，中国队第三次实现大包揽。1996 年第 26 届、2000 年第 27 届奥运会上，中国队又连续两次实现大满贯。2003 年第 47 届世乒赛单项赛中，中国队又获 4 项冠军（仅丢男单）。中国队已成为世界各队的众矢之的。“中国打世界”“世界打中国”的形势还在发展中。

人们对速度与旋转的对立统一关系认识得更加清楚、更加深刻，从技术动作到打法类型、从技术到战术，无不体现了这一新理念。世界乒乓球技术仍沿着“积极主动、特长突出、技术全面、战术多样”的方向在发展。

自 20 世纪末，国际乒联对乒乓球比赛规则进行了一系列改革。2000 年 10 月，乒乓球直径由 38 毫米、2.5 克改为 40 毫米、2.7 克；2001 年 9 月，乒乓球比赛由（每局）21 分制改为 11 分制；2002 年 9 月，乒乓球比赛执行发球无遮挡的规定。这些改革的目的有三个。

（1）增加击球板数，提高比赛的观赏性。

(2)增加比赛胜负的偶然性,打破由少数国家或地区的运动员包揽金牌的局面。

(3)最终扩大乒乓球运动的市场。

从目前看,这些改革虽未改变乒乓球运动的最基本规律,但对技术、战术的影响还是相当大的。

三、世界乒乓球运动的改革与创新

1926 年国际乒联成立,其宗旨是在国际比赛中维护乒乓球规则,并对规则做出改变和补充,以扩大乒乓球运动规模和推动乒乓球运动的发展。乒乓球运动的改革与创新主要表现在以下两个方面。

(一)乒乓球的改革与创新

乒乓球由小变大,经历了一番曲折的过程。20 世纪 80 年代初,中国队囊括第 36 届世界乒乓球锦标赛 7 项冠军之后,就有把乒乓球加大、把网加高等建议,但这些建议没有得到人们的重视。此后,乒乓球运动技术不断发展,球速越来越快,旋转越来越强。比赛中运动员对阵时回合减少;有时球飞如闪电,观众还未看清,胜负已经决出,这样就削弱了乒乓球爱好者的兴趣。为此,国际乒联前主席荻村伊智朗曾产生把乒乓球加大的想法,但直到我国的徐寅生同志担任国际乒联主席后,才把乒乓球由小变大的建议提上了议事日程。

1996 年 5 月,国际乒联理事会同意试验大球的提案——为减缓球速和旋转,增加回合和观赏性,建议将乒乓球的直径增大 2 毫米。国际乒联准备次年在日本举行的青年锦标赛上做试验,但由于日本厂商意见太大而作罢。为支持乒乓球改革,中国上海红双喜乒乓集团毅然承担了试制任务,按要求生产出一批高质量的大球,由国际乒联分配到各会员协会试用。当时在世界上唯一拥有测量动态乒乓球速度和旋转仪器的中国乒协主动承担了测试工作。中国乒协科学委员会科研人员做了“不同直径和重量的乒乓球对击球速度和旋转影响的实验”,实验结论是:直径大的球速度慢于直径小的球,旋转弱于直径小的球;直径相同的球,重量和弹力大的要比重量和弹力小的球速度快、旋转强。

1997 年第 44 届世乒赛期间进行了首次试验大球的比赛,但大球运用对比赛的影响并不大。

1998 年春天,在由徐寅生提议举办的苏州国际乒乓球“大球”赛上做了第二次试验,中国乒协主动承担了苏州试验比赛的经费。1999 年,在丹麦哥本哈根又举办了一次试用大球的国际比赛。

1999 年在大维第 45 届世乒赛期间举行的国际乒联代表大会上,“大球改革”提案因未获得四分之三多数票而被搁置,124 名委员中有 84 人投赞成票,30 人反对,10 人弃权。当时新任的国际乒联主席沙拉拉说,有些代表因对此项改革措施将带来的影响不了解而投了弃权或反对票,对此他将做解释和说服工作。

2000 年 2 月 23 日,国际乒联特别大会和代表大会在吉隆坡通过 40 毫米大球改革方案,决定从 2000 年 10 月 1 日起,也就是在悉尼奥运会之后,乒乓球比赛将使用直径 40 毫米、重量

2.7 克的大球，以取代 38 毫米的小球。

(二)乒乓球规则的改革与创新

进入新世纪后，国际乒坛发生了非常大的变化。在 1996 年第 26 届奥运会和 2000 年第 27 届奥运会我国乒乓球队继续包揽乒乓球项目比赛的金牌后，为了贯彻国际奥委会要尽可能地平均分布奥运会金牌的精神，国际乒联对乒乓球的比赛规则作了一系列的重大改革。

(1)2000 年 10 月 1 日起比赛用球的直径从原来的 38 毫米改为 40 毫米，重量由 2.5 克改为 2.7 克。

(2)2001 年 9 月 1 日将原来乒乓球的 21 分赛制改为 11 分赛制。

(3)2002 年 9 月 1 日起实施新的发球规定，也称为无遮挡发球。

(4)2005 年 12 月 15 日，国际乒乓球联合会公布了 2008 年北京奥运会乒乓球团体赛制。

(5)自 2008 年 9 月 1 日起，全面禁止使用含挥发性有机溶剂的黏合剂。

国际乒联采取改革规则措施的意义在于，打破国际乒乓球竞技的现有格局，使更多的运动员能尝试到奥运金牌的滋味。在进行改革的过程中，毫无疑问受到冲击最大的为近年来一直在整体上保持世界乒乓球竞技领先水平的中国乒乓队，他们将是动摇现有格局的最大受害者。然而，“积极主动，快速为变，抢先变线，抢先发力，争时空，抢落点”等基本指导思想和规律不会变。乒乓球规则改革与创新的事实表明，乒乓球未来的发展不确定因素将越来越多，竞争将越来越激烈，夺取金牌的难度也将越来越高。

四、我国乒乓球运动的发展

(一)新中国成立前的乒乓球运动

1904 年，乒乓球运动开始从日本传入中国。随后，乒乓球运动逐渐在北京、天津、青岛、上海和广州等地陆续开展起来，并举行了不同规模、一定数量的国内国际乒乓球比赛。1935 年，中华全国乒乓球协进会成立，发起并组织了新中国成立前的第 1 届全国乒乓球比赛。当时的中国乒乓球运动不仅技术水平低，而且组织比赛的能力亦很有限。

1935 年 1 月，国际乒联主席蒙塔古先生曾致电邀请中国加入国际乒联，并参加第 9 届世乒赛，皆遭“泥牛入海无消息”的厄运。

(二)新中国成立后的乒乓球运动

新中国成立后，在党和人民政府的关怀下，乒乓球运动得到了迅速的普及和提高。1952 年 10 月，举行了新中国的第一次全国乒乓球比赛大会，赛后组建了中国乒乓球队。从中国乒乓球队第一次参加世乒赛至今，其竞技历程大体可分为 4 个时期。

1. 起步(1953—1957 年)

1953 年,中国队第一次参加了第 20 届世乒赛。赛后,男队被评为一级第 10 名,女队被评为二级第三名。

中国队当时的技术水平是很低的,但是他们没有盲目地跟着外国人后面跑,而是以中国选手的特点为基础,认真研究乒乓球运动的客观规律,虚心学习外国球队的长处,不断丰富、提高自己。

第 21、22 届世乒赛中国队皆未参加。1956 年,中国队参加了第 23 届世乒赛。赛后,男队被评为一级第六名,女队被评为一级第十一名。这届比赛显示了中国快攻打法既快又狠的优越性,同时也暴露出中国选手在击球准确性方面的不足。

1957 年,中国队参加了第 24 届世乒赛,男队被评为一级第四名,女队被评为一级第三名。王传耀、孙梅英还分别被评为世界男、女第七名的优秀选手。

1953—1957 年短短的几年时间内,中国乒乓球队取得了很大的进步。

2. 腾飞(1959—1965 年)

1959 年第 25 届世乒赛中,容国团为祖国夺得了第一个世界冠军。此外,中国队还在男团、女团、女单、女双和混双 5 个项目上都获得了第三名,男单有 4 人进入前 8 名。

容国团是我国率先提出要夺取世界冠军的运动员,他经常说:"打球不仅是用手,更重要的是用脑。"他为丰富和发展我国的传统快攻打法作出了重要贡献,用实践为"快、准、狠"的技术风格又加了一个"变"字。他那句掷地有声的豪言壮语"人生能有几回搏？现在是搏的时候了!"至今仍在激励着人们前进。他打破了世界冠军高不可攀的迷信,鼓舞着更多的人勇攀世界高峰!

第 26 届世乒赛是中国第一次举办的世界级比赛,获得了圆满成功。中国队获得男团、男单、女单 3 项冠军,4 项亚军和 8 个第三名。这一胜利极大地鼓舞了全国人民,也极大地推动了乒乓球运动的发展,在中国掀起了"乒乓球热"。

第 27 届世乒赛中,男队获得全面胜利。男团决赛中,中国队除了两名直拍快攻选手外,还有一名称作"魔术师"的直拍削球手张燮林,比上届比赛显示出了更大的优势。男双冠军由两名削球选手张燮林和王志良获得。但与女队有关系的比赛(女团、女单、女双和混双)皆与冠军无缘,这对女队震动很大。经过不懈努力,在第 28 届世乒赛上女队打了一个漂亮的翻身仗,中国队共获 5 项冠军、4 项亚军和 7 个第三名。国际舆论普遍认为中国是"世界头号乒乓球国家",称乒乓球为中国的"国球"。

1961—1965 年是中国乒乓球运动的第一次高峰,无论直拍快攻还是防守型削球打法,都取得了好成绩。各种类型的打法相互促进、竞相发展。

3. 重整旗鼓(1971—1979 年)

正当中国乒乓球运动处于鼎盛时期,史无前例的"文革"使中国乒乓球队蒙受了巨大损失。1970 年底,与世界乒坛隔绝 4 年的中国队参加了斯堪的纳维亚公开赛,受到了欧洲选手强有力的挑战。中国队发现自己落后了。

面对欧洲选手的进步，中国的快攻应如何发展？20 世纪 70 年代初，中国乒乓球界展开了一场学术性的讨论。徐寅生同志力主在原来“快、准、狠、变”的指导思想上再加一个“转”字，并提出了用反胶打快攻的设想。随后，直拍正胶增加了拉上旋小弧圈和快带、盖打、推挤等对付弧圈球的技术；具有创新精神的直拍反胶快攻亦取得了可喜的成绩；两面不同性能球拍的打法也有一些新的发展。

1971 年第 31 届世乒赛中，中国队艰难地夺得了男团冠军，同时还获得女单、女双和混双冠军。1973 年第 32 届世乒赛中，中国队仅取得男女单打和混双 3 项冠军。1975 年第 33 届世乒赛只获得男女团体冠军。1977 年第 34 届世乒赛不仅保住了男女团体冠军，还夺得男双和女双冠军。1979 年第 35 届世乒赛中，中国队在有女子参赛的项目中皆获冠军，而 3 个男子项目的第一名都被外国选手夺走。中国男队的这次全面失利引起了乒乓界的震动。中国男队在认真分析了失利的原因后，提出要“苦练意志、苦练技术、苦练身体”，争取在最短的时间内夺回世界冠军。

4. 再创辉煌(1981—1987 年)

1981 年第 36 届世乒赛，中国队一举夺得全部比赛项目的 7 个冠军和 5 个单项的全部亚军，创造了世乒赛历史的新纪录。在以后的 3 次世乒赛中，中国队每届都获得 6 项冠军。4 届比赛共有锦标 28 个，中国队夺得 25 个，占冠军总数的 89.29%。尽管每届都不容易、项项都不轻松，但中国队在世界乒坛的地位已显而易见。各国都加强了对中国队的研究，并以在 7 个项目中的任何一项、任何一轮打败中国选手为荣。此时期堪称中国乒乓球运动的第二次高峰。

中国队取得好成绩的主要原因是，大胆起用新人，人新球艺新。在第 36 届世乒赛与匈牙利队争夺男团冠军时，3 名上场队员的平均年龄只有 20 岁，其中的蔡振华、谢赛克均为第一次参加世乒赛。第 37 届男团决赛中，第一次参加世界比赛的江嘉良分别以 2∶1 和 2∶0 战胜瓦尔德内尔和阿佩伊伦，为中国队再次获得斯韦思林杯立下汗马功劳。第 38 届比赛中，男队又出新人：陈新华能攻善守、灵活多变；陈龙灿直拍正胶快攻，速度快、球路刁。二陈与江嘉良合作，在团体决赛中以 5∶0 大胜瑞典队。女队由横拍两面拉弧圈球的新人何智丽与老将童玲、戴丽丽、耿丽娟组成，在团体赛中盘盘皆胜。第 39 届，中国男队新老结合的滕毅、江嘉良、陈龙灿再次以 5∶0 大胜瑞典队。女队由新老结合的李惠芬、焦志敏、戴丽丽组成，以 3∶0 打败了由强手梁英子和玄静和组成的韩国队。

5. 新程(1988 年至今)

1988 年第 24 届奥运会中，乒乓球第一次被列为正式比赛项目。中国选手在 4 个比赛项目中获得了男双金牌(陈龙灿、韦晴光)和女单的金、银、铜牌。陈静、李惠芬、焦志敏同时登上了领奖台，义勇军进行曲在汉城赛场高奏，3 面五星红旗同时升起。这天正是 10 月 1 日，中国乒乓球队为国庆节献上了一份厚礼。

欧洲男选手经过一段时间的磨炼，技术更加全面，打法已趋成熟。中国队在长期的胜利中隐藏了失败的因素。为此，徐寅生同志曾多次疾呼：“狼来了！”令人遗憾的是，这一警告并未引起人们应有的重视，思想上缺乏紧迫感，技术上缺乏创新。

尽管在1992年第25届奥运会乒乓球比赛中，中国队夺得了4个比赛项目中的3枚金牌，但中国男队在世乒赛中连续3届(第40、41、42届)与含金量最高的团体和单打冠军无缘；中国女队在第41届世乒赛中痛失团体冠军；享有“双保险”之称的邓亚萍和乔红在第42届的单打比赛中均遭淘汰，整个中国女队无人进入单打决赛。为了使男队尽快走出困境，女队摆脱困扰，1993年末1994年初，中国乒协及时举办了全国乒乓球奥运会重点省市男队主教练和业余体校的教练员研讨班，中国乒协主席徐寅生、副主席李富荣做了重要讲话。这次会议对中国乒乓球运动的发展起到了重要的作用。

1995年第43届世乒赛在天津举行，这是第二次在中国举办的世乒赛。中国队囊括了全部冠军。中国队终于走出低谷，迎来了中国乒乓球运动的第三次高峰。

1996年的第26届奥运会，中国队首次在这项全世界最重大的赛事中夺得了所有乒乓球比赛的金牌。第44届、45届世乒赛中，中国队都取得了6项冠军的好成绩。

2000年的第27届奥运会中，中国队第二次囊括了所有乒乓球金牌，为中国队在小球时代画上了圆满的句号。

2001年的第46届世乒赛中，中国队第三次包揽了7项冠军。

2003年的第47届世乒赛的单项赛在世乒赛中第一次执行11分制和无遮挡发球规则，中国队又获得4个冠军(仅失男单冠军)。这说明中国队对新规则的适应还是不错的。

2004年雅典奥运会，中国队在男双、女双和女单方面获得金牌。

2005年第48届世乒赛上中国队包揽了所有比赛的冠军。

2008年第49届世乒赛上中国队包揽男女团体比赛冠军。

2008年北京奥运会上，中国队获得男子团体冠军、女子团体冠军，男子单打和女子单打冠军。

2010年第50届世乒赛上，中国男子乒乓球队获得男子团体冠军。

2011年第51届世乒赛上，中国队包揽男女团体冠军。

2012年伦敦奥运会中，中国队再次包揽男子团体、女子团体、男子单打和女子单打冠军。

2014年第52届世乒赛中，中国队包揽男女团体冠军、男女单打冠军和女子双打及混双冠军。

面对国际乒联的一系列重大改革，中国乒乓球队能够更好地适应，并获得了一系列的好成绩，同时也提出了第二次创业的口号。用“雄关漫道真如铁，而今迈步从头越”来形容中国乒乓球队的战斗历程真是再恰当不过了。

知识拓展

中国优秀乒乓球运动员——张继科

张继科，出生于1988年，2011年获得首个世乒赛男单冠军，之后不久获得男子世界杯赛冠军。2012年获得世界乒乓球团体锦标赛冠军，同年获得伦敦奥运会男子单打金牌和乒乓球男子团体冠军。2013年成功卫冕世乒赛冠军。2014年在韩国仁川亚运会上获得男子双打冠军，至此，张继科连续两届获得亚运会男子双打金牌。

第二节　乒乓球运动的特点与价值

一、乒乓球运动的特点

(1)器材设备简单，室内外都可以进行，运动量可大可小，不同年龄、性别和身体条件的人都可以参加，很容易被大众所接受。

(2)乒乓球速度快，变化多，要求练习者在短时间内对瞬息万变的击球有较强的反应能力和应变能力。它能提高人体神经系统的灵敏性、协调性。

(3)乒乓球项目有单项、双打、混双、团体项目。团体项目通过个体来实现，所以乒乓球项目可以培养独立思考、单独作战及集体主义的精神。

二、乒乓球运动的锻炼价值

(一)可以有效地提高人的身体素质

长期参加乒乓球运动，随着水平的不断提高、活动范围的加大、运动量的增加，不仅相应地提高了速度素质、力量素质和身体的灵敏性、协调性，而且使肌肉发达、结实、健壮，关节更加灵活稳固。

(二)可以调节改善神经系统灵活性

增强中枢神经系统对其他系统与器官的调节能力，提高反应速度。打乒乓球时，球在空中飞行的速度是很快的，正手攻球只需 0.15 秒就可到达对方台面。在这样短暂的时间内，要求运动员对高速运动的来球的方向、旋转、力量、落点等全面进行观察，迅速作出判断，并及时采取对策，迅速移动步法，调整击球的位置与拍面角度，进行合理的还击，而这一切活动都是在大脑指挥下进行的。经常从事乒乓球练习，可大大提高神经系统的反应速度。

(三)可以改善心血管系统和呼吸系统的功能

经常参加乒乓球运动能使心血管系统的结构和机能得到改善，心肌变得发达有力，心容量加大，每搏输出量增多，一般健康成年男子安静时心率在 65～75 次/秒，成年女子为 75～85 次/秒；而受过乒乓球训练的运动员，安静时，男子心率为 55～65 次/秒，女子为 70 次/秒左右。心搏徐缓和血压降低，提高心脏的工作效率，有利于身体的新陈代谢，提高整个身体机能水平。

（四）可以提高心理素质

乒乓球是竞技运动，由于激烈的竞争，成功和失败的条件经常转换，参赛者情绪状态也非常复杂，经受到这些变幻莫测、胜负难料的激烈竞争的锻炼，体验了种种情绪。同时，在比赛中要对对方战术意图进行揣摩，把握自己的战术应用，因此使练习者的心理素质得到了很好的锻炼。

（五）可以促进交流，增进友谊

通过参加乒乓球运动，可以相互交流经验，切磋球技，达到相互学习、共同提高、建立良好人际关系的目的。

第三节　乒乓球运动的重要赛事

一、世界乒乓球锦标赛

世界乒乓球锦标赛是由国际乒联主办的国际乒乓球比赛，是最早、规模最大的世界性乒乓球比赛，第 1 届比赛于 1926 年 12 月 6—11 日在英国伦敦举行，至今共举行了 52 届比赛。

世界乒乓球锦标赛包括 7 个项目：男子团体、女子团体、男子单打、女子单打、男子双打、女子双打、混合双打。每个项目设有一个奖杯：

男子团体——斯韦思林杯

女子团体——考比伦杯

男子单打——圣・勃莱德杯

女子单打——吉・盖斯特杯

男子双打——伊朗杯

女子双打——波普杯

混合双打——兹-赫杜塞克杯

知识拓展

赛事奖杯的由来

1. 男子团体奖杯——斯韦思林杯的由来

时间:1962 年 12 月

地点 :英国伦敦

在英国伦敦斯韦思林的图书馆里,举行了第 1 次具有历史性的国际乒乓球联合会代表大会,同时举行了第 1 届世界乒乓球锦标赛。英国乒乓球协会主席、国际乒乓球联合会首任主席伊沃·蒙塔古先生的母亲,前任国际乒乓球联合会名誉主席斯韦思林女士,捐赠了以她的姓名命名的斯韦思林杯,作为男子团体比赛的优胜奖杯。

2. 男子单打奖杯——圣·勃莱德杯的由来

时间:1929 年

地点:匈牙利布达佩斯

1929 年,在第 3 届世界乒乓球锦标赛上,英国运动员弗·佩里获得了单打冠军。为了赞扬弗·佩里所取得的成绩,英国的乌德科克先生捐赠了以弗·佩里所在的圣·勃莱德乒乓球俱乐部(伦敦)命名的奖杯,作为男子单打比赛的优胜奖杯。

3. 女子单打奖杯——吉·盖斯特杯的由来

时间:1931 年

地点:匈牙利

1931 年,第 5 届世界乒乓球锦标赛在匈牙利的布达佩斯举行。作为东道主的匈牙利乒乓球协会主席吉·盖斯特在锦标赛中捐赠以他的姓名命名的吉·盖斯特杯,作为女子单打比赛的优胜奖杯。

4. 女子团体奖杯—马赛尔·考比伦杯的由来

时间:1934 年

地点:法国巴黎

第 8 届世界乒乓球锦标赛在法国巴黎举行,在这次比赛中首次设立了团体赛项目。作为东道主法国乒乓球协会主席马赛尔·考比伦先生,捐赠了以他的姓名命名的马赛尔·考比伦杯,作为女子团体赛的优胜奖杯。

所有奖杯都是流动的。各项冠军获得者可保持该项奖杯到下届世乒赛开始前,在杯上刻上自己的姓名,然后交给新的世乒赛争夺。唯有男女单打冠军如果连续 3 次获得勃莱德杯或连续 4 次获得盖斯特杯,则由国际乒联制作一个小于原奖杯一半的复制品,永远由获得者保存。

历届世乒赛成绩见表 1-1。

表 1-1　世界乒乓球锦标赛的历届冠军

届次	地点	男子团体	女子团体	男子单打	女子单打	男子双打	女子双打	混合双打
1	英国 伦敦	匈牙利		R. 雅可比(匈)	M. 梅德扬斯基(匈)	R. 雅科比(匈) D. 佩西(匈)		Z. 梅什洛维(匈) M. 梅德扬基(匈)
2	瑞典斯德 哥尔摩	匈牙利		M. 梅什洛维茨(匈)	M. 梅德扬斯基(匈)	A. 李布斯特(奥) R. 图姆(奥)	M. 梅德扬斯基(匈) F. 弗拉姆(奥)	Z. 梅什洛维茨(匈) M. 梅德扬斯基(匈)
3	匈牙利 布达佩斯	匈牙利		F. J. 佩里(英)	M. 梅德扬斯基(匈)	G. V. 巴纳(匈) M. 斯扎巴多斯(匈)	E. 梅茨格(德) E. 鲁斯托(德)	I. 克伦(匈) A. 西普斯(匈)
4	德国柏林	匈牙利		G. V. 巴纳(匈)	M. 梅德扬斯基(匈)	G. V. 巴纳(匈) M. 斯扎巴多斯(匈)	M. 梅德扬斯基(匈) A. 西普斯(匈)	M. 斯扎巴多斯(匈) M. 梅德扬斯基(匈)
5	匈牙利 布达佩斯	匈牙利		M. 斯扎巴多斯(匈)	M. 梅德扬斯基(匈)	G. V. 巴纳(匈) M. 斯扎巴多斯(匈)	M. 梅德扬斯基(匈) A. 西普斯(匈)	M. 斯扎巴多斯(匈) M. 梅德扬斯基(匈)
6	前捷克 斯洛伐克 布拉格	前捷克 斯洛伐克		G. V. 巴纳(匈)	A. 西普斯(匈)	G. V. 巴纳(匈) M. 斯扎巴多斯(匈)	M. 梅德扬斯基(匈) A. 西普斯(匈)	G. V. 巴纳(匈) A. 西普斯(匈)
7	奥地利 巴登	匈牙利		G. V. 巴纳(匈)	A. 西普斯(匈)	G. V. 巴纳(匈) S. 格兰兹(匈)	M. 梅德扬斯基(匈) A. 西普斯(匈)	I. 克伦(匈) M. 梅德扬斯基(匈)
8	法国 巴黎	匈牙利	德国	G. V. 巴纳(匈)	M. 凯特纳罗娃 (捷)	G. V. 巴纳(匈) M. 斯扎巴多斯(匈)	M. 梅德扬斯基(匈) A. 西普斯(匈)	M. 斯扎巴多斯(匈) M. 梅德扬斯基(匈)
9	英国 温布利	匈牙利	前捷克 斯洛伐克	G. V. 巴纳(匈)	M. 凯特纳罗娃 (捷)	G. V. 巴纳(匈) M. 斯扎巴多斯(匈)	M. 梅德扬斯基(匈) A. 西普斯(匈)	G. V. 巴纳(匈) A. 西普斯(匈)
10	前捷克 斯洛伐克 布拉格	奥地利	前捷克 斯洛伐克	S. 科拉尔(捷)	R. H. 阿隆斯(美)	R. G. 布拉特纳(美) J. H. 麦克卢尔(美)	M. 凯特纳罗娃(捷) A 斯米多娃(捷)	M. 哈姆尔(捷) G. 克列纳娃(捷)

（续表）

届次	地点	男子团体	女子团体	男子单打	女子单打	男子双打	女子双打	混合双打
11	奥地利 巴登	美国	美国	R. 伯格曼（奥）	未宣布	R. G. 布拉特纳（美） J. H. 麦克卢尔（美）	V. 德佩特里索娃（捷） V. 沃特鲁布科娃（捷）	B. 瓦纳（捷） V. 沙特鲁布科娃（捷）
12	英国 温布利	匈牙利	前捷克 斯洛伐克	B. 瓦纳（捷）	G. 普里希（奥）	J. H. 麦克卢尔（美） S. 希夫（美）	V. 德佩特里索娃（捷） V. 沃特鲁布科娃（捷）	L. 贝拉克（匈） W. 伍德海德（英）
13	埃及 开罗	前捷克 斯洛伐克	德国	R. 伯格曼（英）	V. 德佩特里索娃 （捷）	G. V. 巴纳（匈） R. 伯格曼（英）	G. 布斯曼（德） G. 普里希（德）	B. 瓦纳（捷） V. 沙特鲁布科娃（捷）
14	法国 巴黎	前捷克 斯洛伐克	英国	B. 瓦纳（捷）	G. 法卡斯（匈）	A. 斯拉尔（捷） B. 瓦纳（捷）	G. 法卡斯（匈） G. 普里希（奥）	F. 苏斯（匈） G. 法卡斯（匈）
15	英国 温布利	前捷克 斯洛伐克	英国	R. 伯格曼（英）	G. 法卡斯（匈）	L. 斯蒂佩克（捷） B. 瓦纳（捷）	M. 弗兰克斯（英） V. S. 托马斯（英）	R. 迈尔斯（美） T. 索耳（美）
16	瑞典斯德 哥尔摩	匈牙利	美国	J. 李奇（英）	G. 法卡斯（匈）	L. 安德里亚迪斯（捷） F. 托卡尔（捷）	H. 埃利奥特（苏） G. 法卡斯（匈）	F. 西多（匈） G. 法卡斯（匈）
17	匈牙利 布达佩斯	前捷克 斯洛伐克	罗马尼 亚	R. 伯格曼（英）	A. 罗齐亚努（罗）	F. 西多（匈） F. 苏斯（匈）	D. 博勒奇（英） H. 埃利奥特（苏）	F. 西多（匈） G. 法卡斯（匈）
18	奥地利 维也纳	前捷克 斯洛伐克	罗马尼 亚	J. 李奇（英）	A. 罗齐亚努（罗）	L. 安德里亚迪斯（捷） B. 瓦纳（捷）	R. 戴安尼（英） R. 罗萨林（英）	B. 瓦纳（捷） A. 罗齐亚努（罗）
19	印度 孟买	匈牙利	日本	佐藤博治（日）	A. 罗齐亚努（罗）	藤井则和（日） 林忠明（日）	西村登美江（日） 樽原静司（日）	F. 西多（匈） A. 罗齐亚努（罗）
20	罗马尼亚布 加勒斯特	英国	罗马尼 亚	F. 西多（匈）	A. 罗齐亚努（罗）	F. 西多（匈） J. 高基安（匈）	G. 法卡斯（匈） A. 罗齐亚努（罗）	F. 西多（匈） A. 罗齐亚努（罗）

（续表）

届次	地点	男子团体	女子团体	男子单打	女子单打	男子双打	女子双打	混合双打
21	英国 温布利	日本	日本	荻村伊智郎（日）	A. 罗齐亚努（罗）	Z. 杜利纳（南） V. 哈兰戈佐（南）	R. 戴安尼（英） R. 罗萨林（英）	L. 安德里亚迪斯（捷） G. 法卡斯（匈）
22	荷兰乌 得勒支	日本	罗马 尼亚	田中利明（日）	A. 罗齐亚努（罗）	L. 安德里亚迪斯（捷） B. 斯蒂佩（捷）	A. 罗齐亚努（罗） E. 泽勒尔（罗）	K. 塞佩希（匈） E. 高基安（匈）
23	日本 东京	日本	罗马 尼亚	荻村伊智郎（日）	大川富（日）	荻村伊智郎（日） 富田芳雄（日）	A. 罗齐亚努（罗） E. 泽勒尔（罗）	E. 克莱困（美） L. 纽伯格（美）
24	瑞典斯德 哥尔摩	日本	日本	田中利明（日）	江口富士枝（日）	L. 安德里亚迪斯（捷） B. 斯蒂佩克（捷）	L. 莫沙奇（匈） A. 西蒙（匈）	荻村伊智郎（日） 江口富士枝（日）
25	德国多 特蒙德	日本	日本	容国团（中）	松崎君代（日）	荻村伊智郎（日） 村上辉夫（日）	难波多惠子（日） 山泉（日）	荻村伊智郎（日） 江口富士枝（日）
26	中国 北京	中国	日本	庄则栋（中）	邱钟惠（中）	星野展弥（日） 木村兴治（日）	亚历山德鲁（罗） 皮蒂卡（罗）	荻村伊智郎（日） 松崎君代（日）
27	前捷克 斯洛伐克 布拉格	中国	日本	庄则栋（中）	松崎君代（日）	张燮林（中） 王志良（中）	松崎君代（日） 美正子（日）	木村兴治（日） 伊藤和子（日）
28	前南斯 拉夫 卢布尔雅那	中国	中国	庄则栋（中）	深津尚子（日）	庄则栋（中） 徐寅生（中）	林慧卿（中） 郑敏之（中）	木村兴治（日） 关正子（日）
29	瑞典斯 德哥尔摩	日本	日本	长谷川信彦（日）	森泽幸子（日）	H. 阿尔塞（瑞） K. 约翰森（瑞）	广田佐枝子（日） 森泽幸子（日）	长谷川信彦（日） 山中教子（日）
30	德国 慕尼黑	日本	苏联	伊藤繁雄（日）	小和田敏子（日）	H. 阿尔塞（瑞） K. 约翰森（瑞）	S. 格林伯格（苏） Z. 鲁德诺娃（苏）	长谷川信彦（日） 今野安子（日）

（续表）

届次	地点	男子团体	女子团体	男子单打	女子单打	男子双打	女子双打	混合双打
31	日本名古屋	中国	日本	S. 本格森（瑞）	林慧卿（中）	T. 克兰帕尔（匈） J. 约尼尔（匈）	林慧卿（中） 郑敏之（中）	张燮林（中） 林慧卿（中）
32	前南斯拉夫萨拉热窝	瑞典	韩国	郗恩庭（中）	胡玉兰（中）	S. 本格森（瑞） K. 约翰森（瑞）	亚历山德鲁（罗） 滨田美穗（日）	梁戈亮（中） 李莉（中）
33	印度加尔各答	中国	中国	约尼尔（匈）	朴英顺（朝）	J. 约尼尔（匈） G. 盖尔盖伊（匈）	亚历山德鲁（罗） 高桥省子（日）	戈莫兹科夫（苏） 费尔德曼（苏）
34	英国伯明翰	中国	中国	河野满（日）	朴英顺（朝）	梁戈亮（中） 李振恃（中）	朴英玉（朝） 杨莹（中）	塞克雷坦（法） 贝尔热雷（法）
35	朝鲜平壤	匈牙利	中国	小野诚治（日）	葛新爱（中）	D. 舒尔贝克（前南） A. 斯蒂潘契奇（前南）	张立（中） 张德英（中）	梁戈亮（中） 葛新爱（中）
36	前南斯拉夫诺维萨德	中国	中国	郭跃华（中）	童玲（中）	李振恃（中） 蔡振华（中）	张德英（中） 曹燕华（中）	谢赛克（中） 黄俊群（中）
37	日本东京	中国	中国	郭跃华（中）	曹燕华（中）	D. 舒尔贝克（前南） 卡列尼茨（前南）	戴丽丽（中） 沈剑萍（中）	郭跃华（中） 倪夏莲（中）
38	瑞典哥德堡	中国	中国	江嘉良（中）	曹燕华（中）	阿佩伊伦（瑞） U. 卡尔松（瑞）	戴丽丽（中） 耿丽娟（中）	蔡振华（中） 曹燕华（中）
39	印度新德里	中国	中国	江嘉良（中）	何智丽（中）	陈龙灿（中） 韦晴光（中）	梁英子（韩） 玄静和（韩）	惠钧（中） 耿丽娟（中）

（续表）

届次	地点	男子团体	女子团体	男子单打	女子单打	男子双打	女子双打	混合双打
40	德国多特蒙德	瑞典	中国	瓦尔德内尔(瑞)	乔红(中)	罗斯科夫(德) 费兹纳尔(德)	乔红(中) 邓亚萍(中)	刘南奎(韩) 玄静和(韩)
41	日本千叶	瑞典	朝鲜联队	佩尔森(瑞)	邓亚萍(中)	P. 卡尔松(瑞) 冯舍(瑞)	陈子荷(中) 高军(中)	王涛(中) 刘伟(中)
42	瑞典哥德堡	瑞典	中国	盖亭(法)	玄静和(韩)	王涛(中) 吕林(中)	刘伟(中) 乔云萍(中)	王涛(中) 刘伟(中)
43	中国天津	中国	中国	孔令辉(中)	邓亚萍(中)	王涛(中) 吕林(中)	邓亚萍(中) 乔红(中)	王涛(中) 刘伟(中)
44	英国曼彻斯特	中国	中国	瓦尔德内尔(瑞)	邓亚萍(中)	孔令辉(中) 刘国梁(中)	邓亚萍(中) 杨影(中)	刘国梁(中) 邬娜(中)
45	荷兰和马来西亚	瑞典	中国	刘国梁(中国)	王楠(中)	孔令辉(中) 刘国梁(中)	王楠(中) 李菊(中)	马琳(中) 张莹莹(中)
46	日本大阪	中国	中国	王励勤(中)	王楠(中)	王励勤(中) 阎森(中)	王楠(中) 李菊(中)	秦志戬(中) 杨影(中)
47	法国巴黎	中国	中国	施拉格(奥地利)	王楠(中)	王励勤(中) 周森(中)	王楠(中) 张怡宁(中)	马琳(中) 王楠(中)
48	中国上海	中国	中国	王励勤(中)	张怡宁(中)	孔令辉(中)王皓(中)	王楠(中) 张怡宁(中)	王励勤(中) 郭跃(中)
49	克罗地亚萨格勒布	中国	中国	王励勤(中)	郭跃(中)	马琳(中)陈玘(中)	王楠(中) 张怡宁(中)	王励勤(中) 郭跃(中)
50	日本横滨	中国	新加坡	王浩(中)	张怡宁(中)	陈玘(中)王皓(中)	郭跃(中) 李晓霞(中)	李平(中) 曹臻(中)
51	荷兰鹿特丹	中国	中国	张继科(中)	丁宁(中)	马龙(中)许昕(中)	郭跃(中) 李晓霞(中)	张超(中) 曹臻(中)
52	法国巴黎	中国	中国	张继科(中)	李晓霞(中)	陈建安(中华台北) 庄智渊(中华台北)	郭跃(中) 李晓霞(中)	金赫峰(朝鲜) 金仲(朝鲜)

二、奥运会乒乓球赛

国际奥委会在1983年召开的第84次会议上做出决定，将乒乓球列为1988年第24届奥运会正式比赛项目，设男子单打、女子单打、男子双打、女子双打4块金牌。国际奥委会规定参加奥运会乒乓球比赛的运动员总人数为172名，男女各86名，其中参加单打比赛的运动员为男女各64名，参加双打比赛的运动员为男女各22名，每个国家的奥委会最多可以拥有3个单打名额和2个双打名额。参赛选手的名额分配如下。

(1)指定的世界排名表确定排名最高的20名运动员，但每个国家奥委会不超过2人(如果某奥委会通过排名方式超过2名运动员，则该奥委会可以在排名范围内指定2名运动员)。

(2)各洲预选赛选拔41名参赛选手。

(3)主办国1名选手。

(4)所有运动员如通过排名或大洲预选未获得参赛资格，而且其所属的奥委会尚未达到最多3名运动员的名额，可通过参加世界预选赛取得参赛资格(比赛的前3名运动员可获得参加奥运会的资格)。

不论何种原因，大洲预选赛未产生40个名额，则将增加世界预选赛的名额。

1988年至今的历届奥运会乒乓球冠军见表1-2。

表1-2　历届奥运会乒乓球冠军

届　别	时　间	地　点	男　单	女　单	男　双	女　双
24	1988	汉城	刘南奎(韩国)	陈静(中国)	陈龙灿/韦晴光(中国)	梁英子/玄静和(韩国)
25	1992	巴塞罗那	瓦尔德内尔(瑞典)	邓亚萍(中国)	吕林/王涛(中国)	邓亚萍/乔红(中国)
26	1996	亚特兰大	刘国梁(中国)	邓亚萍(中国)	刘国梁/孔令辉(中国)	邓亚萍/乔红(中国)
27	2000	悉尼	孔令辉(中国)	王楠(中国)	王励勤/闫森(中国)	王楠/李菊(中国)
28	2004	雅典	柳承敏(韩国)	张怡宁(中国)	马琳/陈玘(中国)	王楠/张怡宁(中国)
29	2008	北京	马琳(中国)	张怡宁(中国)		
30	2012	伦敦	张继科(中国)	李晓霞(中国)		

注：2008年北京奥运会开始，男双和女双被取消，改为男子团体和女子团子。中国队包揽了2008、2012两届奥运会的男女团体冠军。

三、世界杯乒乓球赛

国际乒联从 1980 年起每年举办一届世界杯男子单打比赛(埃文斯杯),由上届冠军、六大洲的单打冠军或代表、主办协会的 1 名选手及除以上选手之外的世界排名前 6 的选手,以及国际乒联推荐的 2 名运动员,共 16 名选手组成。到目前为止,世界杯男子单打比赛共进行了 35 届。1990 年开始增加世界杯男、女团体比赛,参赛队伍为男子团体 16 支,女子团体 12 支,现已举办了 10 届。1996 年国际乒联又开始举办世界杯女子单打比赛,共 16 名选手参赛(名额分配办法同男子世界杯),现已举办了 18 届。

四、世界职业巡回赛总决赛

国际乒联从 1996 年起推出了一项新的赛事——职业巡回赛总决赛。竞赛方法为:国际乒联将全年的国际乒乓球公开赛作为巡回赛的组成部分,对参赛选手进行单独计分,积分排名在前的选手方可参加巡回赛总决赛。

总决赛共设男女单打、男女双打共 4 个项目。

单打比赛由男女各 16 名选手参加,双打比赛由男女各 8 对选手组成。

第二章　乒乓球运动的基本技术

学海导航

乒乓球运动的基本技术是乒乓球学练中必须要掌握的基本要素。本章首先将对乒乓球技术的基本理论进行介绍，之后对握拍、发球与接发球、击球以及步法等技术进行详细分析以及训练指导。通过学习，读者要掌握乒乓球运动的基本技术，提高自身的运动水平，积极参与乒乓球运动实践。

第一节　乒乓球技术基本理论

一、充分运用身体力量

第一，注意动作的舒展性，以蹬腿、转腰、转髋带动手臂协调发力，尽可能发挥身体重心的作用。

第二，不能忽略前臂的快速收缩，以免影响发力的集中程度。

二、速度与旋转的融合

速度是乒乓球竞技中核心的制胜因素，因为人对旋转的适应能力可以不断提高，而在反应速度上却存在着极限。但实践已经证明，仅有速度而缺乏力量的进攻，其杀伤力有限。只有借助旋转，才能实现速度与力量兼备的攻击。

三、全方位的立体作战

正是由于乒乓球速度与旋转的进一步融合，使得“立体作战”成为可能，原来仅限于局部发起的攻势正在向全方位的范围扩展。具体表现在以下几个方面。

(一)反手进攻能力的加强

直板的反手发生了质的变化，“直拍横打”的广泛使用为直板解决了反手主动上手的难题。这项技术的全面开发，使其初步具备了连续相持和攻防转换的能力，从而开辟了从根本上摆脱直板反手弱势的道路。目前，掌握“直拍横打”技术已成为高水平直板运动员的基本要求。

无论直板或横板，反手进攻能力的提高都不能以牺牲正手为代价，这就要求运动员在改进反手进攻的动作结构上下功夫，并适当提早击球时间——反手拉下旋球的击球点是在球刚从台上跳起的上升期，改变最高点和下降前期拉球的传统观念；反手快撕也是在上升前期；弹打在高点期。

(二)近台争夺更趋激烈

不仅仅是反手进攻的击球点更靠前，实战中近台的争夺也更加至关重要，这几乎已经成为当前乒乓球技战术发展的集中体现。

1. 发球抢攻的变化

(1)对方接发球时搓出的下旋底线长球速度、旋转下降，抢拉两条线相对容易。

(2)对方接发球时摆短的旋转也减弱，回摆易偏高，第三板应主动上手挑打。

(3)传统的发球抢攻多集中于左半台，现在由于调右压左的战术被广为采用，运动员(尤其直板运动员)需要更多地注意右半台抢攻。

2. 接发球抢攻的变化

(1)建立侧身以正手接发球为主的意识，以晃接、劈长、挑、拉等为主要手段，配合摆短至两个小三角，既能够有效地抑制对方的发球抢攻，又便于自己接发球后直接从侧身位发起全台正手抢攻或反拉。

(2)采用无遮挡发球后，发球段的主动优势会略有削弱，而接发球段的地位有了根本性的变化，应把接发球作为得分的时机来看待，重点提高台内球挑打和半出台球抢冲的能力。

3. 攻防转换意识增强

发球、接发球和发球抢攻构成了传统的“前三板”技术体系，而现代乒乓球在近台的争夺已经更多地延伸到第四板、第五板的控制与反控制，只有通过快速有效的攻防转换，才能做到真正意义上的抢先上手，力争进入主动相持。

由于运动员侧身抢攻的威胁越来越大，现在高水平的乒乓球比赛中，接发球时往往是直接送到对方的正手位，这样下一板的回球质量就成为能否转攻的关键，即要求所谓“接、防、反”一体化，同样，发球后第四板、第五板的技术也尤显重要。而在各种攻防转换的手段中，反拉技术无疑是最具杀伤力的，它已经成为现代弧圈球的核心技术，其水平高低将直接影响到比赛的胜负。目前，反拉弧圈的主要运用包括以下几点。

(1)主动发半出台球，让对方拉起后反拉。

(2)发长球后主动侧身反拉。

(3)接发球控制对方后第四板的反拉。

总之，重点在于抓好反拉对方第一板从下旋拉起的球。如果不能熟练掌握反拉技术，面对高水平对手时将只能发短球而不敢发长球，接发球抢攻的空间也将受到很大局限。

特别需要指出的是，前三板与其后的第四板、第五板是相互依存、相互制约的，通常应将它们作为整体来考虑。当年的法国选手盖亭就擅长侧身抢拉上旋球进行强转换，但由于进攻手段和节奏单一，技术组合存在结构性缺陷。

此外，削球打法也更加注重削攻能力的转换，甚至有人提倡选择一些原先是进攻型打法的运动员改打削球，以图有所创新。

第二节　握拍法

乒乓球握拍方法与击球动作有着密切的关系，它在一定程度上是每个运动员技术特点的标志。目前世界上流行的握拍方法主要分为直握法和横握法两大类，选用何种握法需要因人而异，根据个人技术特点与兴趣等选择合适的握拍方式。

一、直握法

直握法分为直拍快攻握拍法、直拍弧圈握拍法、直拍削球握拍法、直拍横打握拍法四种。下面简单介绍一下直拍快攻握拍法和直拍弧圈握拍法。

(一)直拍快攻握拍法

运用直拍快攻握拍法时，食指自然弯曲，食指的第二指节和拇指的第一指节分别压住球拍两肩处，食指与拇指间的距离要适中。其余 3 指自然弯曲叠放，中指的第一指节侧面顶在球拍背面约 1/3 处(图 2-1)。

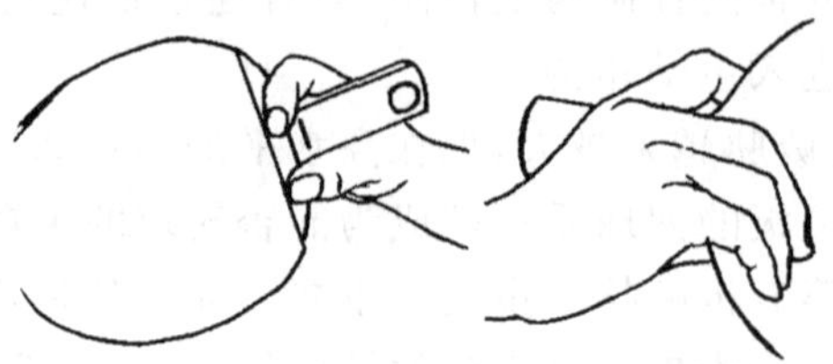

图 2-1

这种握拍法的特点是会使手腕比较灵活，也便于利用手指来变化拍形角度，敏锐地调节用力方向和用力方法。

(二)直拍弧圈握拍法

直拍弧圈握拍法分为中式弧圈球握拍法和日式弧圈球握拍法。

中式弧圈球握拍法与直拍快攻打法的握拍法基本相同，只是在正手拉弧圈球时，拍后的三个手指略微伸直，以利于攻球时较好地保持拍形前倾稳定。

日式弧圈球握拍法的握法则区别较大：拇指紧贴拍柄左侧，食指扣住拍柄，形成一个小环状。正手拉球时，中指和无名指基本伸直，以第一指节握住球拍；反手推挡时，食指向内扣得更深，拇指放松并稍翘起(图 2-2)。

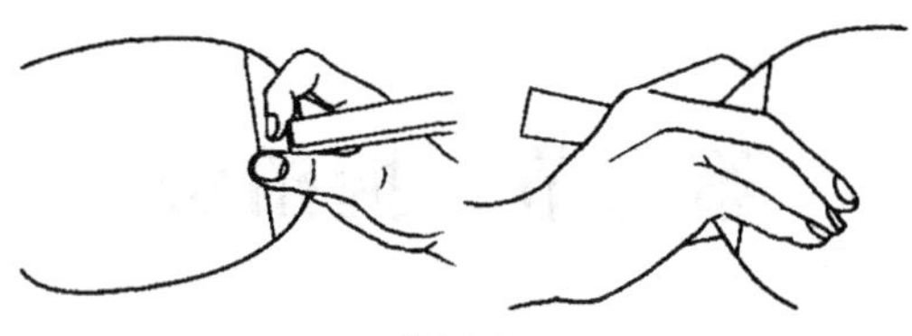

图 2-2

这种握法使手臂、手腕和球拍连成一线，类似于横拍，从而扩大了右半台的活动范围，加上这种握法重心多靠拍头，无形中延长了力臂距离(动作半径)，正手拉弧圈和扣杀时易于充分发挥手臂的力量。但是手腕不够灵活，处理台内球、快攻球、追身球以及反手近台球比较困难。

二、横握法

横握法也称“八字式”握法，可以分为深握、浅握、正手发球握法 3 种。

中指、无名指和小指自然地握住拍柄，拇指在球拍的正面轻贴于中指旁边，食指自然伸直斜放于球拍反面，虎口轻贴于拍，不宜贴得太紧，否则会影响手腕的灵活性。正手攻球时，食指压拍，以拇指第一指节作为支点，与中指协调控制拍形并传递击球的力量，甚至可将食指略向球拍中部移动，以使其压拍的用力点与球拍正面的击球点更为接近，利用食指制造弧线并辅助发力(图 2-3)。反手进攻时，则是以食指根部关

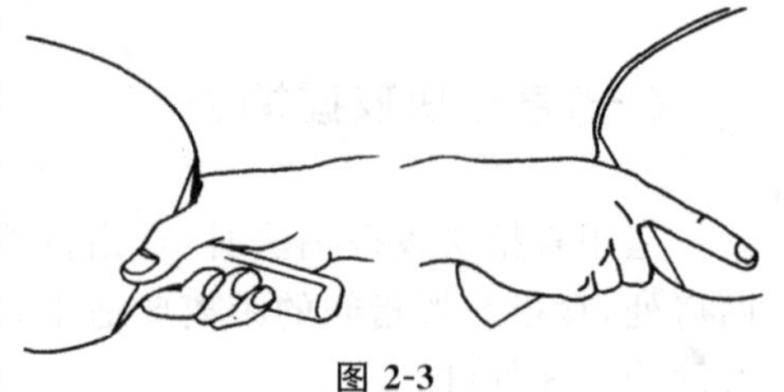

图 2-3

节为支点，拇指压拍控制拍形并传递击球力量。同样，也可令拇指略向上移以接近正面的触球点，靠拇指控制拍形、发力和制造弧线。注意避免中指、无名指、小指和手掌将拍柄握得过紧，以保持手对球拍控制的灵活性。

第三节　步法

前国际乒联主席荻村伊智郎曾说过："步法是乒乓球的生命。"步法移动是击球最重要的基本环节之一，是争取主动、摆脱被动的重要方法，是正确使用和衔接各项技术动作的枢纽，是执行各项战术的有效保证。

一、单步

单步动作简单、移动范围小，多运用于近网短球、推挡球、侧身攻球，在来球落点位于中路稍偏左或对推中侧身突袭直线或对搓中提拉球时常用。

以一只脚为轴，另一只脚向前、后、左、右不同方向移动，身体重心随之落在移动脚上(图 2-4)。

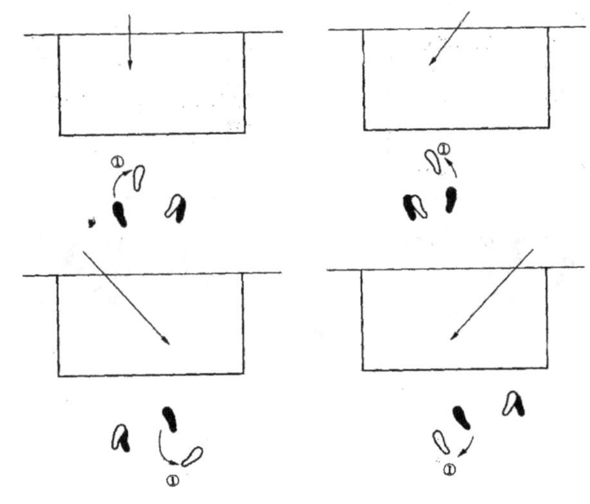

图 2-4

二、并步

并步移动幅度比单步大、比跳步小，移动时不腾空，这样有利于保持身体重心稳定。快攻打法常运用于左右移动中攻球或拉球；削攻打法运用于正反手削球，多用于侧身攻拉削球。

一脚先向另一脚并半步或一小步，另一脚在并步脚落地后随即向来球方向移动一步(图 2-5)。

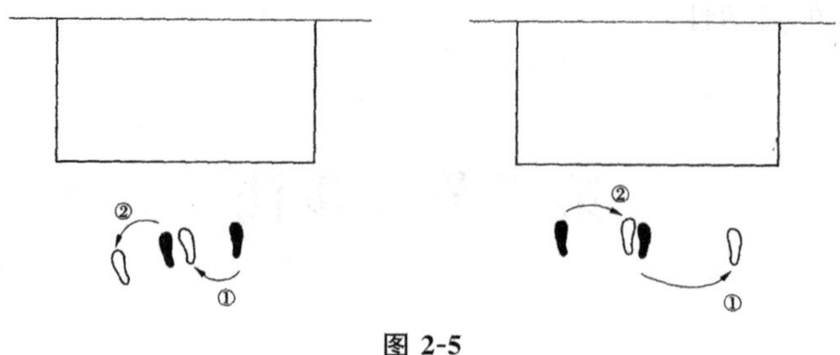

图 2-5

三、跨步

跨步动作幅度和移动范围都较大。近台快攻打法应对离身体稍远且球速快、力量大的来球；削球打法运用于左、右移动击球；运用于跨步侧身攻，当来球速度较慢，但离身体稍远时，左脚向左前上方跨一大步，右脚随即跟上一小步，同时配合腰部右转动作，完成侧身移动。

一脚蹬地，另一脚向移动方向跨一大步，蹬地脚随后跟上半步或一小步，以保持身体平衡(图 2-6)。

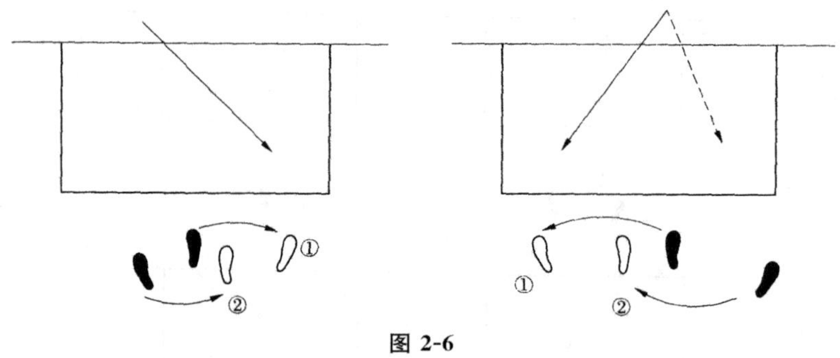

图 2-6

四、跳步

跳步移动范围比单步和并步大，移动速度快。近台快攻打法一般运用于跳步侧身，向左右移动击球时，常与跨步结合起来使用；弧圈类打法运用于中台向左、右移动或侧身移动；削球打法一般在接突击球时常采用，但以小跳步来调整站位用得较多。

一脚用力蹬地，使两脚离开地面向来球方向跳动(图 2-7)。

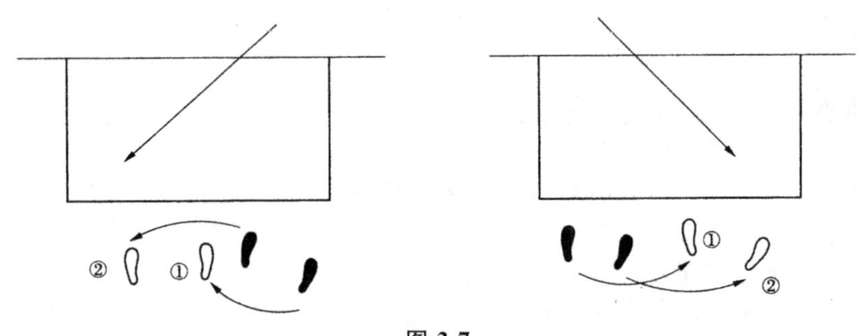

图 2-7

五、交叉步

交叉步移动范围和幅度都大。快攻或弧圈打法运用于侧身攻、拉后扑打右角空当，或从右向左后用正手攻、拉补反手位空当；削球打法运用于接近网短球、削突击球和在走动中拉削球。

以靠近来球方向的脚作为支撑脚，该脚的脚尖调整指向移动方向，远离来球方向的脚在体前交叉，向来球方向跨出一大步，身体随之向来球方向转动，支撑脚跟着向来球方向再迈一步，这是前交叉步。后交叉步是在体后完成交叉动作(图 2-8)。

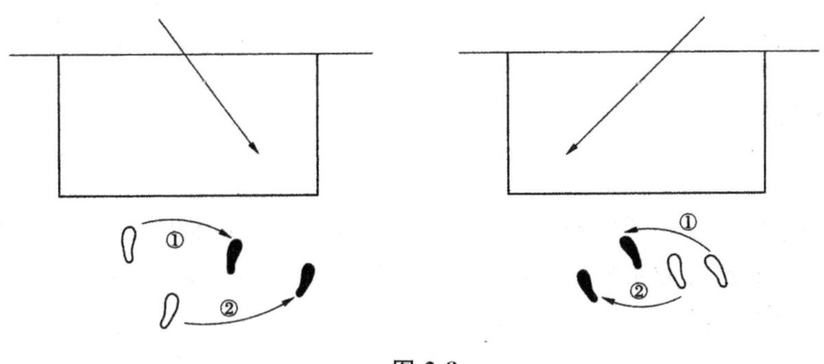

图 2-8

六、结合步

结合步移动范围比任何一种步法都大，便于攻防的转换需求。一种步法达不到最佳的击球位置时，采用结合步法来完成；或大幅度地移动后用移动范围小的步法调整位置或身体重心的平衡。结合步法应灵活地运用于各种打法中。

结合步要求把两种或两种以上的步法组合起来运用。

知识拓展

张继科与拧拉后的步法还原

“还原”这个词在乒乓球运动中一直被强调，日语中通常称作“返回”。在展开不规则的相持球时，边预测对方的回球线路边做还原动作的技术是不可缺少的。

对发到自己正手位的台内短球，张继科把右脚重心转到台下，准备使用反手台内拧拉来进行接发球。击球后，他立刻还原到了反手位，对对手正手拉球使用了反手带回球的技术。

以前对左手选手的实战是张继科的弱项。因为反手台内拧拉这项技术相对更适用于右半台，即到左手选手的正手位相对更容易实现，它的目的就是不让对手使用正手拉回有难度的球，张继科的步法结合已经相当进步并逐步强化。

第四节　发球与接发球技术

一、发球技术

在乒乓球比赛中，每分球开始的发球是非常关键的技术，也是唯一不能受对方来球制约的技术，可让使用者最大限度地实现自己的战术意图，其主动性较强。因此，发球技术也是最有潜力可挖的一项技术。

(一)发球技术分析

1. 正手平击发球

发正手平击球时，运动员站位离球台约 40 厘米，两脚开立，略宽于肩。抛球时向后上方引拍，球拍拍面略前倾。在球的下降期击球的中上部并向前方发力，使球的第一落点在球的球台中段附近。击球后，前臂和手腕要有一个向前挥动的动作，使身体重心顺势移至右脚。正手平击发球的要点是，抛球和引拍的时机要准确，挥拍击球时有一个略微向前下方压球的动作。

2. 反手平击发球

反手平击发球时，运动员站位于球台中间偏左处，右脚稍前或平行站立，身体略向左转，含胸收腹，将球抛至身体左侧前方的同时向左后方引拍。右臂外旋，拍形前倾，在球的下降期击球的中上部并向右前方发力，使球的第一落点在球台的中段区域。根据发球使用拍面的不同，反手平击发球又可分直板反手平击发球和横板反手平击发球。

3. 正手发奔球

正手发奔球又称为正手发右侧上旋急球，具有球速急，落点长，冲力大的特点，球的飞行弧线向左偏斜。从右角发斜线能发出角度较大的球，使对方回球困难，迫使削球运动员后退接球。正手发奔球是直拍快攻打法常用的发球方法。此球还可发至对方右大角或中左位置，球过网落台后拐弯飞行会正中对方中路，这对削球选手来说威胁更大。

正手发奔球前近台站位，左脚稍前，身体略向右偏转，左手掌心托球置于身体前右侧，左手将球向上抛起，同时右臂内旋，使拍面角度稍前倾，前臂手腕自然下垂，肘关节高于前臂，向身体右后方引拍。击球时，当球从高点下降至网高时，击球右侧向右上方摩擦，触球一瞬间拇指压拍，手腕从右后方向左上方挥动。球击出后第一落点接近自己方的端线，第二落点至对方右大角。击球后，手臂继续向左前方挥动并迅速还原(图 2-9)。

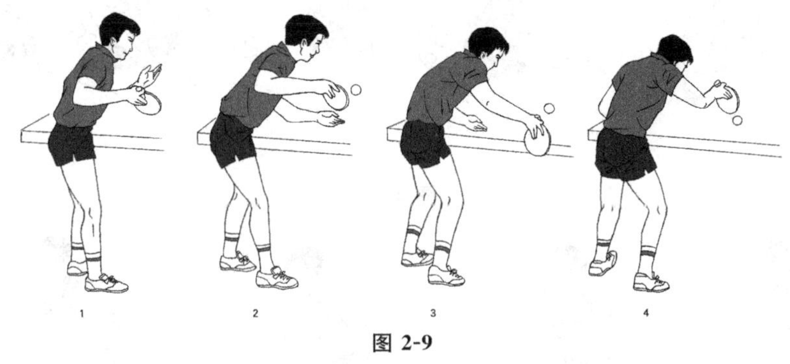

图 2-9

4. 反手奔球

在发反手奔球时，运动员的右脚稍前，身体略向左转，当球向上抛起的同时执拍手随即向左后方引拍，上臂自然靠近身体右侧，手腕适当放松，身体重心在右脚。当球下降至网高时，以肘关节为轴，上臂带动前臂由左后方向向前方挥动，使拍面稍向前倾，摩擦球的左侧中上部。

5. 正手发下旋球与不转球

发球时左脚稍前，抛球时将拍引至肩高，手腕略向外展，拍面稍后仰，球回落时手腕和前臂迅速向前下方发力，摩擦球的中下部。拍触球时手腕的发力要大于前臂的发力，这样才能发出比较强烈的下旋球。发不转球时，力求使整个动作轮廓与发下旋球时一致，触球瞬间用拍推球，触球中下部(偏中部)，用拍面的偏右位置触球。

6. 侧身正手发低抛左侧上、下旋球

这种发球的球速一般不很急，左侧上、下旋转力较强，对方挡球后，向其右侧上(下)反弹。

由于以近似手法发出两种不同的旋转,能起到迷惑对方的目的。

球拍运行路线似马鞍形(图 2-10),A 点触球为左侧下旋,拍从球的右侧中下部向左侧下部摩擦球,直握拍者拇指用力压拍(图 2-11)。B 点触球为侧上旋,拍从球右侧中下部向左侧面摩擦,直握拍者食指稍用力压拍(图 2-12)。为提高发球的旋转强度,应特别注意引拍动作,手臂充分外展(切忌紧夹着上臂),手腕有一个上提动作(即手的伸与外展)。触球瞬间应强调手腕在手臂带动下的突然爆发力,同时手指在球拍后边还要有一个画龙点睛的动作。

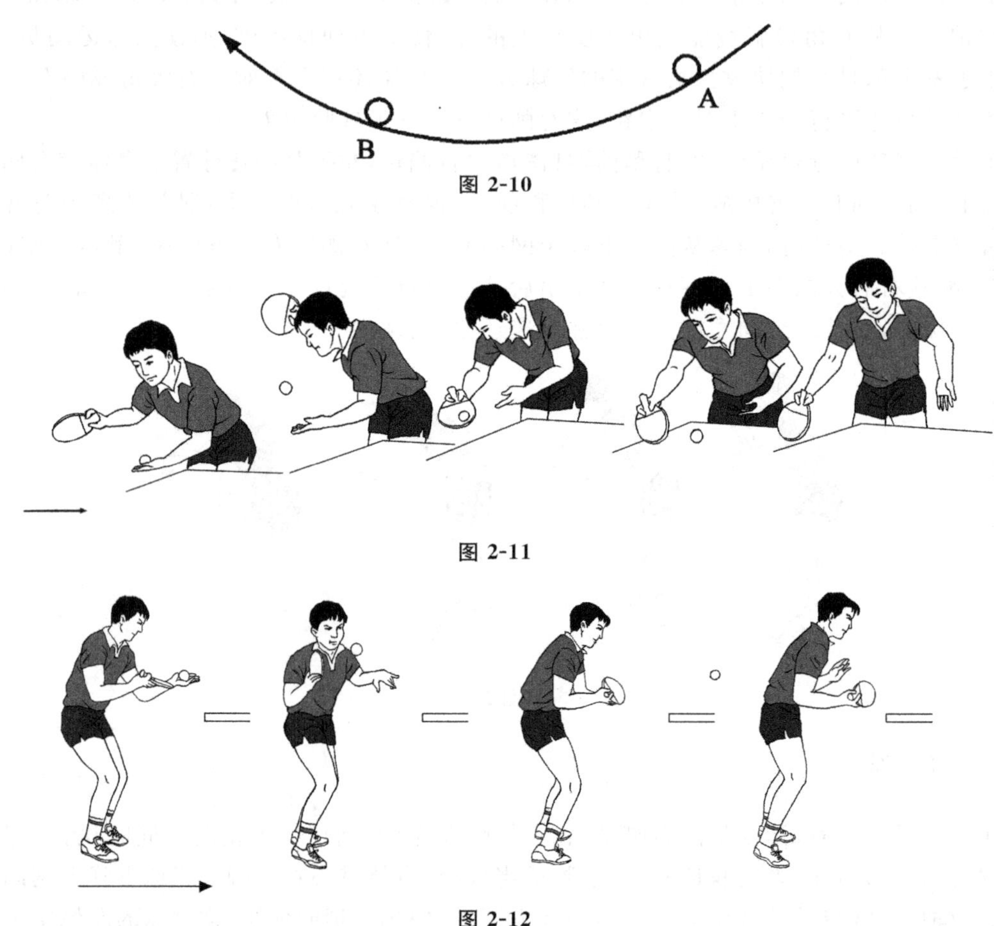

图 2-10

图 2-11

图 2-12

7. 侧身正手高抛抖动式发球

发球时站位应左脚稍前、右脚稍后,两脚与肩同宽,身体要与球台端线成 45°或更小些,以避免身体遮挡触球动作之嫌。抛球应高且直,忌抛球离台太远,抛球手腕不要内勾、侧翻;球放掌心,稍收腹,手腕、前臂平稳地向上直抛,腰和腿同时顺势向上稍挺,重心在左脚上。挥拍击球时,整个动作路线是先自右后上方向左前方做一弧形挥动,然后再接一个向右前方的抖动。当球拍从右向左挥动时触球,为左侧上、下旋,具体侧上与侧下动作的区别同低抛发球。当球拍从左向右前方抖动时触球,为右侧旋;若球拍多向前挥动,少向侧摩、多向前摩,则为直线急球。直握拍者发右侧旋时,拇指稍用力。击球点位置在近腰的中右处为好,离腰约 15 厘米。

需要注意的是，横握拍运动员发此球时需改变握拍方法，中指、无名指和小指不再握拍柄，自然弯曲置于球拍反面。

8. 反手发急下旋球

击球点应在身体的左前侧与网同高或比网稍低；注意手腕的抖动发力；第一落点在本方台区的端线附近。

9. 反手发右侧上、下旋球

反手发右侧上（下）旋球与正手发左侧上（下）旋球基本相同，也是以旋转变化为主，飞行弧线向右偏拐，对方回球时易向发球方左侧上（下）反弹。常见的反手发右侧上（下）旋球有直板反手发右侧上（下）旋球和横板反手右侧下旋球两种。

整个动作似马鞍形，从左上后方向前右下方挥拍，然后再向右前上方挥动（图 2-13）。在 A 点触球中下部向右下摩擦球，直握拍者拇指稍用力压拍，为右侧下旋；在 B 点触球的中下部向右侧上摩擦球，直握拍者食指稍用力，为右侧上旋。

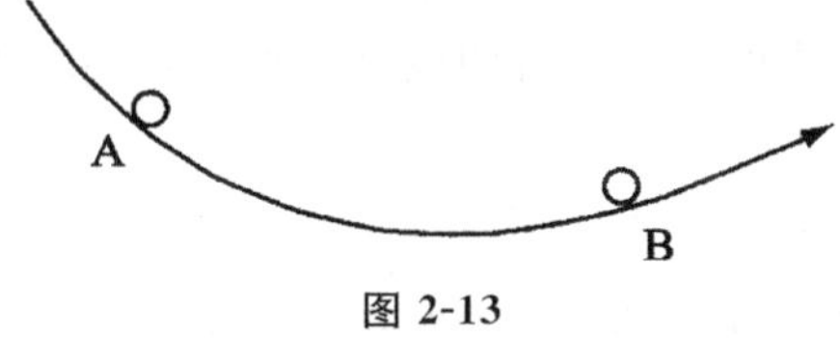

图 2-13

10. 发短球

击球动作小，出手快，球落到对方球台后的第二跳不出台。发短球可以牵制对方，使对方不易发力抢拉、冲或抢攻，从而使对方的还击失败。

发球时，击球瞬间主要以手腕发力为主。摩擦球的部位和发力方向与发左（右）侧下旋球及下旋长球相同。球的第一着台点应在本方球台靠近球网的中区附近。

（二）发球技术训练

（1）徒手做发球前的准备姿势，模仿抛球及发球的动作。
（2）徒手模仿各发球动作，体会抛、引、挥等动作的要领。
（3）在台前用多球进行发球练习。
（4）离墙 2～3 米对墙做各种发球练习。
（5）两人台上练习，一人做各种发球，一人做平挡球练习，交换进行。
（6）先练习发斜线球，后练习发直线球；先练发不定点球，后练发定点球。
（7）练习发各种旋转性的球。

二、接发球技术

乒乓球的比赛首先是从发球和接发球开始的，每局比赛双方接发球的机会与发球相同，每一分的争夺都是从接发球开始的。接发球技术是各项基本技术的综合运用，只有比较全面地掌握各种接发球的方法，才能在比赛中减少被动，力争主动。

(一)接发球技术分析

1. 接平击发球

接平击发球时，运动员的站位靠近球台，球拍对准来球的弹起方向。在来球刚刚弹起时，用平挡回接，拍行基本与台面垂直，借来球之力将球挡回。若用快推回接，以借力为主，并配合向前推击。用快攻接，击球时间为上升期或高点期，以向前发力为主，略带向前上方摩擦球。亦可用前冲弧圈球回接，击球时间为上升后期或高点期，以向前用力为主。

2. 接急球

接急球的动作方法与接平击发球相似，但动作速度要快些。除用平挡、推挡、快攻、快拨和弧圈球回接外，亦可用削球回接。

3. 接下旋球

接下旋球时，运动员应用拉球回接，击球时间为下降前期，多向上用些力，增加摩擦球的动作，若来球下旋强烈，拍形还可稍后仰。用推挡回接，拍形稍后仰，下降前期击球，触球瞬间有一向上摩擦球的小转腕动作。亦可用搓球回接，视来球下旋强度调整拍形和用力方向：下旋强烈时，拍形后仰，多向前用些力；反之则减少拍形后仰度，稍增加向下的力度。

4. 接侧旋球

接侧旋球最重要的是调节拍形和用力方向。如对方发左侧旋，拍形应偏向对手右角，并稍向对方右角用力。对方发右侧旋，拍形应偏向对方左角，触球时稍向对方左边用力。至于拍形偏多少、用力方向和用力大小的掌握，皆应因球而异。

5. 接侧上、下旋球

接侧上、下旋球时，既要注意抵消来球的侧旋，又要设法克服来球的上、下旋。如接左侧上旋，拍形应偏向对手右角并稍前倾，触球时稍向对手右下方用力。此外，接好侧上、下旋球的前提是判断准确。从理论上认识清楚后，还必须多实践、多总结。

(二)接发球技术训练

(1)开始练习接发球时,最好是固定用推挡、削球、搓球或拉球中的任何一种技术接对方的单一发球(可用多球进行练习)。

(2)练习接侧上(下)旋球的技术,以适应不同旋转变化。如接左(右)侧上(下)旋球时,要在对方球拍触球的刹那观察球的移动方向,以提高判断旋转的能力。

(3)还要进一步研究控制回球落点,以避免在接球后给对方有较多攻击的机会。

(4)在掌握了较好的适应能力和能够较自如地控制回球落地之后,应逐步提高防御对方抢攻的本领。对接发球结合防御的要求,第一步应能顶住对方的抢攻,第二步还要求有落点变化,能把球回到对方的空当,以避免遭到对方连续的攻击,进而摆脱被动局面。

(5)当接发球防御有了一定基础之后,可以开始练习拉球或抢攻的接发球技术。

(6)两人练习时,一人做规定线路的各种发球练习,另一人做接发球练习,规定用攻、搓、削中的任何一种技术接对方的单一发球。

(7)两人一组,一人发球,另一人用多种技术接发球,交换进行。

(8)计分比赛,五球一换或一局一换。发球方专练发球,接发球一方专练接发球。

第五节　击球技术

一、推挡球技术

推球和挡球统称为推挡球,是左推右攻打法的主要技术之一,也是其他类打法不可缺少的技术。推挡球站位近、动作小、速度快、落点变化多,有时还会加一些旋转变化。各种推挡技术配合使用时,能利用速度、落点和旋转变化争取主动和创造进攻机会。

(一)推挡球技术分析

1. 快推

站位在球台中间或偏左,身体离台 40 厘米。两脚平站或右脚略前,两膝微屈,收腹含胸,身体向前或略向左转。右上臂和肘关节靠近身体右侧,手臂自然弯曲,引拍至身前或偏左,同时前臂外旋,使拍面稍前倾,来球从台面弹起后,前臂和手腕向前或向前兼略向上挥拍迎球,在来球的上升前期以稍前倾的拍形推击球的中上部。球拍击球瞬间,前臂和手腕自然向前或向前兼略向上发力，并主要借用来球反弹之力将球快速击回。击球后，手和臂顺势向前挥动，并迅速还原成准备姿势。动作过程中，身体重心放在双脚上(图 2-14)。

图 2-14

2. 加力推

站位在球台中间或偏左，身体离台约 50 厘米。两脚平站或右脚稍前，两膝微屈，收腹含胸，身体向前或略向左转。右上臂和肘关节靠近身体右侧，前臂外旋并向上提起，引拍至身前或偏左，与球网同高或略高，拍面稍前倾。来球飞越球网时，上臂、前臂和手腕向前，挥拍迎球，同时腰、髋向左转动，在来球的上升后期或高点期以前倾拍形推击球的中上部。击球瞬间，上臂、前臂和手腕向下方发力推压，腰、髋亦协助用力。击球后，手和臂顺势向前下方挥动，并迅速还原成准备姿势(图 2-15)。

图 2-15

3. 挡球

(1)正手挡球

站位在球台中间或偏左，身体离台 40～50 厘米。两脚开立，左脚略前，两膝微屈，收腹含胸，上体略向右转。右臂自然弯曲并内旋，使拍面接近垂直，置于身体右侧前方。来球从台面弹起后，前臂向前，以拍迎球，在来球的上升期以接近垂直的拍形推击球的中部。只以前臂和手腕轻轻用力，主要借助来球的反弹力将球挡回。击球后，手和臂顺势向前挥动，并迅速还原成准备姿势。

(2)反手挡球

站位在球台中间或偏左，身体离台40～50厘米。两脚开立，比肩稍宽，右脚略前或两脚平站，两膝微屈，收腹含胸，上体略向左转。右臂自然弯曲，引拍至身体前方或略偏左，同时前臂外旋，使拍形接近垂直。来球从台面弹起后，前臂向前，以拍迎球，在来球的上升期以接近垂直的拍形推击球的中部。击球瞬间只以前臂和手腕轻轻用力，主要借助来球的反弹力将球挡回。击球后，手和臂顺势向前挥动，并迅速还原成击球前的准备姿势。

4. 减力挡

站位在球台中间或偏左，身体离台约40厘米。两脚平站或右脚略前，两膝微屈，收腹含胸，身体向前或略向左转。右上臂和肘关节靠近身体右侧，手臂自然弯曲，引拍至身前或偏左，同时前臂外旋，使拍面稍前倾。来球从台面弹起后，前臂和手腕向前挥拍迎球，在来球的上升期以前倾拍形推击球的中上部。球拍击球瞬间，前臂和手腕轻轻后移，以减小来球的反弹力，使球轻轻飞回。击球后，迅速还原成准备姿势。

(二)推挡球技术训练

(1)徒手的挡球或推挡球的模仿动作，体会动作要点。

(2)用正反手对墙做挡球练习。

(3)两人在台上对练挡球，不限落点，只要求动作正确并能击球过网。

(4)两人在台上先练挡中线再练挡斜线或直线，要求逐渐加力。主要是让练习者体会前臂和手腕的推挡动作。

(5)两人在台上做反手推挡斜线练习，逐渐加快，体会快速推挡动作。

(6)一人逐渐加力推挡，另一人用均匀力量推挡。两人轮换。

(7)两人用全力推挡。

(8)一人用均匀力量推挡，另一人在推挡中结合下旋推挡。

(9)先对推斜线，后对推直线。

(10)一点推两点或一点推不同落点。

(11)推、攻结合练习。

二、攻球技术

攻球是乒乓球比赛中争取主动和获得胜利的重要技术。它具有快速有力的特点，能体现积极主动、快速进攻的指导思想。良好运用该技术能使对方陷于被动，进而取得优势。

(一)攻球技术分析

1. 正手攻球

(1)正手快攻

左脚稍前,身体离球台约40厘米左右。击球前,将拍引向右侧,体与臂的夹角为30°～40°,前臂自然弯曲,与上臂的夹角约110°～120°,球拍呈半横状。当球从台面弹起时,前臂和手腕向前上方挥动,并配合内旋转腕的动作,使拍形前倾,在上升期击球中上部。拍触球的一刹那,拇指压拍,同时加快手腕内旋速度,使拍面沿球体作弧形挥动。击球后,挥拍至头部高度(图2-16)。

图 2-16

(2)正手快点

站位靠近球台,上步时上臂和肘部前移,前臂伸近台内迎球,拍应低于球弹起的高度。球拍将触球时,前臂和手腕轻轻向上用力,配合内旋转腕动作,拇指压拍,在下降前期击球的中下部,拍形稍后仰。击球后,收回前脚,迅速还原。

(3)正手快带

左脚稍前,身体重心在右脚上,身体稍向右转。击球前,适当拉开上臂与上身的距离,前臂、手腕自然弯曲。拍面前倾并固定手腕,球拍高于击球点。击球时,动作要小,腰髋带动上体向左转动,击球的上升期球拍触球的中上部。以前臂为主向前迎球,并利用来球前进的力量将球带出。快带中要强调速度和落点变化,以利于从被动转为主动。快带斜线时,球拍触球中部偏右,前臂由后向前向左挥摆;快带直线时,以前臂由后向前用力为主。

(4)正手拉球

左脚稍前,身体离球台约60厘米。击球前,持拍手臂向右后下方引拍,球拍以半横状下垂,拍形稍后仰。当球从高点开始下降时,上臂由后向前上方挥动。在将要触球前,前臂加速用力向左上提拉,同时配合手腕动作向上摩擦球,在下降期击球中部或中下部,拍形接近垂直。遇来球低或下旋球较强时,腰部应配合向上用力。击球后,要随势将球拍挥至额前,重心移至左脚。

(5)正手扣杀

站位在球台中间或偏左,多在近台位置;左脚稍前,两脚距离比其他攻球稍宽,身体重心放在右脚上,两膝微屈,收腹含胸,腰、髋及上体稍向右转;右臂自然弯曲,前臂后引,将拍引至身体右侧偏后，同时前臂内旋，使拍稍前倾。来球从台面弹起后，腰、髋带动身体及上臂向左转动，与此同时，上臂积极发力带动前臂和手腕向左前方挥拍迎球，在来球的高点期以前倾拍形猛击球的中上部。球拍击球瞬间，以上臂和前臂为主向左前方发力击球，腰、髋积极协助用力。击球后，手和臂顺势向左前方挥动，并迅速还原成准备姿势(图 2-17)。

图 2-17

2. 反手攻球

(1)反手快攻

右脚稍前，身体离球台 40 厘米。持拍手臂自然弯曲，将球拍移至腹前偏左的位置。击球时，前臂和手腕向右前上方挥动，同时配合外旋腕动作，使拍形前倾，在上升期击球的中上部。击球后，随势将球拍挥至右肩前。

(2)反手快点

站位靠近球台，回击左方大角度近网短球时，左脚向前方跨一步；回击中间或稍偏左近网短球时，右脚向左前方跨一步。击球前，迅速将拍伸进台内，拍柄稍向下，重心前移，上体贴近球台。击球时，运用前臂外旋和手腕转动的力量，在来球高点期击球，来球上旋，击球时食指压拍，使拍面前倾，击球的中上部，向前发力多些；来球下旋，击球时拍面略后仰，击球的中下部，向上用力多些。击球后，手臂顺势挥拍动作要小，以利于迅速后退还原。

(3)反手快带

站位近台，两脚几乎成平行开立，上臂靠近身体。击球前，前臂迅速伸入台内迎球，拍面应前倾且手腕固定，球拍应略高于来球。击球时，在来球上升期击球的中上部，借助来球的前进力进行还击，有时也可根据来球旋转的强弱适当加力。快带中要强调落点变化和长短结合，以从被动或相持中争取主动。快带斜线时，球拍触球中左部，前臂由后向前向右下挥摆；快带直线时，触球的中部，前臂由后向前向下挥摆，并调节用力来控制回球的长短。

(4)反手拉球

右脚稍前或两脚平行站立，两膝微屈，收腹含胸，身体稍向左转。击球前，引拍至腹前偏左处，上臂与前臂约成 130°，肘关节略向前，拍面近乎垂直。击球时，上臂贴近身体，前臂向右上方挥动，同时腰、髋带动上体向右转动，在下降前期击球的中下部。触球瞬间，手腕向上转动，使拍面摩擦球。击球后球拍随挥至头部。

(5)反手扣杀

直握拍选手的上臂靠近身体，右脚稍前，同时前臂做旋外动作，拍形稍垂直。拍触球瞬间身体重心上提，食指压拍，拇指放松使拍形稍前倾，在来球的高点期击球的左侧中上部，前臂快速向右前方发力(图 2-18)。

图 2-18

(二)攻球技术训练

(1)两人对攻中路直线。

(2)两人正(反)手对攻斜线。

(3)两人对练，一人挡球，另一人练习直拍横打技术。

(4)两人对练，一人自抛自攻，另一人用挡球回击，互换练习。

(5)两人对练，一人正(反)手攻球，一人推挡回击，互换练习。

(6)两人对练，一人一点攻两点，另一人两点推挡一点，互换练习。

(7)徒手模仿正、反手攻球，直拍横打技术动作，体会挥臂、腰部扭转和重心转换等动作要领。

(8)练习者站位近台中偏右(左)，在右(左)角端线附近自抛自攻对方右(左)边斜线。体会前臂内收发力和手腕内(外)旋及击球点。

三、弧圈球技术

(一)弧圈球技术分析

弧圈球是一项将旋转和速度融为一体的现代乒乓球进攻技术。其技术动作种类很多，以下介绍弧圈球技术几种主要的动作。

1. 正手高吊弧圈球

正手高吊弧圈球技术具有球速较慢、弧线较高、上旋性强、着台后向下滑落快的特点，常使对方回球出界或出高球。一般可用于应对下旋长球和侧下旋球，可为扣杀创造机会，也可直接得分。

准备击球前，两脚开立，右脚稍后，身体略向右转，两膝微屈，重心放在右脚上。准备击球时，持拍手臂自然下垂，并向后下方引拍，右肩略低于左肩，拇指压拍使拍形略为前倾，呈半横立状，并使拍形固定。当来球从台面弹起时，手臂向前上方挥动，前臂在上臂带动下爆发性用力做快收动作。将要触球时，手腕向前上方加力，在球下降期用拍摩擦球的中部或中上部。球拍擦击球时，要注意配合腰部向左上方转动和右腿蹬地的力量。击球后，重心向左移动。

2. 正手前冲弧圈球

正手前冲弧圈球具有弧线低、上旋力强、球速快的特点，球着台后弹起不高，急剧前冲向下滑落。运用这种打法可为扣杀创造机会，也是弧圈球选手的主要得分手段。

引拍向右后方，身体重心比拉加转弧圈球时稍高，球拍与来球同高或稍稍低于来球。挥拍击球时，身体、前臂及手腕应向左前方发力，击球的中上部；击球瞬间，应将向前的撞击与摩擦球动作融为一体。直拍选手的中指应有一顶拍动作，横拍选手的食指应有一向前甩的动作。击球时间为上升后期或高点期。反冲时，不向后拉手，球拍与来球同高或稍低于来球。应善于运用身体重心来控制击球弧线，拍形稍前倾，击球时间一般为上升期后段。触球瞬间，前臂用力收缩，手腕要有适当的摩擦，自身的发力和摩擦球动作都比快带要多一些。

3. 正手侧旋弧圈球

正手侧旋弧圈球飞行弧线一般比正手拉前冲弧圈球稍高，向对方的右侧（右手持拍者）偏拐，着台后下落快，还会出现拐弯现象，给对方造成回球困难。这种球主要用来对付右方大角度下旋的来球。

左脚要稍前，腰向右转动，重心在右脚上，球拍引至身体的右后方，拍头应稍下垂。击球时右脚蹬地，同时腰向左转，上臂带动前臂快速进行挥动，在来球的下降前期摩擦球的右侧中部或下部，向外侧并向前上方挥拍，球拍划过的路线呈一个横向的半弧形。击球之后，上体要随势向内扭转来加大侧旋力量。

4. 反手前冲弧圈球

反手弧圈球多为横拍持法运动员所采用。采用这种打法时，手臂力量发挥会受到限制，相对没有正手弧圈球威力大，一般为正手抢攻或抢冲创造机会，技术运用得好，也可以直接得分。

两脚要平行或右脚稍前，两膝微屈，重心要在两脚间。右肩要下沉，球拍引至大腿内侧，肘关节要稍前顶，手腕内旋。击球时拍面要稍前倾，以肘关节为轴前臂快速向前上方发力。在来球的高点期摩擦球的中上部，同时两腿要向上蹬伸，身体略向前上方顶以辅助发力。随势挥拍之后，应迅速还原。

（二）弧圈球技术训练

（1）两人对搓球，一人搓中拉弧圈球。

（2）按照技术的动作结构，做台下上肢徒手模仿练习。

(3)一人正手或者反手挡直线(斜线),另一人练连续拉弧圈球。

(4)原地做上肢徒手动作的基础上,结合下肢步法做移动中的徒手模仿练习。

(5)台上单个动作练习,规定一人发球,另一人练拉弧圈球,然后再重新发球。

(6)结合发球抢拉、接发球抢拉,拉攻中结合弧圈球,拉弧圈球结合扣杀进行练习。

四、搓球技术

搓球是近台和台内回击下旋球的一种比较稳定的技术,它与削球的主要区别是站位更近、动作更小。由于具有旋转、速度、落点变化的优点,该技术常用于接发球或搓球过渡,为进攻创造机会。

(一)搓球技术分析

1. 快搓

(1)正手快搓

肘部自然弯曲,手臂外旋使拍面角度稍后仰,后引动作较小。当来球跳至上升期时,利用上臂前送的力量,前臂与手腕配合,借力结合发力,触球中下部并向前下方用力摩擦。

(2)反手快搓

与正手快搓基本相同,但方向相反。

2. 慢搓

(1)正手慢搓

左脚稍前、身体稍向右转。击球前手臂向右上方引拍。然后前臂带动手腕向左前下方用力搓球,在球的下降后期击球的中下部。直拍选手反手搓要以食指和中指用力为主,拇指应配合发力。横拍要将拇指和食指的协调发力充分结合起来(图 2-19)。

图 2-19

(2)反手慢搓

与正手慢搓相同,但方向相反。

3. 摆短

摆短是在快搓的基础上发展而来的，常用于接发球或对搓。

(1)正手搓球摆短

右脚向前移动，身体靠近球台，球拍向右侧后方引，拍面稍后仰，在来球的上升期击球的中下部，前臂向前下方挥动，同时手腕适当发力。击球后，随挥动作不宜过大，迅速还原。

(2)反手搓球摆短

身体向前移动，靠近球台，球拍略向左后引至腹前，拍面稍后仰，在来球的上升期击球的中下部，前臂向前下方挥动，同时手腕适当外展发力。击球后，随势挥拍动作不宜过大，迅速还原。

4. 搓侧旋

(1)正手搓左侧旋

手臂外旋使拍面稍后仰，前臂提起向身体右侧前方引拍，同时横握拍手腕作外展，直握拍手腕作伸。当来球跳至高点期或下降前期时，手臂加速从右向左前下方挥动，同时横握拍手腕作内收，直握拍手腕作屈，击球中下部，自右向左侧摩擦球。

(2)反手搓右侧旋

基本与正手搓侧旋相同，但方向相反。

5. 搓转与不转球

搓加转球与不转球主要取决于作用力线是远离球心还是接近球心。若在搓球时加大引拍距离和拍面后仰角度，前臂、手腕加速用力向前下方切球，用球拍的下半部摩擦球薄一些，使击球时的作用力线远离球心，则为加转球。若在搓球时缩短击球距离，减小拍面后仰角度，用球拍的上半部和中部碰撞球，使击球的作用力线接近球心，则为不转球。

(二)搓球技术训练

(1)徒手模仿搓球动作，掌握技术要领。

(2)自己在台上抛球，将球搓过球网。

(3)一人发下旋球，另一人将球搓回。

(4)两人对搓中路直线，再对搓斜线。

(5)若练习时引拍不够致使击球的前臂由上向下动作不明显，则应将持拍练习前臂和手腕向上再向下做切的动作模仿。

(6)若练习时击球时拍面后仰不够，则应在下降期搓对方发来的下旋球，体会拍面后仰前送动作。

(7)若练习时前臂前送力量不够，击球后动作停止，则应两人对练慢搓，体会击球后小臂继续前送的动作。

(8)若练习时击球点离身体过远,重心偏后,击球部位不准,则应两人近台站位对练慢搓,在下降期击准球的中下部。

五、削球技术

(一)削球技术分析

1. 正手削球

两脚开立,左脚稍前,两膝弯曲,上体稍向右转,重心落在右脚。击球前,手臂自然弯曲,引拍至右肩侧,拍面后仰。击球时,持拍手上臂带动前臂由右上向左前下方加速切削,手腕向下转动用力,在右侧离身体 40 厘米处,在来球下降期摩擦球的中下部。击球后,手臂顺势挥至右侧下方,迅速还原。

2. 反手削球

(1)近削

击球前,前臂上提,球拍稍竖。击球时,在来球高点期或下降前期摩擦球的中部或中下部。以前臂发力为主,手腕配合向前下方压球。击球后,没有前送的动作。

(2)远削

击球前,前臂上提,增大削球的用力距离。击球时,在来球下降后期摩擦球的中下部。上臂带动前臂发力,球拍由上向前下方挥动。

3. 削追身球

(1)正手削追身球

当来球在身体中间偏右时,右脚后撤,含胸收腹,向右后转腰。上臂靠近身体,前臂稍外旋向右上方引拍,拍面竖立,在下降前期击球的中部或中下部,上臂带动前臂向下用力压球,控制球弧线。击球后,手臂向下挥拍,放松后还原(图 2-20)。

图 2-20

(2)反手削追身球

与正手削追身球基本是相同的,但方向相反。

(二)削球技术训练

(1)徒手模仿削球的动作。

(2)在接发球时,用正手或反手将球削回对方。

(3)用正手或反手连续削回对方拉抽过来的球。

(4)用正手或反手削直线或斜线球。

(5)正手和反手结合向固定落点削球。

(6)削转与不转球。一人稳拉对方正手或反手,另一人练习正手或反手用相似手法削出转与不转的球。

(7)逼角后结合变线。连续削逼左角,突然变线回右角;或连续削逼右角,突然变线回左角。

(8)近削逼角练习。一人拉球,另一人用正反手将球削到对方左角或右角。

(9)一人拉球,另一人在正反手结合的削球过程中削转与不转的球。

(10)一人拉中扣杀结合放短球,另一人练习在削球中上步接回对方所放的短球。

(11)削球和推挡结合练习。在削球中突然上前推击对方空当。

(12)削球和攻球结合练习。在以上练习中,遇有机会进行削中反攻。

知识拓展

王皓的直拍横打

王皓的直拍横打形成了完整的攻防体系。直拍反手的"拧、拉、撕、弹、冲"五大技术均已炉火纯青,在与任何一位横拍选手比赛时反手都能占有明显的优势;正手杀伤力大,中远台对拉能力强。概括地说就是正手不弱,反手超强。

"直拍横打"技术由刘国梁首先使用并初具规模,王皓则是将这一技术继承并发扬的又一位探路者,给中国传统直拍打法带来革新。王皓的"直板横打"技术运用娴熟,反手拉球攻球犹如横拍选手,正反手技术均衡;他在反手位完全抛弃推挡,而以横打去进攻,其反手与横板选手相比毫不逊色。王皓的直拍横打技术有一个拧腕的动作,因此出球有一定的侧旋,使对手极不适应。王皓的打法与横拍选手相比更具杀伤力,更具威胁性。

王皓开创了直板反手没有推挡而仅有横打的先河,并成为采用此风格打法的第一位世界冠军。

第三章　乒乓球运动的基本战术

学海导航

乒乓球战术是乒乓球运动员在比赛中采用的各种技术手段与方法，其特点是伴有旋转、技术、落点、弧线、线路、速度、力量与节奏等变化，并带有明显攻击或限制对手的目的。本章主要介绍乒乓球运动战术的基本理论、乒乓球单打战术和乒乓球双打战术。通过本章的学习，读者应熟悉掌握和运用战术，提高乒乓球运动实战能力。

第一节　乒乓球战术基本理论

一、乒乓球战术的定义

从本质上讲，战术是一种谋划，而乒乓球战术是指运动员在比赛中为战胜对手和达到期望的比赛结果而采取的计谋和行动。就现代乒乓球运动而言，乒乓球战术有广义和狭义之分，具体如下。

广义的乒乓球战术是指运动员在比赛中综合运用技术、意志、智能和素质等。

狭义的乒乓球战术指运动员在比赛中，根据对方的打法类型及技术特点而采用的各种技术的原则与方法。

在现代乒乓球比赛中，乒乓球运动员正确而又有目的地把自己所掌握的各种技术有意识地组合起来，充分发挥自己的技术风格特点，有效制约对方的特长，抓住对方的弱点，为战胜对方采取合理有效的手段和方法，这就形成了战术。在乒乓球的训练中，教练员对运动员整体战术能力的培养始终要放在重要的位置。个人战术意识的训练应贯穿在一切训练内容和整个训练过程中。因此，在乒乓球教学与训练中，始终要将运动员整体战术能力的培养放在重要的位置。

二、乒乓球战术的构成

(一)战术意识

战术意识又称战术素养,指运动员在比赛中为达到一定的战术目的而进行的思维活动。乒乓球运动战术意识是运动员在训练和比赛中始终应具备的基本运动素养之一,对于其训练和比赛的发挥具有十分重要的作用。

通常,优秀的乒乓球运动员能在复杂多变的比赛环境中及时观察场上情况、准确判断比赛形势、迅速决定行动方案。针对战术意识的分析下面会详细介绍,这里不再赘述。

(二)战术观念

战术观念指对比赛战术概念、战术价值攻效及运用条件等进行认识和思维后产生的观念。战术观念的形成同运动员、教练员本身所具有的竞赛经验、知识结构、认知特点和思维方式等有密切关系。教练员、运动员的战术观念对其进行战术思考、制定战术计划、实施战术训练等一切战术活动都具有重要的导向意义。

(三)战术知识

战术知识是指运动员所具备的关于比赛战术理论及实践运用的知识,包括经验性知识和理论性知识。具体来说,战术知识包括对专项战术运用原则与战术形式、战术的发展趋势、比赛规则对战术运用的制约等方面的了解与把握的程度。

对于乒乓球运动员来讲,丰富的战术知识是其掌握和运用战术的基础。战术知识的广度和深度对运动员制定战术方案和运用战术具有重要作用。

(四)战术指导思想

战术指导思想是基于对战术规律认识的基础之上,指导战术行动的规范或模式,体现出战术运用者的战术观念。战术指导思想是战术运动的核心,采用的战术是否具有针对性和实效性,关键取决于战术指导思想正确与否。

(五)战术形式与战术行动

战术形式与战术行动是构成乒乓球战术的两个重要因素。具体来说,战术形式是指运动员在战术活动中相对稳定的形态和结构的行动方式;战术行动是指运动员为达到战术目的而采用的具体动作和动作组合。

三、乒乓球战术意识形成

(一)战术意识的重要性

对于乒乓球运动员来讲，战术意识应该贯穿于乒乓球比赛的始终。在乒乓球训练和比赛中，正确的乒乓球战术意识能促进运动员对战术运用的掌握速度，而良好的战术意识能提高乒乓球运动员的制定和实施的质量。实践表明，在同时学习乒乓球运动的人中，战术意识强的人进步快，对教练员或教师的讲解和指导理解得更快，也更加深刻。

(二)战术意识的培养

1. 认真学习战术理论知识

理论对实践有指导作用，乒乓球运动员应理解乒乓球运动战术的概念，在训练中了解必需的战术理论，重视新时期乒乓球运动战术的发展和创新。

2. 不断提高战术思维能力

乒乓球运动具有球速快、竞争激烈的特点，运动员对乒乓球技战术的运用离不开良好的战术思维能力。运动员在赛场上必须结合比赛形式的变化，灵活应用各种技战术，在最短的时间里做出战术决策并付诸行动。这要求运动员在日常的训练中刻苦练习，不断丰富自己的基础知识和比赛经验，不断提高战术行为的表象能力以及战术思维能力。

3. 善于观察、分析、总结

战术意识的形成是一个长期的过程，因此要想培养战术意识并达到在比赛中运用自如的地步，乒乓球运动员必须进行长期的训练。运动员应在平时的训练中善于观察、分析和总结，尤其是对优秀运动员在大赛中出现的战术动态进行分析和总结，有助于运动员不断提高自身战术运用的先进性和实用性。

四、乒乓球战术的制定

在乒乓球运动比赛中，运动员制定战术应遵循以下几项基本原则。

(一)灵活机动、随机应变

乒乓球运动中,任何一种战术的运用,其目的都是加强自己击球的威力,迫使对手击球失误或抑制对方击球的威胁。但是战无常法,有时自己的特长恰好遇上对方的特长,此时在不占优势的情况下,可改用特短对特短,用辅助技战术来打。也就是说,运动员要根据临场变化,及时灵活地选用技战术。

在乒乓球比赛过程中,运动员要根据场上发生的变化,灵活多变地调整战术。例如,快攻运动员利用发球抢攻、推挡和拉攻等技术来攻对方的弱点;弧圈型选手利用发球、抢冲弧圈球等技术来占据主动;削球选手则利用稳健且旋转多变削、搓、攻来调动和攻击对方的弱点。

(二)以己之长、克彼之短

比赛中,运动员要想制定出一套正确、合理、有效的战术,必须尽可能了解对手的技术、战术的特点,以便采取相应的战术用自己的长处攻击对方的短处。例如,自己擅长搓攻而对方善于推攻,就应该以发下旋球为主,逼对方打搓攻。

(三)勇猛顽强、敢打敢拼

运动实践表明,想要赢得比赛的胜利,单纯依靠良好的战术是不够的。比赛中,战术的制定和运用必须坚持勇猛顽强、敢打敢拼的精神。只有在比赛中坚决果断地执行既定战术,才能收到预期的效果。因此,在平时的训练中,教师或教练员应教育运动员在面对复杂局面时学会自觉、刻苦和从容镇定。

知识拓展

乒乓球比赛观赛礼仪

乒乓球比赛需要一个很好的赛场环境。因此,观看乒乓球比赛时应该注意以下几点:

(1)从运动员准备发球开始到这个球成为死球的这一段时间内,整个赛场要保持安静,不要鼓掌、跺地板、大声讲话、呐喊助威、随意走动、展示旗帜和标语等。

(2)不要使用闪光灯拍照。闪光灯对乒乓球比赛的影响是非常大的,因为乒乓球球拍和球的碰撞是在瞬间完成的,闪光灯会闪花运动员的眼睛,使运动员无法判断来球的质量,从而影响到回球的质量和命中率。

(3)呐喊助威时要轻一些,不要将锣鼓和喇叭带进体育馆内,因为过大的声音、过激的语言会影响到运动员的心情和注意力。哪一方输了,不要发出嘘声,否则会给球员带来压力,影响之后比赛的发挥。也不要对裁判发出嘘声。

(4)场馆内禁止吸烟;手机关闭或调整到振动、静音状态。

第二节　单打战术

一、发球抢攻战术

发球抢攻是我国乒乓球直板快攻打法的"杀手锏"，是力争主动、先发制人的主要战术，是运动员发球后立即采取进攻的手段和方法。一般来说，发球抢攻战术运用的效果主要取决于发球的质量和第三板进攻的能力。

（一）发球抢攻战术分析

1. 侧上、侧下旋球结合落点变化进行抢攻

（1）左长右短

在乒乓球比赛中，左长右短的落点以发侧下旋短球为主，结合上旋至对方右侧近网处，迫使对方难以抢攻，从而为自己抢攻或抢拉制造机会。在此基础上，突然发出角度大的长球（以急下旋为主）至对方左侧台区，使对方难以发力，难以拉或攻，为自己侧身或正手位抢攻创造条件（图 3-1）。

（2）右长左短

在乒乓球比赛中，右长左短的落点战术的具体打法与左长右短动作相同，但方向相反。比赛中，如果运用得好，经常会取得较为理想的效果（图 3-2）。

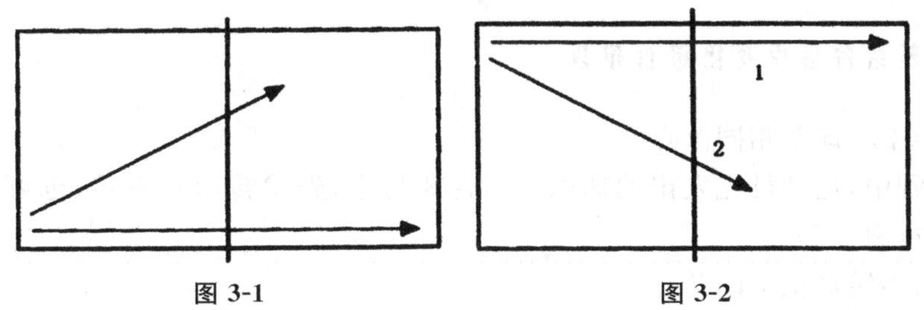

图 3-1　　图 3-2

（3）同线长短

乒乓球比赛中，由于横拍削球选手在回接中路近网短球或中路追身长球时难以旋转变化，往往回球质量不高，陷入被动。因此，同线长短的发球抢攻战术是对付横拍削球手时经常采用的战术之一，其中比较有效的是中长、中短。除此之外，这种战术对于横拍两面攻和两面拉的选手也往往能起到较好的战术运用效果（图 3-3）。

2. 急球与侧上、侧下旋转球相结合，进行抢攻

(1)急球与上、下旋转球相结合

乒乓球运动中，急球与上、下旋转球相结合的具体战术打法如图 3-4 所示。

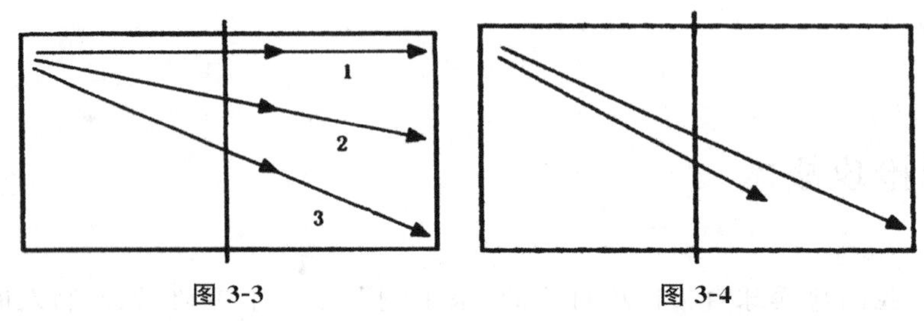

图 3-3　　图 3-4

(2)上、下旋球与急球结合发不同落点

一般来说，在乒乓球运动中，发急球或急下旋转与侧上、侧下旋转短球相结合，应以发急球为主配合短球。发侧上或侧下旋球与急球结合至不同落点，以发侧上或侧下旋球为主配合发右角急球，正手发奔球到右角，配合发急球到左角(图 3-5)。运用得好往往能取得较理想的战术运用效果。

(3)转与不转急球配合至不同落点

乒乓球运动中，转与不转急球配合不同落点的战术的运用以发转与不转短球至对方右、中路为主。配合发长球至对方左路，以伺机抢攻，往往能取得较好的战术运用效果(图 3-6)。

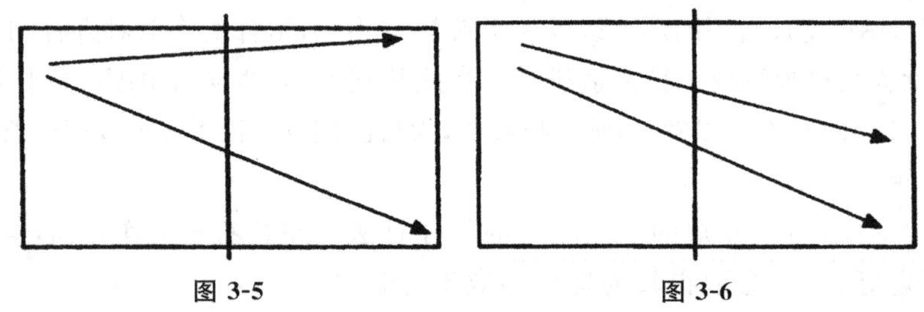

图 3-5　　图 3-6

3. 转与不转结合落点变化进行抢攻

(1)发转与不转球至相同落点

在比赛过程中，运动员先发出的球以不出台球为主，先发转后发不转(也可以先发不转后发转)进行抢攻(图 3-7)。

(2)发转与不转球至不同落点

比赛中，在连续发短球后，突发长球进行抢攻(图 3-8)。运用得好往往能取得较理想的战术运用效果。

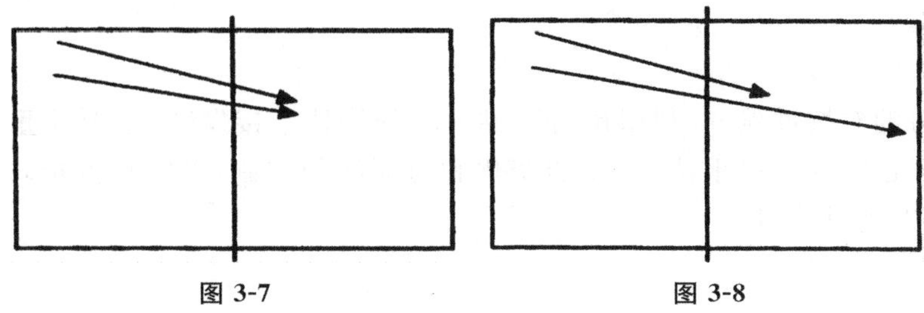

图 3-7　　　　图 3-8

(二)发球抢攻战术训练

(1)正手发转与不转短球至对方右方或中路为主,伺机抢攻。

(2)正手发右侧上旋急球至对方右方或中路进行抢攻或抢冲,配合发左侧旋直线长球或近网短球。

(3)侧身发高(低)抛左侧上(下)旋至中路或左大角,结合中路长球抢攻或抢冲。

(4)反手发侧上(下)旋球至对方中间偏右近网处,配合发大角长球伺机抢冲。

(5)反手发急下旋球,配合短球和急上旋球抢攻、抢推或抢冲。

(三)发球抢攻战术注意事项

(1)发球要有线路和落点变化,争取使对方在前、后、左、右走动中接发球。

(2)发球后要有抢攻准备,以不失抢攻的机会。

(3)发球前,对于对方可能以什么技术回击要做到心中有数,以为自己较好地做好抢攻的准备。

(4)抢攻要尽可能凶,又不能过凶,否则会影响命中率。

二、接发球战术

接发球战术与发球抢攻战术同样重要,从某种意义上讲,接发球水平的高低可以反映运动员的实战能力以及各项基本技术的应用程度。

(一)接发球战术分析

1. 接发球抢攻

接发球抢攻是最积极主动的接发球方法,在无遮挡发球规则下,世界各国的优秀选手越来越重视接发球抢攻战术的重要性。在运用此战术时需注意:对于对方发球的旋转要判断清楚,步法移动要迅速,以保证用最佳的击球点和击球时间击球。

2. 稳接稳打

在比赛双方的对抗过程中，利用拉、推、拱、搓、削等技术接发球，主要注重接发球的命中率，以稳为主，但也需要加强手法、落点的变化和对弧线的控制，以防对方抢攻。一般为攻对削、削对攻或削对削时采用。

3. 接短球

接短球战术是在对方为控制我方的抢攻而发短球时所采用的积极回球的方法，可分为以下两种。第一种是快摆结合劈长，即在对方发较转的短球时，可以快摆为主结合劈长；第二种是挑打或晃撇，即在对方发侧上或不转短球时，可大胆挑打；对于不转球，还可以利用身体的晃动，将球撇至对方反手大角，由于伴有身体的晃动，使对方不敢轻易侧身。

4. 快搓、短摆

用快搓、摆短等方式进行回接，让对方难以发力抢攻或抢拉，自己抢先上手主动进攻。在国际比赛中，一些优秀运动员常以娴熟的快搓、摆短技术回接对手的发球，破坏其发球抢攻或抢拉弧圈的战术意图，为自己尽可能争取主动。

5. 快点

用“快点”回击各种侧旋、上旋或不转的短球，伺机进攻，尽可能争取主动。接发球战术要在比赛中结合场上具体情况灵活运用。要善于变化，采用多种回球方法，给对方制造种种困难，使其难以适应，从而破坏其发球抢攻或拉攻的战术意图。

(二)接发球战术训练

(1)练习接发球直接抢攻。
(2)用拉球或推挡控制对方反手，配合突然变正手与中路。
(3)用快搓短球和快搓端线长球控制对方，伺机先拉或突击。

(三)接发球战术注意事项

(1)接发球要看准来球的旋转方向、旋转强度和高度，采用适当的方法进攻。
(2)接发球抢攻动作结束后，大学生运动员要立即做好对攻或连续攻的准备，以便于自己保持主动地位。

三、对攻战术

对攻战术主要适用于快攻类和弧圈类打法的运动员，快攻类打法依靠正、反手攻球和反手推挡、快拨等技术，充分发挥速度的优势，调动、压制对方以达到攻击的目的。

(一)对攻战术分析

1. 攻两角战术

乒乓球运动中攻两角战术的具体打法主要有以下 4 种。

(1)对角攻击

比赛过程中紧压对方反手一侧的角，不给对方进攻的机会，结合突然的大角度变线，再攻另一角(图 3-9)。

(2)双边直线

比赛过程中先攻直线一角，再以直线攻另一角(图 3-10)。具体可根据场上情况进行灵活的调整和变动，以取得理想的战术运用效果。

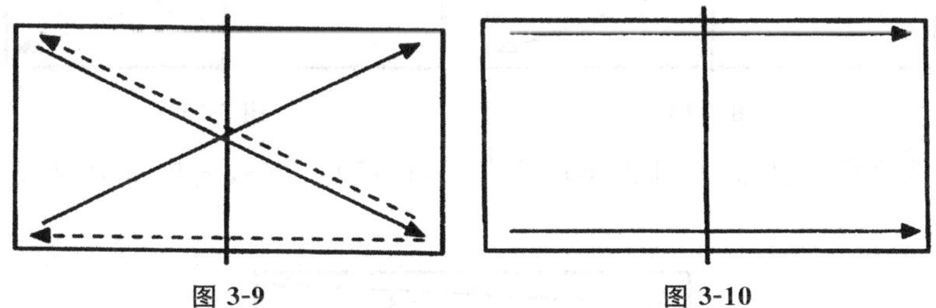

图 3-9　　图 3-10

(3)逢斜变直，逢直变斜

无论是斜线变直线还是直线变斜线，回球的落点都在球台的角上(图 3-11)。这种战术采用大角度变换，主要用来袭击对方空当。

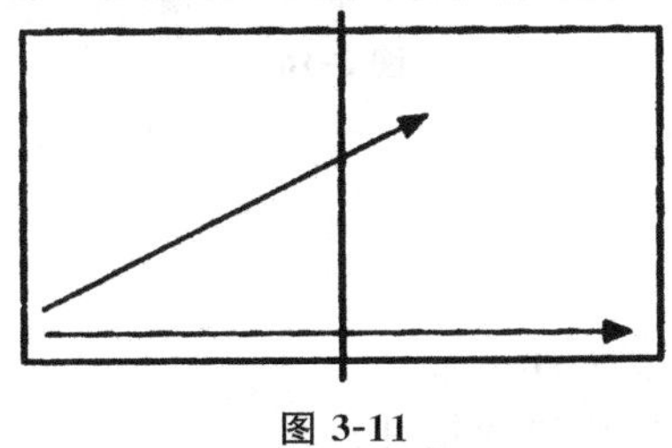

图 3-11

(4)调左压右，调右压左

调左压右主要用来对付对手的左手执拍且擅长侧身攻，往往能取得较为理想的战术运用效果(图 3-12)。而调右压左的目的是将右手执拍的选手调到正手位，并使其被迫离台，然后再打反手。该战术运用得好,往往能够起到抑制对方发挥反手攻的作用(图 3-13)。

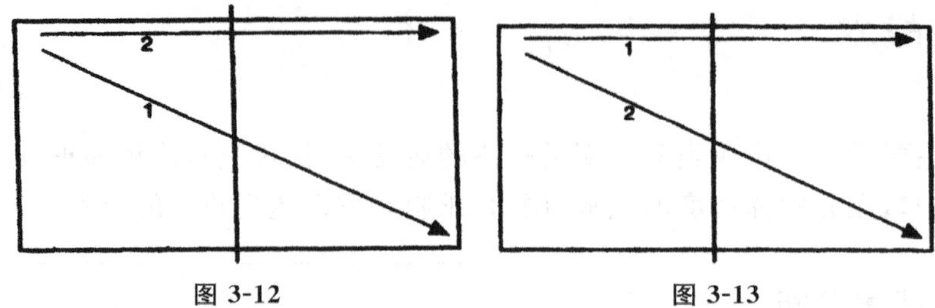

图 3-12　　　　图 3-13

2. 攻追身战术

乒乓球运动的攻追身战术主要有 3 种,即攻追身杀两角、攻两角杀中路(追身)以及攻追身杀追身。具体战术打法如下。

(1)攻追身杀两角:先攻对方中路追身,再扣杀左角或右角(图 3-14)。

(2)攻两角杀中路:先以追身球攻对方左、右两大角,再伺机扣杀中路(图 3-15)。具体要根据场上情况进行适当的调整和变动,以期取得理想的战术运用效果。

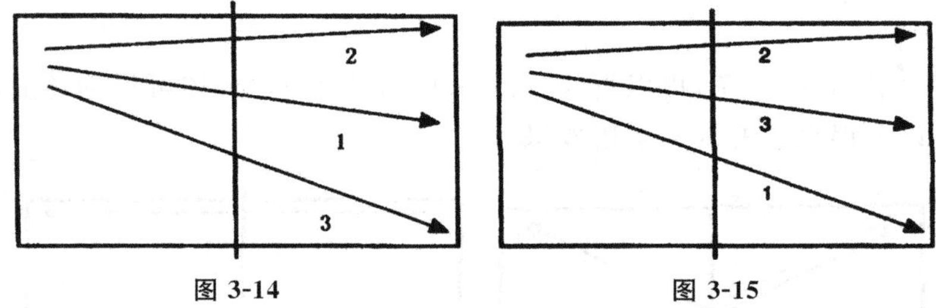

图 3-14　　　　图 3-15

(3)攻追身杀追身:先以追身球连续攻追身,再连续攻中路,伺机发力,扣杀中路或两个大角(图 3-16)。

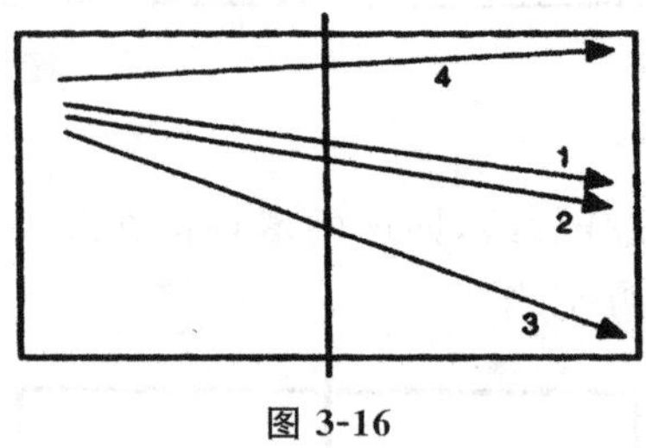

图 3-16

(二)对攻战术训练

以对抗练习为主,主要训练方法如下。

(1)紧压反手,结合变线,伺机抢攻或抢冲。

(2)加(减)力推压中路及两角,伺机抢攻或抢冲。

(3)进行调右压左对抗练习。

(4)进行被动防御和"打回头"对抗练习。

(三)对攻战术注意事项

(1)正、反手攻球要有线路和落点变化,以便创造扣杀机会。
(2)要以压对方反手为主,然后攻击对方正手或中路。
(3)遇到机会球时要大胆扣杀。
(4)在主动进攻的情况下,要坚持近台。
(5)在被动反攻的情况下,可适当后退,在中近台或中台进行反攻。

四、拉攻战术

拉攻战术是快攻类打法对付削球类打法的主要战术。首先拉球的基本功要扎实,要拉得稳,有落点、旋转及力量的变化,才能制造机会赢得战机。其次,必须拉中有突击或拉中结合冲,有连续扣杀和前冲的能力,才能达到良好的效果。

(一)拉攻战术分析

1. 稳拉为主、伺机突击

该战术是使用胶皮拍的直拍削球手或攻削结合打法的运动员在对付削球时的一种有效战术。往往一拉就是十几板,然后再伺机发力攻。遇到反攻能力较强的削球选手时应慎用。

2. 拉斜杀直或拉直杀斜

拉直杀斜或拉斜杀直虽然同属于拉攻战术的范畴,但这两种战术打法有其各自的优势和不足,具体表现为:拉斜杀直时拉球比较保险、稳健,杀直线虽威胁大但技术难度也较大;拉直杀斜时拉球难度稍大,但杀斜线的难度降低,命中率高。由此可知,要想取得更加理想的战术运用效果,就必须根据场上的实际情况进行有针对性地选择和运用。

3. 拉左杀右或拉右杀左

拉左杀右或拉右杀左战术的运用可简单概括为拉对方一边、杀另一边。一般先拉削球旋转变化不强或攻势较弱的一边,出现机会后杀另一边。

4. 拉两角杀中路或拉中路杀两角

(1)拉两角杀中路:从两角找机会,然后突击中路得分。中路追身是削球选手的共同弱点,特别是对正反手顶重板比较稳的削球手,中路是其最好的突破口。

(2)拉中路杀两角:中路寻找机会,然后杀两角得分。先拉中路,可以迫使对方忙于让位,难以逼角或控制落点，突击（扣杀、抢冲）的机会就比较多。这种战术打法主要适用于以逼角为主或落点控制较好的选手。运用得好，往往能取得较为理想的效果。

5. 拉一角突击

运动员在比赛过程中运用拉一角突击战术时，常常用拉一角对付对方削球不稳、旋转变化不强或攻势较弱的一面。之所以做这样的选择，一方面是因为这样可以更加容易寻找机会，另一方面还能够减少被对方反攻的次数。突击（扣杀、拉冲）时选择自己的特长线路，可以保证命中率；选择突击（扣杀、拉冲）对方的中路，可以增大对方顶重板的难度，从而加大了突击（扣杀、拉冲）的威胁。

6. 变化拉球

通过拉旋转的球和长短落点的结合，然后伺机突击（扣杀、拉冲），该战术对拉球技术的要求比较高，一般由攻球技术比较好的选手选用。弧圈球选手可拉真（强烈上旋）、假（似拉加转弧圈球的动作，拉出不转的球）弧圈球，高吊、前冲及侧旋弧圈球。通常情况下，拉球者可拉上旋和侧上旋球。还可变化拉弧线稍高、落台后向前跳的上旋球和弧线稍低、落台后向下钻的上旋球，利用拉球弧线的变化为突击制造有利机会。

具体来说，该种战术的运用主要有以下几种形式。

(1)在拉球中拉出真（强烈上旋）、假（不转）及侧旋弧圈，用旋转的变化来增加对方削球的难度。

(2)拉球要有线路和落点变化以调动对方。可用拉球长短落点的变化来创造机会，即先拉长球至对方端线处，迫使对方后退削球，再突然拉一板中路偏右的短球（刚出台）。

(3)先拉刚出台的轻球，再发力拉靠近端线的长球，从中伺机突击（扣杀、拉冲）。

7. 拉搓、拉吊结合

此战术在运用时先用拉球结合突击迫使对方远离球台，然后用搓球或吊短球引其上前回接，再突击或拉冲其中路及两大角，得到机会后，连续扣杀，伺机突击（扣杀、拉冲）。

在乒乓球比赛中，具体采用何种战术还需要依据对方和个人的情况而定。一般来说，拉斜杀直比拉直杀斜战术运用得多。在关键时刻，如果攻球者心理紧张，为保险起见可改拉斜杀直为拉斜线杀中路或自己的特长线路。

（二）拉攻战术训练

通过对抗训练进行，两人一组，在同伴的配合下完成有针对性的训练。

(1)拉同伴正手，伺机突击中路，然后扣杀两角。

(2)拉同伴反手，后侧身突击斜线，然后扣杀中路或两角。

(3)拉同伴中路，伺机突击两角，然后再杀空当。

(4)拉不同落点，伺机突击直线，然后扣杀两个大角。

(三)拉攻战术注意事项

(1)拉球要有线路和落点变化以调动对方。
(2)拉、扣的力量要有较大的悬殊,以使对方措手不及。
(3)遇到机会球时要大胆扣杀或突击。
(4)要有耐心,不要急于求成,没有把握的机会球不要过凶。

五、搓攻战术

搓攻战术是进攻型打法的辅助战术之一,主要利用搓球旋转的变化和落点的变化为抢攻创造机会,多运用“转、低、快、变”技术控制对方以直接得分。

(一)搓攻战术分析

针对对方特点和实际情况,运动员可有选择性地运用以下战术。

(1)搓对方薄弱环节:可利用摆短、劈切大角度、控制对方反手等方法攻击对方薄弱环节,伺机抢先进攻。

(2)搓球转快攻:对搓中先拉一板弧圈或小上旋,迫使对方打快攻。擅长打相持球的选手适合用此战术;搓中突击,突然性要强,是正胶、生胶类进攻型选手的主要得分手段之一,可以大胆运用;搓球至对方进攻质量不高的一边,让其先把球拉起来,自己需要准备好反攻(反撕、反拉、反冲)。运用此种战术不仅要具备反攻(反撕、反拉、反冲)的能力,还要提高搓球的质量,以防对方高质量地抢攻,反而造成自己陷入被动。

(3)快搓、摆短为主,结合搓长球至对方反手,伺机抢攻:以快搓、摆短至对方中路近网小球,伺机侧身扣杀或冲直线;以转与不转搓球至对方反手位底线长球,使其不容易侧身,伺机抢攻或冲右方大角。

(4)搓下旋突然转为上旋:可在搓中先拉一板弧圈或小上旋,迫使对方打快攻,当遇到旋转不特别强烈或位置比较合适的搓球时,应大胆搓中突击或快点伺机连续进攻。

(5)搓转与不转后抢攻:通过旋转控制对方的抢拉、抢冲或抢攻,注意该战术的实施,应将球的旋转变化和落点结合起来。

(6)先搓反手大角,再变直线进攻:先逼对方反手大角,当其准备侧身攻或将注意力都放到反手后,己方伺机变线攻其正手。

(7)搓转与不转球,伺机抢攻:一般先以搓加转球为主,然后用相似的动作搓不转球,利用旋转的差别为进攻制造机会,伺机抢攻。该战术运用得好,往往能够起到很好的效果。

(二)搓攻战术训练

(1)快搓转与不转球至不同落点。

(2)两人对抗练习,以快搓加转为主,结合快搓转与不转长球至对方的反手或突然搓正手大角,伺机抢攻。

(3)两人一组,一攻一削,对搓中拉或拱一板,之后转为拉攻或拉搓吊结合对抗。

(三)搓球战术注意事项

(1)搓攻战术既要尽可能早起板以争取主动,又不能有急躁情绪,否则起板容易失误。

(2)在搓球中遇到机会球时要大胆扣杀,这是搓攻战术的主要得分手段。

六、削攻战术

(一)削攻战术分析

1. 削两角,伺机反攻

(1)对角紧逼,伺机反攻。

(2)连削直线,伺机反攻(图 3-17)。

(3)逢斜变直,逢直变斜,伺机反攻。

(4)连逼左角,突变右角;或连逼右角,突变左角,伺机反攻(图 3-18)。

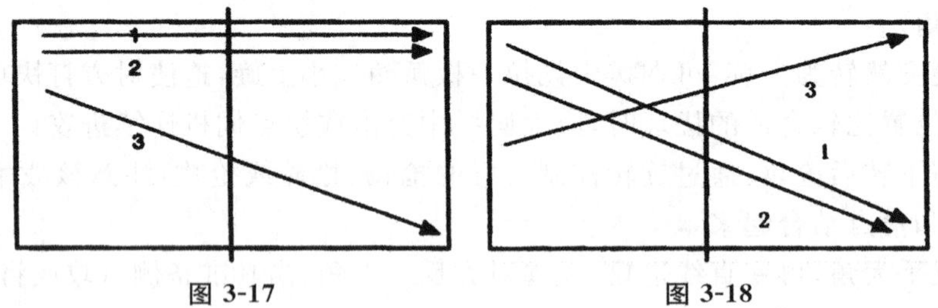

图 3-17　　图 3-18

2. 削长短球,伺机反攻

(1)削同线长、短球,伺机反攻。

(2)削异线长、短球,伺机反攻。

(3)削追身长、短球,伺机反攻。

3. 削攻结合，伺机反攻

(1)时削时攻。有时连续削球，有时连续对攻。

(2)左削右攻或右削左攻。运用旋转、节奏的变化扰乱对方，争取主动。

(3)在削球时，以削球为主，削、攻相互结合，伺机得分。

(4)以反手削，正手攻，削、攻相互结合，伺机得分。

(5)以正反手削、攻结合运用旋转和节奏变化来扰乱对方，争取进攻得分。

4. 削转与不转，伺机反攻

(1)先削加转，后不加转，并结合落点变化，伺机反攻。

(2)先削下旋，突然削侧旋，扰乱对手，伺机反攻。

(3)连续削中，突然拉上旋，扰乱对手，伺机反攻。

(4)先削加转球至对方正手位，再削不转球至反手位，迫使其来不及侧身抢拉，搓出高球后反攻。一旦攻球选手有所适应后，削其反手位的一板可转与不转交替进行，借以迷惑对手，使其判断错误，为削球者提供得分或反攻机会。

(5)对付侧身移步速度较慢的攻球选手，宜削加转球至对方反手位，削不转球到正手位，伺机反攻。

(6)不转球，一定要削得低。在关键比分、攻球选手特别紧张时，削不转球至其正手底线，效果尤佳。

(二)削球战术训练

(1)加宽球台：将球台的其中一方改为放一个半或两个台面，使台面加宽。该练习方法通常用来练习步法，能够达到增加脚步移动的距离和速度的目的。著名乒乓球运动员邓亚萍常在多球练习时采用，大大提高了她侧身和扑正手的步法。

(2)降网法：将球网略下降，按既定内容进行练习。该练习方法主要用于练习削球或搓球时，能够达到降低击球弧线高度的目的。

(3)升网法：将球网稍升高(约 1 厘米)，练习既定内容。该练习方法能够达到增加攻球弧线的弯曲度的目的，因此对于对攻球弧线过直者来说，其实用价值非常大。

(三)削球战术注意事项

(1)发削球前，对于对方可能以什么技术回击要做到心中有数，以为下次击球做好准备。

(2)削球要狠，同时提高命中率。

(3)削球要有线路和落点变化，以便创造进攻机会。

七、弧圈球战术

(一)弧圈球战术分析

弧圈球战术的特点是站位中台或中近台,以拉弧圈球得分。该战术稳健性好,适应性强,可有效结合球的速度和旋转。具体来说,大学生乒乓球运动员应掌握以下几种弧圈球基本战术。

(1)发球抢拉战术:运动员用正手(或侧身)发强烈的下旋球至对方左侧近网处。多用速度快、落点长的球压迫对方退守,然后根据对方站位和适应弧圈球的能力,拉相应的弧圈球攻击对方。

(2)接发球抢位战术:与发球抢拉战术相抗衡的一项战术,目的是攻在前面,破坏对方发球抢拉战术的运用,争取比赛的主动权。

(3)对攻相持战术:多用于对付从两面进攻的打法,可充分利用正手位弧圈球攻对手中路,再压其反手或突击正手。如果对方正手攻弧圈球技术较差,可连续攻其正手,再突然转攻反手。

(4)弧圈球结合扣杀战术:此战术多针对高水平的乒乓球运动员。

(二)弧圈球战术训练

(1)用拉加转弧圈球与不转球相结合进行练习。

(2)两人一组,一人发短球至对方左半台近网处,另一人正反手拉加转弧圈球到对方反手或中路,进行发球抢拉练习。

(3)两人一组,一人发短球至对方中路近网处,另一人用正手抢拉前冲弧圈球至对方两大角,进行发球抢拉练习。

(4)两人一组,一人发侧下旋球或强烈下旋球,另一人用拉加转弧圈球回击。

(5)两人一组,一人回搓近网短球,另一人用正手拉弧圈球至对方反手。

(三)弧圈球战术注意事项

在乒乓球运动实践中,弧圈球战术的应用包括直拍弧圈球结合快攻和横拍弧圈球结合快攻两种,因此对大学生运动员的综合运用战术的能力要求较高。应在熟悉乒乓球基本战术的基础上学习该战术,以形成正确的战术行动。

第三节　双打战术

一、常见双打战术

(一)发球抢攻战术

在乒乓球双打比赛中，常见的发球抢攻战术主要有以下几种。

(1)发球者以发侧上、下旋或转与不转的近网短球为主，配合发长球至对方的右大角和中路稍偏右的位置。

(2)发球短、旋转变化大的球，发球动作尽可能逼真，并通过暗示及时传递给同伴。

(3)抢攻者有意识地根据回球的落点、长短及旋转进行有目的、有准备的抢攻，击球用力大小、速度快慢、旋转强弱要根据来球进行调节。

对于运动员来讲，为了争取比赛主动权，要求做到出手快、弧度低，落点以近网或似出台而未出台且接近中线的球为宜，只有这样才有可能达到抑制对方接发球抢攻，为本方队员抢攻创造有利机会的目的。对付进攻型或弧圈型打法的选手，应以发侧上、侧下旋转或转与不转的近网球为主，配合发急球至对方右大角或中线偏右的位置，伺机抢攻、抢冲。对付削球型打法的选手，以发侧上旋、急下旋长球为主，配合各种近网短球，伺机进行抢攻和抢冲。

在双打中，为了取得较为理想的战术运用效果，运用此战术时必须注意和同伴的默契配合，可用手势暗示同伴发球的种类和落点。

(二)接发球抢攻战术

乒乓球的双打比赛中，运动员在判断清楚来球的旋转方向、速度、落点时，果断进行抢攻，以获得进攻主动权的方法，就是接发球抢攻战术。运用此战术主要是为了达到攻击对方的空当以制造杀机的目的。比赛过程中，具体战术方法如下。

(1)遇到长球用快攻或快拉回击；遇到短球，以快点为主，配合摆短或撇一板。

(2)如果对方发球质量很高，不能直接抢攻，可变化接发球手段，控制好弧线和落点，避免因盲目硬攻而造成的失误。

(三)紧压一角、突袭空当或追身中路

运动实践表明,在乒乓球双打比赛中,和同伴连续攻击对方一角,可迫使对方两人挤在一起,伺机打其空当或追身。如果能紧压对方较弱的一面,效果会更好。

(四)攻正手、打空当

乒乓球双打比赛中,攻正手、打空当主要是对付不同执拍手配对时所运用的战术。具体来说,一左一右手配对,通常是左手执拍者站位球台右侧,右手执拍者站位球台左侧,有利于发挥各自正手攻球的优势。由于对手过多地注意了各自的侧身位,从而真正的正手位反倒由实变虚。因此,如果在这时候对其正手位进行攻击,往往可获得成功。

(五)控制强者、攻击弱者

一般来讲,在乒乓球双打比赛中,同队两人的实力总会有强有弱,这就要求运动员在比赛中通过观察发现其中的破绽,将强者和弱者区别开来。正确的战术应用如下。

一方面,严密控制对方的强者,力争对其先行攻击,尽量不给或减少给强的对手主动进攻的机会。另一方面,把对方相对的弱者作为我方的突破口,力争在他身上得分或为下板球的扣杀制造有利机会。战术应用过程中,打对方强者时要适当凶狠些,打对方弱者时可凶中带稳。

知识拓展

乒乓球双打跑位

双打的跑位范围比单打要大得多,它不仅需要不停地跑位回击,还要以不阻挡和影响同伴的跑位与回击来球为前提。既要跑得快,又要跑得默契。比赛时,由于来球落点是变化的,因而跑位就没有一定的规律。有时要向斜后退,有时又要向左右闪开,究竟如何跑位比较合适要根据对方回球的情况来决定。一般说来,跑位时应力求做到以下几点。

(1)不影响同伴的视线和判断来球。

(2)不妨碍同伴抢占击球位置和还击来球。

(3)有利于本方还击下次来球。

二、不同类型打法

(一)快攻类打法对快弧类打法

(1)发球抢攻战术。双打发球的总体要求是“短、旋转变化大、对同伴有暗示”。抢攻以对方空当和两人结合部位为主。

(2)接发球抢攻战术。力争以快点为主或用快拉回击,亦可运用摆短、切、撇等过渡一板。在运用接发球抢攻战术时,要求落点好、具有突然性,使对手不容易抢攻,为同伴的下一板进攻创造机会。

(3)从中路突破再变线战术。应严格控制台内短球,伺机抢先突击,力争主动打至对方中路,使对方处于被动防守的局面后,突击变线,从而为扣杀创造更多的机会。

(4)以近网短球控制为主突击变各条线路战术。针对削球或中台防御型选手所采用的战术。在运用此战术时需要注意的是,发球应以侧上旋为主,伺机攻击各条线路。

(二)弧圈类打法对弧圈类打法

(1)变化站位战术。在双方各自的技术、战术和打法等特点都已被对方适应的情况下,可利用变化站位的形式来迷惑对方。

(2)发球抢攻战术。对于一直一横选手的配对,发球者多以中路近网侧上、下旋或转与不转球为主,适当配合有速度的中路长球,这种突出“中路”的特点主要是为了限制对方回大角度球,为同伴创造机会。

(3)接发球抢攻战术。抢先上手,用滑板、快拉、挑、点等打对方的空当,为同伴进攻创造机会。

(4)对拉中拉一点突然变线战术。用强烈的前冲弧圈球连续攻击对方的一条线路,然后突然变线的战术。

(5)对拉中交叉攻击两大角战术。充分运用拉两条斜线,迫使对方大范围跑动,造成回球质量不高,从而有利于本方进攻。

(三)削球为主对快攻类、弧圈类打法

(1)发球抢攻的战术。当比赛处于被动局面或比赛进入到关键时刻时,以发近网转与不转短球为主,配合突然性发球扰乱对手,由同伴进行抢攻,往往能扭转败局、出奇制胜。

(2)接发球抢攻的战术。这种战术常会打乱对方的作战计划,从心理上给对方造成很大压力,同时也能给同伴创造机会,使自己增强信心和削球的主动性。

(3)交叉打两角,用落点调动对方,迫使对方两人不断地左右跑动击球,然后伺机杀空当。

(4)逼削两个大角伺机反攻的战术。在比赛中,有意识地击球至对方二人各自的弱点处,寻机扣杀。而在对攻中,有意变化击球的速度、旋转或弧线(或落点)长短,调动对方,为扣杀创造有利机会。

三、双打战术训练

(一)发球和发球抢攻训练

(1)发球专门练习。要不断提高发球的质量,增加球路的变化,将球准确地发至规定的落点范围内。

(2)发球与抢攻相结合的练习。

(3)采用比赛或计分练习,进一步提高发球和发球抢攻的质量。

(二)接发球和接发球抢攻训练

(1)接发球专门练习。一般采用两人对练的方式,陪练方发球,主练方接发球,将球接至规定的区域内。

(2)接发球抢攻专门练习。此练习可采用单人陪练,也可采用双人陪练。

(3)采用比赛或计分练习。进一步提高接发球和接发球抢攻的质量。组织专门的接发球抢攻比赛或计分练习。

(三)多球训练

乒乓球双打的多球训练方法主要有以下几种。

1. 单人多球训练

(1)击打目标练习。

(2)正反手削球练习。

(3)削中反攻练习。

(4)多球发球练习,要求旋转、落点、弧线和速度质量俱佳。

2. 多球对抗训练

(1)接发球练习。大多采用一人发球、另一人接发球的方法。要求判断旋转、落点,采用摆短、挑、点等技术接球。

(2)接长短球练习。
(3)搓中突击转连续攻击练习。
(4)双打走位练习。练习者轮流在移动中进行还击,主要任务是练习走位。
(5)双人移动中扑攻练习。
(6)双人移动中攻下旋练习。
(7)双人移动中两面攻练习。在移动中以正手或反手还击(可结合推、攻)。

(四)定点训练

1. 一对二的定点训练

(1)定点击球练习。
(2)一点打两点,可限制左或右半台区域练习。
(3)半台对全台练习。陪练方在左半台或右半台回击到主练方的全台。

2. 二对二的定点训练

陪练方两名选手、主练方两名选手的对练。陪练方两名选手可以用以下方式进行练习。
(1)有序对无序。陪练方不受双打击球次序的限制,可任意一人连续击球。
(2)一点对两点练习。
(3)两点对一点。
(4)两点对两点。

第四章　乒乓球运动的竞赛规则

学海导航

随着乒乓球运动水平的不断发展和提高，以及乒乓球赛事的持续进行，乒乓球运动的竞赛规则也在逐步完善。对于乒乓球爱好者来说，学习和掌握时下最新的竞赛规则，不论对参与乒乓球运动还是观赏乒乓球赛事都具有重要的意义。本章会重点介绍当下最新的乒乓球竞赛规则。

第一节　乒乓球运动的基本规则

一、器材与装备

(一)球台

(1)球台的上层表面叫作比赛台面，应是与水平面平行的长方形，长 2.74 米，宽 1.525 米，离地面 76 厘米高。

(2)比赛台面不包括与球台台面垂直的侧面。

(3)比赛台面可用任何材料制成，应具有一致的弹性，即当标准球从离台面 30 厘米高处落至台面时，弹起高度应约为 23 厘米。

(4)比赛台面应呈均匀的暗色，无光泽，沿每个 2.74 米的比赛台面边缘各有一条 2 厘米宽的白色边线，沿每个 1.525 米的比赛台面边缘各有一条 2 厘米宽的白色端线。

(5)比赛台面由一个与端线平行的垂直球网划分为两个相等的台区，各台区的整个面积应是一个整体。

(6)双打时，各台区应由一条 3 毫米宽的白色中线划分为两个相等的"半区"。中线与边线平行，并应视为右半区的一部分。

(二)球网装置

(1)球网装置包括球网、悬网绳、网柱及将它们固定在球台上的夹钳部分。

(2)球网应悬挂在一根绳子上,绳子两端系在高 15.25 厘米的直立网柱上,网柱外缘离边线外缘的距离为 15.25 厘米。

(3)整个球网的顶端距离比赛台面 15.25 厘米。

(4)整个球网的底边应尽量贴近比赛台面,其两端应尽量贴近网柱。

(三)球

(1)球应为圆球体,直径为 40 毫米。

(2)球重 2.7 克。

(3)球应用赛璐珞或类似的材料制成,呈白色或橙色,且无光泽。

(四)球拍

(1)球拍的大小、形状和重量不限。但底板应平整、坚硬。

(2)底板厚度至少应有 85%的天然木料。加强底板的黏合层可用诸如碳纤维,玻璃纤维或压缩纸等纤维材料,每层粘合层不超过底板总厚度的 7.5%或 0.35 毫米。

(3)用来击球的拍面应用一层颗粒向外的普通颗粒胶覆盖,连同粘合剂的厚度不超过 2 毫米;或用颗粒向内或向外的海绵胶覆盖,连同粘合剂的厚度不超过 4 毫米。

(4)“普通颗粒胶”是一层无泡沫的天然橡胶或合成橡胶,其颗粒必须以每平方厘米不少于 10 颗、不多于 50 颗的平均密度分布整个表面。

(5)“海绵胶”即在一层泡沫橡胶上覆盖一层普通颗粒胶,普通颗粒胶的厚度不超过 2 毫米。

(6)覆盖物应覆盖整个拍面,但不得超过其边缘。靠近拍柄部分以及手指执握部分可不予以覆盖,也可用任何材料覆盖。

(7)底板、底板中的任何夹层以及用来击球一面的任何覆盖物和粘合层均应为厚度均匀的一个整体。

(8)球拍两面不论是否有覆盖物,必须无光泽,且一面为鲜红色,另一面为黑色。

(9)由于意外的损坏、磨损或褪色,造成拍面的整体性和颜色上的一致性出现轻微的差异。只要未明显改变拍面的性能,均可允许使用。

(10)比赛开始时及比赛过程中运动员需要更换球拍时,必须向对方和裁判员展示他将要使用的球拍,并允许检查。

二、定义

(1)“回合”:球处于比赛状态的一段时间。

(2)“球处于比赛状态”:从有意识发球前球静止在不执拍手掌中的最后瞬间,到该回合被判得分或重发球。

(3)“重发球”:不予判分的回合。

(4)“一分”:判分的回合。

(5)“执拍手”:正握着球拍的手。

(6)“不执拍手”:未握着球拍的手。

(7)“击球”:用握在手中的球拍或执拍手的手腕以下部分触球。

(8)“阻挡”:自对方最后一次击球触及本方台区后,如果在台面上方或正向比赛台面方向运动的球,在没有触及本方台区也未越过端线之前即触及本方运动员或其穿戴的任何物品。

(9)“发球员”:在一个回合中,首先击球的运动员。

(10)“接发球员”:在一个回合中,第二个击球的运动员。

(11)“裁判员”:被指定管理一场比赛的人。

(12)“副裁判员”:被指定在某些方面协助裁判员工作的人。

(13)“穿或戴的物品”:指运动员在一个回合开始时穿或戴的任何物品,但不包括比赛用球。

(14)“越过或绕过球网装置”:除从球网和比赛台面之间通过以及从球网和网架之间通过的情况外,球均应视为已“越过或绕过”球网装置。

(15)球台的“端线”:包括球台端线以及端线两端的无限延长线。

三、基本规则

(一)合法发球

(1)发球开始时,球自然地置于不持拍手的手掌上,手掌张开,保持静止。

(2)发球员须用手将球几乎垂直地向上抛起,不得使球旋转,并使球在离开不执拍手的手掌之后上升不少于16厘米,球下降到被击出前不能碰到任何物体。

(3)当球从抛起的最高点下降时,发球员方可击球,使球首先触及本方台区,然后越过或绕过球网装置,再触及接发球员的台区。在双打中,球应先后触及发球员和接发球员的右半区。

(4)从发球开始,到球被击出,球要始终在台面以上和发球员的端线以外,而且不能被发球员或其双打同伴的身体或衣服的任何部分挡住。

(5)运动员发球时,应让裁判员或助理裁判员看清他是否按照合法发球的规定发球。

①如果没有助理裁判,且裁判员对运动员发球合法化有怀疑,在一场比赛中第一次出现时将进行警告,不罚分。

②在同一场比赛中,如果该运动员或其双打同伴发球动作的正确性再次受到怀疑,不论是否出于同样的原因,均判接发球方得 1 分。

③无论是否第一次或任何时候,只要发球员明显没有按照合法发球的规定发球,接发球方将被判得 1 分,无须警告。

④运动员因身体伤病而不能严格遵守合法发球的某些规定时,可由裁判员做出决定免于执行。

(二)合法还击

对方发球或还击后,本方运动员必须击球,使球直接越过或绕过球网装置,或触及球网装置后再触及对方台区。

(三)比赛次序

(1)在单打中,首先由发球员合法发球,再由接发球员合法还击,然后两者交替合法还击。

(2)在双打中,首先由发球员合法发球,再由接发球员合法还击,然后由发球员的同伴合法还击,再由接发球员的同伴合法还击。此后,运动员按此次序轮流合法还击。

(四)重发球

(1)出现下列情况时应判重发球。

①如果发球员发出的球在越过或绕过球网装置时触及该装置,此后成为合法发球或被接发球员或其同伴阻挡。

②如果接发球员或接发球方未准备好时球已发出,而且接发球员或接发球方没有企图击球。

③由于发生了运动员无法控制的干扰,而使运动员未能合法发球、合法还击或遵守规则。

④裁判员或副裁判员暂停比赛。

(2)可以在下列情况下暂停比赛。

①由于要纠正发球、接发球次序或方位错误。

②由于要实行轮换发球法。

③由于警告或处罚运动员。

④由于比赛环境受到干扰,以致该回合的结果有可能受到影响。

(五)得一分

除被判重发球的回合,下列情况下运动员得一分。

(1)对方运动员未能合法发球。

(2)对方运动员未能合法还击。

(3)运动员在发球或还击后,对方运动员在击球前,球触及了除球网装置以外的任何对象。

(4)对方击球后,该球没有触及本方台区而越过本方端线。

(5)对方阻挡。

(6)对方连击。

(7)对方用不符合(3)、(4)和(5)条款的拍面击球。

(8)对方运动员或他穿戴的任何物品使球台移动。

(9)对方运动员或他穿戴的任何物品触及球网装置。

(10)对方运动员不执拍手触及比赛台面。

(11)双打时,对方运动员击球次序错误。

(12)执行轮换发球法时,出现条款(2)中的情况。

(六) 一局比赛

在一局比赛中,先得 11 分的一方为胜方。10 平后,先多得 2 分的一方为胜方。

(七) 一场比赛

(1)一场比赛由单数局组成。

(2)一场比赛应连续进行,除非是经许可的间歇。

(八)发球、接发球和方位的选择

(1)选择发球、接发球和这一方、那一方的权力应由抽签来决定。中签者可以选择先发球或先接发球,或选择先在某一方。

(2)当一方运动员选择了先发球或先接发球,或选择先在某一方位后,另一方运动员必须有另一个选择。

(3)在获得每 2 分之后,接发球方即成为发球方,依次类推,直至该局比赛结束,或者直至双方比分都达到 10 分或实行轮换发球法。这时,发球和接发次序仍然不变,但每人只轮发一分球。

(4)在双打的第一局比赛中,先发球方确定第一发球员,再由先接发球方确定第一接发球员。在以后的各局比赛中,第一发球员确定后,第一接发球员应是前一局发球给他的运动员。

(5)在双打中,每次换发球时,前面的接发球员应成为发球员,前面的发球员的同伴应成为接发球员。

(6)一局中首先发球的一方,在该场下一局中应首先接发球。在双打决胜局中,当一方先得 5 分时,接发球方应交换接发球次序。

(7)一局中,在某一方位比赛的一方,在该场下一局中应换到另一方位。在决胜局中,一方先得 5 分时,双方应交换方位。

(九)发球、接发球次序和方位的错误

(1)裁判员一旦发现发球、接发球次序错误,应立即暂停比赛,并根据该场比赛开始时确立的次序,按场上比分由应该发球或接发球的运动员发球或接发球;在双打中,则按发现错误时那一局中首先有发球权的一方所确立的次序进行纠正,继续比赛。

(2)裁判员一旦发现运动员应交换方位而未交换时,应立即暂停比赛,并根据该场比赛开始时确立的次序,按场上比分运动员应站的正确方位进行纠正,再继续比赛。

(3)在任何情况下,发现错误之前的所有得分均有效。

(十)轮换发球法

(1)如果一局比赛进行到 10 分钟仍未结束(双方都已获得至少 9 分时除外),或者在此之前任何时间应双方运动员要求,实行轮换发球法。

(2)当时限到达时,球仍处于比赛状态,裁判员应立即暂停比赛。由被暂停回合的发球员发球,继续比赛。

(3)当时限到达时,球未处于比赛状态,应由前一回合的接发球员发球,继续比赛。

(4)此后,每个运动员都轮发一分球,直至该局结束。如果接发球方进行了 13 次合法还击,则判发球方失一分。

(5)轮换发球法一经实行,或一局比赛进行了 10 分钟,该场比赛剩余的各局必须实行轮换发球法。

知识拓展

乒乓球的击球点

击球点是指击球时,球拍与球接触瞬间的那一点所属空间的位置。这是对击球者所处的相对位置而言的,包含以下 3 个因素:第一,球处于身体的前后位置;第二,球与身体的远近距离;第三,球的高、低位置。

第二节 乒乓球运动国际竞赛规程

一、规则适用比赛类型

(1)“国际竞赛”,即一个以上协会的运动员参加的比赛。
(2)“国际比赛”,即不同协会代表队之间的一场比赛。
(3)“公开赛”,即所有协会的运动员均可报名参加的比赛。
(4)“限制赛”,即除年龄组外只限于特定组别的运动员参加的比赛。
(5)“邀请赛”,即限于个别邀请的、指定运动员参加的比赛。

二、器材和比赛条件

(一)批准和许可的器材

(1)对比赛器材的批准或许可应由器材委员会代理理事会执行;如果在任何时候发现继续生产或使用某产品对乒乓球运动有害,理事会可以取消对该器材的批准。

(2)公开赛的报名表或竞赛指南应详细说明将使用的球台、球网装置以及球的品牌和颜色;器材的选择应由比赛所在地的协会从国际乒联现行批准的品牌和型号中挑选。

(3)球拍击球拍面的覆盖物应是国际乒联现行许可的品牌和型号,并必须在其边缘附有清晰可见的商标型号及国际乒联(ITTF)的标记。

(4)从秘书处可得到将球拍覆盖物黏合在球拍上的经许可的粘黏剂清单。

(二)服装

(1)比赛服一般包括短袖运动衫、短裤或短裙、短袜和运动鞋;其他服装,如半套或全套运动服,不得在比赛时穿着,但得到裁判长的允许时除外。

(2)短袖运动衫(袖子和领子除外)、短裤或短裙的主要颜色应与比赛用球的颜色明显不同。

(3)短袖运动衫的背部可以有号码或字样,用于表明运动员、运动员的协会,或在俱乐部比赛时表明运动员的俱乐部,以及符合相关条款规定的广告。

(4)在短袖运动衫背部的中间位置应优先佩带被组织者制定用于表明运动员身份的号码布,而不是广告。这个号码布应是长方形,面积不大于 600 平方厘米。

(5)在运动服前面或侧面的任何标记或装饰物以及运动员佩戴的任何物品,如珠宝装饰等,均不应过于显眼或反光,以致影响对方的视线。

(6)服装上不得带有可能产生不悦或诋毁本项运动声誉的设计和字样。

(7)有关比赛服的合法性及可接受性问题,应由裁判长决定。

(8)团体赛同队运动员,或同一协会运动员组成的双打,应穿着同样的服装,鞋袜除外。

(9)比赛双方的运动员应穿着颜色明显不同的运动服,以便观众能够容易地区分他们。

(10)当双方运动员或运动队所穿服装颜色类似,且均不愿更换时,应通过抽签决定某一方必须更换服装。

(11)运动员参加世界、奥林匹克或国际公开锦标赛时,穿着的短袖运动衫、短裤或短裙等应为其协会批准的种类。

(三)比赛条件

(1)赛区空间应不少于 14 米长、7 米宽、5 米高。

(2)赛区应由 75 厘米高的同一深色的挡板围起,与相邻的赛区及观众隔开。

(3)在世界和奥林匹克比赛中,从比赛台面高度测得的照明度不得低于 1000 勒克斯,且整个比赛台面照度均匀,赛区其他地方的照明度不得低于 500 勒克斯;在其他比赛中,比赛台面的照明度不得低于 600 勒克斯,且整个比赛照明度均匀,赛区其他地方的照明度不得低于 400 勒克斯。

(4)使用多张球台时的照明水平应是一致的,比赛大厅的背景照明不得高于比赛区域的最低照明度。

(5)光源距离地面不得少于 5 米。

(6)场地四周一般应为暗色,不应有明亮光源,或从窗户等透过未加遮盖的日光。

(7)地板不能颜色太浅或反光强烈或打滑,而且表面不得为砖、水泥或石头;在世界和奥林匹克比赛中,地板应为木制或国际乒联批准的某品牌和种类的可移动塑胶地板。

(四)广告

(1)在赛区内,广告只能在规定设置的器材和装置上展示,而不能单独设置。

(2)赛区内的任何地方不准使用荧光或发光的颜色。

(3)挡板内侧的字样和标记禁止使用白色或黄色,亦不得超过两种颜色,其总高度应限制在 40 厘米以内;建议使用比底色深些或淡些的颜色。

(4)地板上和球台端面、侧面上的标记物颜色应深于或浅于底色,或者是黑色。

(5)比赛区域地面最多可有 4 个广告,球台的每个侧面和每个端面可各有 1 个广告,每个广告的总面积不得超过 2.5 平方米;广告与挡板的距离不得少于 1 米,两端的广告语挡板的距离不得超过 2 米。

(6)球台两个侧面各 1/2 处和端面均可有一个临时性广告，该广告不得是其他乒乓球器材供应商的广告，而且与永久性广告必须有明显区别；每个广告的总长度不得超过 60 厘米。

(7)球网上的广告应深于或浅于背景的颜色，与球网顶端的距离不少于 3 厘米，并且不得遮盖网眼。

(8)赛区内的裁判桌或其他器材上的广告，其任何一面的总面积不得超过 750 平方厘米。

(9)运动员服装上的广告应受下列限制。

①制造厂家的正常商标、标记或名称，所占总面积不得超过 24 平方厘米。

②短袖运动衫前面和侧面不得有 3 条以上的广告，广告总面积不得超过 200 平方厘米，每条广告必须明显分开。

③短袖运动衫的背部可有一个面积不超过 200 平方厘米的广告。

④短裤或短裙上可有不超过 2 个、总面积不超过 80 平方厘米的广告。

(10)运动员号码布上的广告总面积不得超过 100 平方厘米。

(11)裁判员服装上的广告总面积不得超过 40 平方厘米。

(12)比赛服和号码布上不得有烟草制品、含酒精饮料或者有害药品的广告。

三、比赛官员

(一)裁判长

(1)每次竞赛应指派一名裁判长，其身份和工作地点应告知所有参赛者及队长。

(2)裁判长应对下列事项负责。

①主持抽签。

②编排比赛日程。

③指派比赛工作人员。

④主持裁判人员的赛前短会。

⑤审查运动员的参赛资格。

⑥决定在紧急时刻是否中断比赛。

⑦决定在一场比赛中运动员是否可以离开赛区。

⑧决定是否可以延长法定练习时间。

⑨决定在一场比赛中运动员能否穿长运动服。

⑩对解释规则和规程的任何问题作出决定，包括服装、比赛器材和比赛条件的可接受性。

⑪决定在比赛紧急中断时运动员能否练习，以及练习地点。

⑫对于不良行为或其他违反规程的行为采取纪律行动。

(3)经竞赛管理委员会的同意，当裁判长将任何职责托付给一些其他人员时，这些人员中每人的特殊职责和工作地点应告知参赛者及队长。

(4)裁判长或在其缺席时负责代理的副裁判长，在比赛过程中应自始至终亲临比赛场地。

(5)如果裁判长认为有必要,可在任何时间更换裁判人员,但不得更改被更换者在其职权范围内就事实问题作出的判定。

(二)裁判员

(1)每场比赛均应指派1名裁判员和1名副裁判员。

(2)裁判员应坐或站在球台一侧,与球网成一直线。副裁判员应面对裁判员坐在球台另一侧。

(3)裁判员应对下列事项负责。

①检查比赛器材和比赛条件的可接受性,如有问题,向裁判长报告。

②按相关条款规定,任意取一只球。

③主持抽签,确定发球、接发球和方位。

④决定是否由于运动员身体伤残而放宽合法发球的某些规定。

⑤控制方位和发球、接发球的次序,纠正上述有关方面出现的错误。

⑥决定每一个回合得1分或重发球。

⑦根据规定的程序报分。

⑧在适当的时间执行轮换发球法。

⑨保持比赛的连续性。

⑩对违反场外指导或行为等规定者采取行动。

(4)副裁判员决定处于比赛状态中的球是否触及距离他最近的比赛台面的上边缘。

(5)裁判员或副裁判员均可判决:

①运动员发球动作不合法。

②合法发球在球越过或绕过球网装置时是否触及球网装置。

③运动员阻挡。

④比赛环境受到意外干扰,该回合的结果有可能受到影响。

⑤掌握练习时间、比赛时间及间歇时间。

(6)执行轮换发球法时,副裁判员或另外指派的一名裁判人员均可充当计数员,计接发球方运动员的击球板数。

(7)裁判员不得否决副裁判员或计数员根据(5)和(6)条款所作出的决定。

(三)申诉

(1)在单项比赛中的双方运动员或是在团体比赛中的双方队长之间所达成的协议,均不能改变该场比赛的裁判人员就事实问题所作出的决定,亦不能改变裁判长就解释规则或规程的问题所作出的决定;同样不能改变竞赛管理委员会对竞赛或比赛管理问题所作出的决定。

(2)对有关裁判人员就事实问题所作出的决定,不得向裁判长提出申诉;对裁判长就解释规则或规程的问题所作出的决定,不得向管理委员会提出申诉。

(3)对裁判人员就解释规则或规程的问题所作出的决定不服时,可以向裁判长提出申诉,裁判长的决定为最后决定。

(4)对裁判长就未包括在规则或规程中的有关比赛管理问题所作出的决定有不同看法时，可向竞赛管理委员会提出申诉，该委员会作出的决定为最后决定。

(5)在单项比赛中，只能由参赛的运动员就该场比赛中出现的问题提出申诉；在团体比赛中，则只能由参赛队的队长就比赛中出现的问题提出申诉。

(6)对裁判长就解释规则或规程的问题所作出的决定，或竞赛管理委员会就比赛管理方面的问题所作出的决定仍有异议时，可以由有权申诉的运动员或队长，通过所属协会将问题提交国际乒联规则委员会考虑。

(7)规则委员会将就此作出裁决，作为将来决定的指南。所属协会仍可就该裁决向理事会或代表大会提出反对，但不影响裁判长或竞赛管理委员会已作出的任何最终决定。

四、对比赛的管理

(一)报分

(1)当一结束比赛状态，或在情况允许时，裁判员应立即报分。

①报分时，裁判员应首先报下一回合即将发球一方的得分数，然后报对方的得分数。

②一局比赛开始和交换发球员时，裁判员在报完比分后应报出下一回合发球员的姓名，并用手势指明发球方。

③一局比赛结束时，裁判员应先报胜方运动员的姓名，然后报胜方得分数，再报负方的得分数。

(2)裁判员除报分外，还可以用手势表示他的判决。

①当判得分时，裁判员可将靠近得分方的手举至齐肩高。

②当出于某种原因，当前回合应被判为重发球时，裁判员可以将手高举过头表示该回合结束。

(3)对于报分以及在实行轮换发球法时的报数，裁判员应使用英语或双方运动员及裁判员均能接受的任何其他语言。

(4)应使用机械或电子设备显示比分，使运动员和观众都能看清楚。

(5)当运动员因不良行为受正式警告后，应在记分牌该运动员得分处放置一个黄牌。

(二)器材

(1)运动员不得在赛区内挑选比赛用球。

①在进入赛区之前，运动员应有机会挑选一个或几个比赛用球，并由裁判员从中任意取一个球进行比赛。

②如果未能在运动员进入赛区前挑选比赛用球，则由裁判员从一盒大会指定的比赛用球

中任意取一个进行比赛。

③如果比赛中球损坏，应用比赛前选定的另外一个球代替；如果没有赛前选定的球，则由裁判员从一盒大会指定的比赛用球中任意取一个球代替。

(2)在一场单项比赛中，球拍将不允许更换，除非球拍意外严重损坏到不能使用。如果运动员在比赛中损坏了球拍，应立即替换随身带来的另一块球拍，或使用场外递进的球拍。

(3)运动员在比赛间歇时，应将球拍留在比赛的球台上。得到裁判员的特殊许可除外。

(三)练习

(1)在一场比赛开始前2分钟，运动员有权在比赛球台上练习，正常间歇不能练习。只有裁判长有权延长特殊的练习时间。

(2)在紧急中断比赛时，裁判长可允许运动员在任何球台上练习，包括比赛用的球台。

(3)运动员应有合理的机会检查和熟悉将要使用的器材，在替换破球或损坏的球拍以后，运动员可练习少数几个回合，然后继续比赛。

(四)间歇

(1)任何运动员有权要求：

①在局与局之间有不超过1分钟的休息时间。

②每局比赛中，每打完6分球后或决胜局交换方位时，用短暂的时间擦汗。

(2)一名或一队双打运动员可在一场比赛中要求一次暂停，时间不超过1分钟。

①在单项比赛中，暂停应由运动员或指定的场外指导者提出；在团体比赛中，应由运动员或队长提出暂停。

②请求暂停只有在球未处于比赛状态时作出，应用双手做出“T”形状表示。

③在一方获得合理的暂停要求后，裁判员应暂停比赛并出示白牌，然后将白牌放在提出要求暂停一方运动员的台区上。

④当提出暂停的一方运动员准备继续比赛或1分钟暂停时间已到时，以时间短的计算，白牌应被拿走并且立即恢复比赛。

(3)运动员因意外事件而暂时丧失比赛能力时，裁判长若认为中断比赛不至于给对方带来不利，可允许中断比赛，但时间要尽量短些，任何情况下都不得超过10分钟。

(4)如果运动员失去比赛能力的状态早已存在，或在比赛开始前就有理由可以预见，或由于比赛的正常紧张状态引起，则不能允许中断比赛。如果失去比赛能力的原因在于运动员当时的身体状况或比赛进行的方式，引起抽筋或过度疲劳，这些也不能成为中断比赛的理由。只有因意外事故，如摔倒受伤而丧失比赛能力，才能允许紧急中断。

(5)如果赛区内有人受伤流血，应立即中断比赛，直到接受医疗救护并将赛区内所有血迹擦干净后再恢复比赛。

(6)除非裁判长允许，运动员在一场比赛中应留在赛区内或赛区附近，在局与局之间的法定休息的时间内，运动员应在裁判员的监督下留在赛区周围3米以内的地方。

五、纪律

(一)场外指导

(1)团体比赛中,运动员可接受任何人的场外指导。

(2)单项比赛中,运动员只能接受一个人的场外指导,而这个指导者的身份应在该场比赛前向裁判员说明;如果一对双打运动员来自不同协会,则可分别授权一名指导者;如由未被授权的人进行指导,裁判员应出示红牌令其远离赛区。

(3)在局与局之间的休息时间或经批准的中断时间内,运动员可接受场外指导,但在赛前练习结束后到比赛开始前不能接受场外指导。如被授权的指导者在其他时间内进行指导,裁判员应出示黄牌进行警告;如在警告后再次违犯,将被驱逐出赛区。

(4)在一个团体赛或单项比赛中的一场比赛,指导者已被警告过,如任何人再进行非法指导,裁判员将出示红牌,并将其驱逐出赛区,不论其是否曾被警告过。

(5)在团体比赛中被驱逐出赛区的人不允许在团体比赛结束前返回,除非需要他上场比赛。在单项比赛中,不允许此人在该场单项比赛结束前返回。

(6)如被驱逐出赛区的指导者拒绝离开或在比赛结束前返回,裁判员应中断比赛,并立即向裁判长报告。

(7)以上规定只限制对比赛的指导,并不限制运动员或队长就裁判员的决定提出正式申诉,或阻止运动员与所属协会的代表或翻译就某项判决的解释进行商议。

(二)不良行为

(1)运动员和教练员应克服那些可能不公平地影响对手、冒犯观众或影响本项运动声誉的不良行为,诸如辱骂性语言,故意弄坏球或将球打出赛区,踢球台或挡板和不尊重比赛官员等。

(2)任何时候,如运动员或教练员出现严重冒犯行为,裁判员应中断比赛,立即报告裁判长;如果冒犯行为不太严重,第一次裁判员可出示黄牌警告冒犯者,如再次冒犯将被判罚。

(3)除(2)和(5)条规定外,运动员在受到警告后,在同一场单项比赛或团体比赛中第二次冒犯,裁判员应判对方得 1 分;再犯,判对方得 2 分,每次判罚应同时出示黄牌和红牌。

(4)在同一场单项比赛或团体比赛中,运动员在被判罚 3 分后继续有不良行为,裁判员应中断比赛,并立即报告裁判长。

(5)在一场比赛中,不允许更换球拍,除非球拍意外严重损坏到不能使用。如果运动员没有声明就更换球拍,裁判员应停止比赛,并向裁判长报告。

(6)双打配对中的任何一名运动员所受到的警告或判罚均应视为该对双打运动员的,但未受警告运动员在同一场团体比赛随后的单项比赛中不受影响;双打比赛开始时,配对运动员中任何一名在同一场团体比赛中已经受到的最严重警告或判罚应视作是该对双打运动员的。

(7)除(2)条的规定外,教练员在受到警告后,在同一场单项比赛获团体比赛中再次冒犯,裁判员应出示红牌并将其驱逐出赛区,直到团体比赛或单项赛中的该场比赛结束才可返回。

(8)无论是否得到裁判员的报告,裁判长有权取消有严重不公平或冒犯行为运动员的比赛资格,包括取消一场比赛、一项比赛或整个比赛的比赛资格。当他采取行动时,应出示红牌。

(9)如果一名运动员在团体(或单项)比赛中有两场被取消了比赛资格,就自动取消其参加团体(或单项)比赛的资格。

(10)裁判长有权取消已经两次被驱逐出赛区的任何人在本次竞赛剩余时间里的临场资格。

(11)非常严重不良行为的事例应报告冒犯者所属协会。

六、淘汰赛的抽签

(一)轮空和预选赛

(1)淘汰赛第一轮的位置数应为2的幂。

①如果位置数多于已接纳的报名人数,第一轮应设置足够的轮空位置以补足所需位置数目。

②如果位置数少于已接纳的报名人数,应举行预选赛,使预选赛出线人数和免予参加预选赛的人数总和等于所需的位置数。

(2)轮空位置应按照种子排列先后次序安排,在第一轮中尽可能均匀分布。

(3)通过预选赛的选手应视情况尽可能均匀地抽入相应的上下半区、各1/4区、1/8区或1/16区。

(二)按排名排列种子

(1)排名在前的选手应列为种子,以使他们在比赛进行到较后轮次时才相遇。

(2)种子数不得超过该项比赛第一轮的选手数。

(3)第一号种子应安排在上半区的顶部,第二号种子应安排在下半区的底部,其余种子应通过抽签进入规定的位置,具体如下。

①第三、第四号种子应抽入上半区的底部和下半区的顶部。

②第五至第八号种子应抽入单数1/4区的底部和双数1/4区的顶部。

③第九至第十六号种子应抽入单数1/8区的底部和双数1/8区的顶部。

④第十七至第三十二号种子应抽入单数1/16区的底部和双数1/16区的顶部。

(4)在团体淘汰赛中,每一协会中排名最高的队才有资格按排名被列为种子。

(5)排列种子应按国际乒联最新公布的排名表为准,下列情况除外。

①如果符合种子条件的报名选手(队)均来自同一洲联合会下属的协会,应优先考虑该联

合会最新公布的排名表。

②如果符合种子条件的报名选手均来自同一协会,应优先考虑该协会最新公布的排名表。

(三)按协会提名排种子

(1)来自同一协会的报名选手应尽可能合理分开,使他们在比赛进行到较后轮次时相遇。

(2)各协会应按技术水平由强至弱的排列其报名运动员和双打配对的顺序,并应与种子排名表的顺序一致。

(3)排列为第一和第二位的选手应被抽入不同的半区,第三和第四号选手应被抽入没有本协会第一、第二号选手所在的另外两个1/4区。

(4)排名第五至第八号的选手,应尽可能均匀地抽入没有前四号选手的1/8区。

(5)排名第九至第十六号的选手应尽可能均匀地抽入没有前八号选手的1/16区,以此类推,直到所有报名选手都进入适当位置为止。

(6)由不同协会的选手组成的男子双打或女子双打配对,应被视为属于在世界排名表上排名较高选手的协会;如果两名选手在世界排名表无排名,则应被视为属于在相应的洲联合会排名表排名较高选手的协会;如果两名选手均不在上述排名表内,则应被视为属于在世界团体赛排名表中排名较高的协会。

(7)由不同协会的选手组成的混合双打配对时,应被视为属于男选手的协会。

(8)在预选赛中,同一协会的不多于预选赛分组数目的选手应抽入不同的小组,并应按(3)~(5)条所述的原则使通过预选赛的选手尽可能地合理分开。

(9)协会可提名其权限内的运动员参加其有资格参加的任何单项比赛;但有资格代表其他协会的运动员有权接受该协会的提名。

(四)变更抽签

(1)只有竞赛管理委员会授权,才能对已经结束的抽签进行更改,情况许可时还须征得各与之直接有关协会代表的同意。

(2)一个项目比赛开始后,除必要的删减外,抽签结果不可作任何更改,但预选赛可视作一个单独项目,不在此列。

(3)未得到有关运动员的许可,不可将其从抽签中除掉,除非其已被取消比赛资格;如果运动员在场,该许可应由运动员本人提出,如果运动员缺席,可由其授权的代表提出。

(4)如果两名双打运动员均已到会,且健康状况允许比赛,则不得变更其配对;变更配对的理由须是其中一名运动员受伤、生病或缺席。

(五)重新抽签

(1)不允许运动员从抽签的一个位置移到另一个位置。如果因任何原因使抽签结果极不平衡,应尽可能全部重新抽签。

(2)如果不平衡是由于同一抽签区内若干种子选手缺席造成,只可将剩余种子重新排列顺序,在种子范围内重新抽签,尽可能考虑使用按协会提名排种子的规定。

(六)增补

(1)抽签时未包括在一个项目内的运动员,由竞赛管理委员会许可及经裁判长同意,可以增补。

(2)首先应按排名顺序,将实力最强的增补运动员补抽进种子位的空缺;然后,将多出的选手先抽入因缺席或取消资格而出现的空位,而后抽入不与种子位相邻的轮空位。

(3)如果运动员或双打配对按照排名可以作为种子进入原抽签,则只能抽入种子位的空缺。

七、竞赛的组织工作

(一)许可

(1)在遵守章程规定的前提下,任何协会都可以在本土组织或授权组织公开赛、限制赛、邀请赛或安排国际比赛。

(2)协会可以在任何赛季提出举办成年和少年公开赛各一次,作为它的成年和少年国际公开赛。只有经其协会允许的运动员才可以参加此类比赛,但不允许不应是没有理由的限制。

(3)运动员未经其协会允许不得参加国际限制赛或国际邀请赛,除非获得国际乒联的允许,或运动员均来自同一洲时得到洲联合会的允许。

(4)被其协会暂停比赛的运动员不得参加国际比赛。

(5)未经国际乒联允许,任何比赛不能用"世界"称号;未经洲联合会允许,不能用"洲"称号。

(二)代表资格

(1)有选手报名参加国际公开锦标赛的所有协会的代表有权出席抽签,有权参与磋商抽签的更改或可能直接影响其选手的申诉的决定。

(2)来访协会应有权提名至少一名代表进入其参加的国际比赛的管理委员会。

(三)报名

(1)国际公开锦标赛的报名表,最迟应于比赛开始前两个月和报名截止前一个月寄给所有协会。

(2)公开赛的组织者应接受由协会报名参赛的所有选手，但有权将报名选手安排进行预选赛；在决定此安排时，组织者应考虑国际乒联和洲联合会有关的排名表，以及由报名协会提出的报名顺序。

(四)比赛项目

(1)国际公开锦标赛可以包括男子单打、女子单打、男子双打、女子双打，也可包括混合双打和代表协会参赛队的团体赛。

(2)建议少年和儿童项目的年龄分别以 17 岁和 14 岁为限，计算年龄的日期应是该比赛赛季开始前的 6 月 30 日。

(3)建议国际公开锦标赛上的团体赛应按以下(六)条款中的一种比赛方式进行；并在报名表或比赛指南中注明所选定的比赛方式。

(4)在成年单打比赛中，除预选赛外，比赛应采用五局三胜制，少年单打比赛可以采用三局两胜制或五局三胜制；其他比赛均采用三局两胜制。

(5)单项比赛一般应采用淘汰制进行，但团体赛和单项预选赛可以按淘汰制或分组循环制进行。

(五)分组循环

(1)在分组循环赛中，小组里每一名成员应与组内所有其他成员进行比赛；胜一场得 2 分，输一场得 1 分，未出场比赛或未完成比赛的场次得 0 分，小组名次应根据所获得的场次分数决定。

(2)如果小组的两个或更多的成员得分数相同，他们有关的名次应按相互之间比赛的成绩决定。首先计算他们之间获得的场次分数，再根据需要计算个人比赛场次(团体赛时)、局和分的胜负比率，直至算出名次为止。

(3)如果在任何阶段已经决定出一个或更多小组成员的名次，而其他小组成员仍然得分相同，为决定相同分数成员的名次，根据(1)和(2)条规定继续计算时，应将已决定出名次的小组成员的比赛成绩删除。

(4)如果按照(1)～(3)条所规定的程序，仍不能决定某些队(人)的名次，这些队(人)的名次将由抽签来决定。

(5)在世界锦标赛、奥运会和国际公开锦标赛资格赛阶段，参赛运动员根据抽签分组，并尽可能使同一协会的运动员不在同一组，每组中的每个运动员都有一个根据实力递减的位置号。

(6)除非仲裁委员会有相反的规定，如果有一人获得决赛阶段比赛资格，应排在 1 号和 2 号选手之间；如果有 2 名选手获得决赛阶段比赛资格，则应排在 2 号和 3 号选手之间，依此类推。

(六)团体赛形式

1. 五场三胜制(五场单打)

(1)一个队由 3 名运动员组成。

(2)比赛顺序是:

①A—X

②B—Y

③C—Z

④A—Y

⑤B—X

2. 五场三胜制(四场单打和一场双打)

(1)一个队由2、3或4名运动员组成。

(2)比赛顺序是:

①A—X

②B—Y

③双打

④A—Y

⑤B—X

3. 七场四胜制(六场单打和一场双打)

(1)一个队由3、4或5名运动员组成。

(2)比赛顺序是:

①A—Y

②B—X

③C—Z

④双打

⑤A—X

⑥C—Y

⑦B—Z

4. 九场五胜制(九场单打)

(1)一个队由3名运动员组成。

(2)比赛顺序是:

①A—X

②B—Y

③C—Z

④B—X

⑤A—Z

⑥C—Y

⑦B—Z

⑧C－X

⑨A－Y

(七)团体比赛程序

(1)所有出场运动员均应来自团体报名表。

(2)团体比赛前由抽签的中签者优先选择 A、B、C 或 X、Y、Z。由队长将该队名单提交给裁判长或其代理人,并对每一名单打运动员确定一个字母所代表的相应位置。

(3)双打比赛的配对不必立即提交,直到前一场单打比赛结束。

(4)需要连场参赛的运动员有资格在连场的比赛之间有最多 5 分钟的休息时间。

(5)所有比赛场次均采用三局两胜制。

(6)当一个队赢得足够多数场次时,为一次团体比赛结束。

(八)成绩

主办协会在比赛结束后 7 天之内,应尽快将详细成绩和比分,包括国际比赛、洲和国际公开锦标赛的各轮成绩,以及全国锦标赛的最后几轮的成绩,寄给国际乒联秘书处和有关洲联合会的秘书。

(九)电视转播

(1)除世界锦标赛、洲锦标赛和奥运会以外的比赛,只有经主办协会许可,才可对比赛进行电视转播。

(2)运动员参加一次国际比赛时,将被认为同意在该比赛中其电视转播事宜由主办协会控制;在参加世界锦标赛、洲锦标赛和奥运会比赛时,运动员将被认为同意在任何地点进行比赛期间的现场直播和赛后一个月之内的录像播出。

八、国际比赛资格

(1)以下规定将适用于冠名世界、洲和奥林匹克的比赛以及国际公开锦标赛的团体赛。

(2)一名运动员可以代表一个协会参赛,但他必须是该协会拥有管辖权国家的公民。除非一名运动员在 1997 年 8 月 31 日前,因出生或居住等原因而已有资格代表另一个他不是该国公民的协会。

①一名运动员同时是一个以上国家的国民时,可以在有关协会中选择一个他将代表的协会。

②如果一个以上协会的运动员拥有相同的国籍,各有关协会可以决定其关于资格的附加要求。

(3)一名运动员在3年以内不得代表不同的协会。

(4)如果运动员接受了代表一个协会的提名，无论他是否出场比赛，均被视为已经代表了该协会。代表的日期应是提名的日期或比赛的日期中较迟的一个。

(5)如果裁判长要求，运动员或其协会应提供有关比赛资格的文件证明。

(6)一个协会可以提名符合比赛资格但现在居住在另一个协会所控制领土上的运动员代表本协会，如果该运动员未被那个协会暂停比赛或开除。

(7)任何有关比赛资格问题的申诉应提交执行局处理，执行局的决定将是最后的决定。

知识拓展

乒乓球国际级健将

凡符合下列条件之一者，可申请授予国际级运动健将的称号。

第一，在奥运会、世界锦标赛、世界杯赛中，获得男、女团体前三名的运动员(个别成绩很差者除外)，以及获得各单项比赛前八名的运动员。

第二，在国际乒联公布的当年度世界排名表中前十六名的选手。

第三，在国际乒联举办的职业巡回赛总决赛中，获得各单项前三名的运动员。

羽毛球

第五章　羽毛球运动的基本知识

学海导航

羽毛球与乒乓球、网球并称为“三小球”。由于羽毛球运动的适应性较广，因此在现代，不论是在国际竞技赛场上还是在大众日常的体育健身活动中，它都是非常受人关注的球类运动。除此之外，它受欢迎的原因还主要在于其本身具备多种运动特点和价值，可满足不同人群的运动或欣赏需求。本章对羽毛球运动的起源与发展、特点与价值以及重要羽毛球赛事等基础知识进行介绍。

第一节　羽毛球运动的起源与发展

一、羽毛球运动的起源

羽毛球运动的起源众说纷纭，实际上直到今天也没有一个全世界认可的、统一的说法。翻阅相关资料可以发现，羽毛球的起源并不缺少记载和说法，对这一问题的研究只能找寻那个最被大多数人们认可的说法，那就是羽毛球运动是由古代的毽子球游戏逐渐演变而来的。在我国和其他一些不同地区，都对古代类似羽毛球的毽子球游戏有记载。但由于地域和文化的差异，虽然活动形式和性质都大体一致，但其叫法有所不同。

在英国不列颠图书馆中就存放着一个 1390 年制作的两人手握板状拍，对击类似羽毛球的物品的雕刻版原始稿。据研究发现，在我国几千年前的远古时期就出现了与现代羽毛球极其相似的游戏活动，如在正月期间，苗族的先人就把一些五颜六色的鸡毛做成花毽，然后成群结队地玩“打花毽”游戏，而游戏的场所被他们称为“毽塘”。游戏主要形式为由姑娘先开始，将花毽抛向小伙子，然后小伙子用手掌将花毽击打回姑娘一方，一来一往，尽量使之不落地；又如古代的基诺人玩一种“打鸡毛球”的游戏，他们在球的制作上较为讲究，挑选出一些漂亮的羽毛，然后将它们插入用油布包着的木炭球托上，这种制球原理和结构与当前的羽毛球制球原理非常相似。在进行“打鸡毛球”的游戏时，人们同样是用双手来回拍打球。此类游戏的比赛规则也与今天的羽毛球规则相似，他们以比赛场地画中线为界，一方打过来的球，另一方必须打回去，球不过中线为输。在国际羽毛球联合会成立 50 周年的纪念册上是这样写的：“羽毛球运动有着悠久的历史，很多世纪以前，在荷兰和中国就有使用球拍的类似当今羽毛球的体育游戏。”

时间来到 19 世纪中叶，印度出现了一种命名为“普那”的运动，普那的玩法与现代羽毛球运动非常相似。从所用器材上来看，普那运动使用的球是由直径大约 6 厘米的圆形硬纸板或以绒线编织成球形，中间插上羽毛而制成(类似我国的毽子)，同时人们用由木板制成的球拍代替了手击球。其玩法也是两人相对站着，手执木板来回反复地击球。这一游戏在当时的印度普那城里非常流行。

19 世纪 60 年代，在英格兰格拉斯哥郡的伯明顿(Badminton)庄园举行的宴会活动中遇到了大雨，使得人们只能将在户外庄园举办的活动移到室内进行。这时有几个从印度回来的退役军官向大家介绍了印度普那游戏，并现场找来简单的器械当作球拍，用香槟酒的软木瓶塞插上鹅的羽毛当球，当即在宴会桌的两边进行相互击打，参与宴会的宾客一下被这种游戏所吸引。也正是由于这一事件，使得英国人在此后非常热衷羽毛球运动，并将其作为一种高雅的娱乐活动广泛开展。后来英国人为了纪念羽毛球的诞生地，将羽毛球运动命名为伯明顿(Badminton)，自此，伯明顿成为羽毛球的英文名字而在世界上广泛地流传。时至今日，在英国伯明顿还设有羽毛球陈列馆，记载着最早的羽毛球场地，场地的形状像古代的计时器沙漏，即两端的场地宽，中间网处窄小。其中也展示着羽毛球运动初期的羽毛球拍和羽毛球，它们和现在的式样很接近。

现代羽毛球运动不仅起源于英国，且此后的一系列发展也是以英国为中心进行的。在 1893 年，英国便成立第一个羽毛球协会。第 1 届全英羽毛球锦标赛也在随后的 1899 年举行，由此也开启了羽毛球运动的新纪元。随着羽毛球运动的不断发展，此项运动从欧洲相继传到美洲、大洋洲、亚洲和非洲等地区。在 1998 年国际羽联印制的台历上，刊登了由美国于 1878 年印制的纽约市羽毛球俱乐部章程，为此，美国提出他们成立的羽毛球俱乐部是世界上最早的。

1903 年，世界上最早的羽毛球国际比赛在德国柏林举行，对阵双方是爱尔兰队和英格兰队。而作为现代羽毛球运动前身的印度，在 20 世纪 80 年代也开始举行一年一度的“普那羽毛球国际公开赛”，以示羽毛球运动源于印度。

二、羽毛球运动的发展

(一)羽毛球运动的发展

羽毛球运动的发展包含的内容非常广泛，下面主要就羽毛球的运动装备、规则以及相关组织机构的发展进行阐述。

1. 羽毛球运动装备的发展

羽毛球运动装备的发展是由简到繁一路演变而来的。最初，羽毛球的用球是从硬纸板和绒线团到木托用皮包起来，再发展到用16根高级羽毛插在软木托口；羽毛球拍是从木板发展成椭圆形穿弦木拍，近代材料科学与体育器材相结合后出现了许多新材料球拍，如球拍的制作材料发展成木框钢管拍、铝合金拍，直到现在所使用的碳素纤维拍，碳素纤维拍的特点是韧度高、重量轻、不变形。

由于现代羽毛球球拍的种类较多，不同材质的球拍能够产生不同特性，因此参与羽毛球运动的人对于球拍的选择就不是一件随意的事情了，它需要使用者亲自根据自己的打法、特点来选择，如擅长进攻的球员更乐于选择重心靠近拍头的球拍；全面型打法的球员更愿意选择重心适中的球拍。除此之外，球拍的选择因素还有很多，但无论选择的依据是什么，都要符合最基本的一点，那就是人对于球拍使用的舒适度。

2. 羽毛球运动规则的发展

羽毛球最开始是以游戏的形式兴起的，那时在人数、分数和场地等方面并没有非常明确的规则限制，参与者只需要用球拍互相对击球即可。随着现代羽毛球运动的兴起，开始在分数、场地、人数等方面出现一些规则限制。1873年在印度的普那草拟了世界上第一部羽毛球规则。1875年，在英国问世了第一本有关羽毛球规则的书。当时的规则非常简单，规定了场地呈长方形，中间挂网的高度，双方对击的要求，并没有单打、双打的区别。而由于当时人们对羽毛球运动的认识都不相同，使得在不同地区对羽毛球运动规则的制定出现一些差异。直至1893年，在英国14家羽毛球俱乐部的倡导下，正式组成了羽毛球协会，并对以前的羽毛球规则进行了修订，实现了羽毛球运动的统一管理和规则的统一制定原则。而随着人们观赏水平的提高及技术、战术的发展，规则也随之变化，出现了单、双打场地区别及发球区的规定，发球得分及发球得分后的换区等规则。

3. 羽毛球运动组织的发展

1875年，英国成立第一家羽毛球俱乐部，其中主要成员都为当时的军人。1983年，英国在其拥有的14家羽毛球俱乐部的一致倡导下成立了英国羽毛球协会。它的成立也对当时英国羽毛球运动的发展产生了非常重要的促进作用，极大地推动了羽毛球技术的发展。而羽毛球运动也开始向欧洲的其他国家传播，后来逐渐发展到了美洲、亚洲和大洋洲等地区。而许多国家也相继成立了自己的羽毛球俱乐部和协会。

1934年，由英格兰、法国、爱尔兰、苏格兰、荷兰、加拿大、丹麦、新西兰和威尔士等9个羽毛球协会共同协商成立了国际羽毛球联合会(简称国际羽联)，将伦敦作为总部，并任命汤姆斯为第一任世界羽联主席。而国际羽联的成立也使世界羽毛球运动发生了飞跃式的发展。当时除了传统的“全英羽毛球锦标赛”照常举行外，还分别在1948年和1956年增设了汤姆斯杯赛(世界男子团体锦标赛)和尤伯杯赛(世界女子团体锦标赛)，并相继举办了世界羽毛球锦标赛、世界杯赛等，使世界羽毛球运动又向前迈进了一大步。

在1978年，另外一个羽毛球运动的重要组织——世界羽毛球联合会（简称世界羽联）在香港成立。并先后举办了两届世界羽毛球锦标赛，而我国在这两次比赛中获得了8项冠军的骄人成绩，表明了我国羽毛球运动已达到世界先进水平。而为了推动世界羽毛球运动健康、稳步地发展，通过多方的努力，1981年国际羽联和世界羽联正式合并，组成了国际羽毛球联合会（简称国际羽联），这也使得世界羽毛球运动出现了一次新的飞跃，世界羽毛球运动的发展出现了欣欣向荣、生机勃勃的景象。目前，国际羽联已有94个国家和地区参加，国际奥委会已把羽毛球比赛列入奥运会的正式比赛项目，羽毛球运动出现了前所未有的最佳发展时机。

（二）世界羽毛球运动的发展

现代羽毛球运动从诞生之初到现在已经走过了一百多年的历史。在这一百多年的时间中，这项运动实现了从地区向世界的发展，从游戏向竞技体育运动的发展。直到现在，羽毛球运动完全成为大众健身项目和国际竞技项目，如此的发展速度可谓相当之迅速。

1. 从欧洲走向世界

英国举办的"全英羽毛球锦标赛"是世界上历史最为悠久的羽毛球比赛，时至今日这项赛事仍旧一年一度地组织，并成为仅次于奥运会和羽毛球世锦赛的世界羽毛球第三大赛事。

这项赛事于1899年首办，起初由英国人垄断了所有比赛项目的冠军，而后的数十年里，丹麦人打破了垄断，成为新的世界羽毛球运动的霸主。直到20世纪40年代末，马来西亚的羽毛球选手首先打破了欧美对羽毛球比赛的垄断局面。从此，羽毛球运动也开始向亚洲倾斜。

2. 亚洲羽毛球运动的先驱——马来西亚

1937年，马来西亚成为第一个正式加入国际羽毛球联合会的亚洲国家，在国际羽毛球运动的历史上占有重要的地位。在全英羽毛球锦标赛中，马来西亚是亚洲最早取得男子单打冠军和"汤姆斯"杯冠军的国家，并且一直独占领先地位，始终在国际羽坛上发挥着重要作用。

20世纪50年代，马来西亚的著名羽毛球运动员黄柄顺以全面精湛的技术所向披靡，成为羽毛球运动一个时代重要的代表人物。同时代的另一名马来亚选手庄以民与黄柄顺一起，从1950年至1957年交替霸占全英羽毛球锦标赛男子单打冠军长达8年。从20世纪80年代起，西德克兄弟为马来西亚羽毛球运动做出了卓越的贡献。

马来西亚的运动员在世界羽毛球男子团体赛——"汤姆斯"杯赛中战绩显赫，曾获得第1、2、3届"汤姆斯"杯冠军，后来又分别获得第7和17届冠军。

3. 羽毛球王国——印度尼西亚

印度尼西亚在1953年也进入了国际羽联，而在1957年第4届"汤姆斯"杯赛的首秀上，印度尼西亚就在比赛中崭露头角，在大胜新西兰和澳大利亚后进入决赛，并在决赛中终止了马来西亚在"汤姆斯"杯连续获得冠军的局面。而在2000年以前所举行的21届"汤姆斯"杯比赛中，印度尼西亚一共获得12次冠军。这足以说明印度尼西亚成为新的羽毛球运动强国。

在印度尼西亚，梁海量是羽毛球运动界的“天王巨星”，他在1968年至1976年间一共获得了8次全英羽毛球锦标赛的单打冠军，在国际比赛中几乎没有出现败绩。由于全面的技术、良好的球场作风，他赢得世界羽毛球界的尊敬。继梁海量之后，林水镜成为了印度尼西亚的又一位男子单打好手，其凌厉的杀球上网风靡世界羽坛，从此羽毛球运动也成为了印度尼西亚的国球。

印度尼西亚的优秀羽毛球运动员人才辈出，被认为是世界羽毛球王国。并且印度尼西亚的女子羽毛球运动也在男子羽毛球队称雄世界羽坛之后崛起。直至今日，世界上也只有印度尼西亚女队能与整体实力强大的中国羽毛球队在女子团体赛中抗衡。

4. 欧洲羽毛球运动的佼佼者——丹麦

作为国际羽联的创始国之一，丹麦的羽毛球运动也非常普及，并且其羽毛球运动的竞技水平在欧洲各国一直都处于领先地位，也不断涌现出优秀的羽毛球运动员，如20世纪60年代的男子选手考普斯、70年代的女子选手科彭、90年代初的著名男子单打选手莫顿·弗罗斯特，以及走红的彼特·盖德、彼特·拉斯姆森等。最让丹麦人骄傲的是在1996年的亚特兰大奥运会上，拉尔森获得羽毛球男子单打的金牌。这也是欧洲羽毛球运动员在奥运会羽毛球比赛中夺得的唯一一块金牌。

(三)中国羽毛球运动的发展

现代羽毛球运动传入我国还要追溯到20世纪。一开始羽毛球只是在上海、广州、天津、厦门等外国租界内以及基督教青年会、教会学校等地方流行。新中国成立前，我国参与羽毛球运动的人数非常少，这项运动基本很少为人所熟知，它更多是以休闲游戏活动为主要目的进行，因此谈不上具有什么样的水平。但在新中国成立后，党和政府非常重视和关心体育事业，在此良好契机下，包括羽毛球在内的许多体育项目得到了蓬勃发展。我国羽毛球运动的发展主要有以下几个阶段。

1. 中国羽毛球运动的起步

在新中国成立之后，我国就开始着手竞技羽毛球运动的发展。1953年，就在天津首次举办了全国篮球、排球、网球、羽毛球4项球类运动会，其中羽毛球运动作为当时的表演项目参与其中。1954年6月，王文教、陈福寿、黄世明、施宁安等一批印尼爱国华侨回国，并带回了羽毛球运动的先进技术，使我国羽毛球运动得到了全面的发展。而中国羽毛球协会在1958年9月的正式成立，标志着我国羽毛球运动进入了组织化管理的阶段，当时协会根据世界羽毛球运动的发展状况，对全国羽毛球竞技运动发展目标进行了规划，并提出“十年之内打败世界冠军”的目标。

我国羽毛球运动员在国内练兵的同时，也开始对世界羽毛球先进经验进行认真和虚心的学习。1956年2月，印尼羽毛球队来我国访问，在与中国队进行的10场比赛中，印尼队获得了全胜。但这并没有让我国运动员气馁，反而激励他们更加刻苦地训练，在认真分析失败原因的同时奋发图强。很快在 1957 年 4 月，我国羽毛球队回访印尼时，比赛情况出现了好转。在 9 场比赛中，我国羽毛球队获得了 7 胜 2 负的好成绩。

2. 赢得“无冕之王”的称誉

20 世纪 60 年代，中国竞技羽毛球运动进入了赶超世界水平的阶段。中国羽协对又一批从印尼回来的华侨给予了高度的重视，其中包括汤仙虎、侯加昌、方凯祥、陈玉娘、梁小牧、傅汉洵等人，对他们的精心培养使其逐渐成为我国羽毛球运动的中坚力量。虽然我国的羽毛球队当时没有在正式的比赛中亮相过，但在许多与世界强队的互访比赛中，其比赛成绩足以说明我国羽毛球的竞技水平已经达到了世界的先进水平。在 1963 年和 1964 年与世界冠军印尼队的两次交流赛中，中国羽毛球队均以大比分战胜对手。在 1965 年，中国队出访欧洲也取得了全胜的辉煌战绩。而在对丹麦的访问比赛中，汤仙虎在一局比赛中曾以 15∶0 战胜 6 次获得全英锦标赛男单冠军的丹麦名将考普斯，并在与外国羽毛球选手的比赛中保持全胜的战绩。中国羽毛球赢得国际羽坛“无冕之王”的称号，这一时期也是中国羽毛球运动的第一个“黄金时期”。

在 1964 年的第一次全国羽毛球训练工作会议中，对我国的羽毛球运动的技术风格和指导思想进行了确定，其中技术风格要保持“快、狠、准、活”的特点，而指导思想则是“以我为主、以快为主、以攻为主”，并以此为训练和比赛实践的理论指导。我国羽毛球技术风格的形成和训练指导思想的建立，也对世界羽毛球运动发展起到了重要的促进作用。

3. 国际羽坛迎来了“中国时代”

随着改革开放的不断深入，我国的羽毛球运动也得到了很大的发展。在 1981 年 5 月，国际羽毛球联合会正式接纳中国羽毛球协会成为会员。在 1981 年 5 月 10—21 日，中国男子羽毛球队首次参加在英国伦敦举行的第 12 届汤姆斯杯赛决赛阶段的比赛。经过 10 天的激战，中国队奇迹般地反败为胜，获得了第一座汤姆斯杯，首次成为世界男子羽毛球团体的冠军。国际羽坛人士称：“中国队首次参赛就获得汤姆斯杯，标志着世界羽毛球运动从此进入了一个新的时代”。而在随后的第 14、15、16 届汤姆斯杯上，中国男子羽毛球队实现了“三连冠”，也正式宣布国际羽坛“中国时代”的到来。

中国女子羽毛球队在 1984 年首次组队参加了“尤伯杯”的比赛。在比赛中，女队所展现出的快速多变打法让世人耳目一新，并在对英格兰、韩国、丹麦、日本和印尼的比赛中，都是以 5∶0的悬殊比分获胜，一举拿下第 10 届尤伯杯赛的冠军，第一次成为世界女子羽毛球团体比赛的冠军。在随后的 4 届尤伯杯上女队成功卫冕，创造了尤伯杯赛设立以来的首个“五连冠”记录。20 世纪 80 年代，中国羽毛球运动实现全面发展的目标，出现了包括韩健、栾劲、孙志安、姚喜明、陈昌杰、李永波、田秉毅、杨阳等一批男子优秀选手，以及张爱玲、李玲蔚、韩爱萍等一些优秀女子选手，同时还具备在男女单打、男女双打和混合双打 5 个单项与国际一流选手抗衡的实力，在各项国际比赛中一共获得 65 项世界冠军。

4. 中国竞技羽毛球运动的调整及恢复

当进入20世纪90年代之后，中国羽毛球成为其他国家的主要研究对象，许多针对中国羽毛球技术的打法也不断被研究出来。而同时受到国内经济大潮的影响，使我国羽毛球运动受到了较大的冲击，训练体制和人才体制都相应受到影响，训练质量下降，人才外流，导致了中国羽毛球出现严重滑坡的现象，尤其男队危机四伏，1992年在汤姆斯杯赛、奥运会、世界杯三大赛事中，没有获得一项比赛的冠军。女队的情况虽然要稍微好些，但危机感也同样笼罩着她们。1994年在日本广岛举行的亚运会上，我国没有一位羽毛球男女选手进入决赛，这表明我国羽毛球运动水平跌落到自20世纪60年代以来的最低谷。

5. 真正成为世界羽毛球霸主阶段

显然，中国羽毛球对于失败并没有自暴自弃。从20世纪90年代中期开始，中国羽毛球针对近些年来在各项比赛中的失利进行了系统、细致、全面的分析，与此同时进一步强化了日常训练的力度，并加大了羽毛球教练员的培养，出现了一批知识结构、专业化与年轻化程度较高的羽毛球教练员，并在管理方法和训练手段进行大胆、合理的创新。同时，羽毛球运动也获得了社会各界人士的参与和支持，新闻媒体也给予了羽毛球前所未有的关注。采取的这一系列积极措施逐渐取得了一定成效，在1995年第4届世界男女羽毛球混合团体赛苏迪曼杯中，中国羽毛球队重新捧得了冠军奖杯。1996年美国亚特兰大奥运会的羽毛球比赛上，中国女子双打选手葛菲和顾俊取得冠军，也实现了中国羽毛球在奥运会上金牌“零”的突破，这标志着中国竞技羽毛球运动全面恢复与发展，尤其是近几年来中国羽毛球队已逐步上升至领先地位。随后在2000年和2004年的两届奥运会中，中国羽毛球队获得了10枚金牌中的7枚金牌。在2008年北京奥运会上，中国羽毛球队获得了3金2银3铜的骄人成绩。而在最近的2012年伦敦奥运会上，我国羽毛球队更是创造了历史，他们包揽了所有羽毛球项目的金牌。这也正式向世界宣布中国羽毛球回归世界霸主地位。

知识拓展

我国现代羽毛球运动的旗帜性人物——林丹

林丹，1983年10月14日生于福建省龙岩市上杭县临江镇，中国羽毛球男子单打运动员。2008年北京奥运会、2012年伦敦奥运会男子单打项目冠军，羽毛球运动历史上第一位集奥运冠军、世锦赛冠军、世界杯冠军、亚运会冠军、亚锦赛冠军、全英赛冠军以及多座世界羽联超级系列赛冠军于一身的全满贯球员。

1988年，林丹开始接触羽毛球。1992年，进入福建体校。1995年，进入福州八一体工队。2000年，进入国家队。2002年8月，登上国际羽联排名第一的位置。2005年，苏迪曼杯决赛中，第二场出场的林丹战胜了当时已是奥运冠军的陶菲克，赛后他行军礼致意也成为其标志性的动作之一。2008年，林丹获得北京奥运会羽毛球男子单打冠军。林丹由此成为羽毛球历史上首位赢得全英赛、世锦赛、世界杯和奥运金牌的球员。2010 年 11 月，他夺得广州亚运会男单冠军并成为第一位获得亚运会最有价值运动员的中国选手。2011 年 6 月，林丹的蜡像入驻上海杜莎夫人蜡像馆，成为中国仅有的几位拥有个人蜡像的运动员之一。2012 年，林丹获得伦敦奥运会羽毛球男子单打金牌，成功卫冕，成为首位在奥运会羽毛球男子单打项目中实现卫冕的运动员。2014 年 9 月 29 日，林丹获得仁川亚运会男子单打冠军。

第二节　羽毛球运动的特点与价值

一、羽毛球运动的主要特点

羽毛球运动之所以受到普遍欢迎，主要是由于其自身拥有无可比拟的特点。这些特点的存在，使得人们对它的喜爱永不会停止，而且会有越来越多的人爱上这项运动。经过总结和梳理，羽毛球运动的特点主要包括以下几点。

（一）普及性特点

羽毛球运动的普及性特点主要表现在两个方面：一方面，羽毛球运动所需要的场地和器材条件并不苛刻。从羽毛球运动的场地来看，并没有严格限制，无论是室内室外和是否架网，只要有空地就可以进行羽毛球运动；另一方面，对参与者的要求较低，简单地说就是羽毛球运动的适应面非常广，适合男女老少等不同人群。

飘逸的羽毛球、纤细的球拍、场地方便、器材简单，使得其老少皆宜，在运动中充满乐趣。它既是集技巧性、智能性和对抗性于一身的竞技比赛项目，又是强身健体、趣味性强、普及面广的大众体育运动项目。几乎所有人都可以选择最适合自身能接受强度的羽毛球运动，满足不同年龄、不同训练层次的爱好者的需求。例如，羽毛球运动可以使正处在迅速成长期的少年儿童的身体协调性、反应灵敏度等得到进一步的提高；对青春发育期的青少年而言，羽毛球运动可以培养他们对体育的兴趣爱好，养成健康的生活意识和终身进行体育运动的习惯；对于已经步入社会的成年人来讲，羽毛球运动是他们缓解压力、进行社会交际的良好方法；对于老年人和体弱者而言，适当地参与羽毛球运动能够达到舒展筋骨、延年益寿的目的。

（二）多样性特点

羽毛球运动的多样性表现在很多方面，比如其多样性的特点在战术方面的体现。在进行羽毛球运动时，从击球时的某一单个击球手法和移动步法来看，是有一定规律的。但受对方击球后来球的方向有左有右、来球的角度和弧度有大有小、来球的距离有长有短和来球的力量有强有弱等不定因素的影响，球的落点变化无常，因此运动中技术动作没有固定不变的模式，一切技战术都是在“动态”的状况下完成的。因此，可以根据需要，在同一情况下有针对性地选择不同的方法来进行处理，再加上由于不同的运动员具有不同的战术素养和习惯，也使得这种不确定性得以进一步增加。

战术的瞬息万变不仅使羽毛球的魅力得到进一步的增强，也对运动员在场上全方位出击的能力提出了更高的要求，即要求运动员必须在极短时间里，运用交叉步、垫步、跨步、蹬跨步、蹬跳步、起跳等各种步法针对来球的方向迅速移动到适当位置，并以发球、前场、中场和后场等手法技术将球击向对方场区。羽毛球运动这种不确定性的特点，对速度力量和速度耐力素质提出较高要求，因此可以说，加强这方面训练的科学性是获得比赛胜利的关键。

(三)娱乐性特点

羽毛球运动的娱乐性特点主要体现在运动参与形式的轻松和有趣。

首先，羽毛球运动在球的对击过程中，要通过不停地奔跑，努力地把球击到对方的场地。每当击球者在击出或者赢得一个好球时，会体验到成功的喜悦。同时球的飞翔又有快慢、轻重、远近、高低、狠巧、飘转等变化，使这种运动本身充满了丰富的乐趣。

其次，羽毛球运动中优美潇洒的姿态，给人以美感，可以陶冶情操，调节心理情趣，提高审美和创造美的能力。通过羽毛球运动，能够使工作压力得到有效的缓解，身体免疫力得到有效提高，使人精神放松，心情愉快，保持良好的精神和健康状态，使生活质量得以提高，使生活充满美丽的阳光。

最后，羽毛球运动的娱乐性还体现在人们对羽毛球运动的观赏方面。当在赛场上时，运动员如猛虎下山的上网技术，蛟龙出水一样的跳起击球，身如满弓的扣杀，犀牛望月似的抢扑救球，进攻时似高屋建瓴、势如破竹，给人以美的享受。观赏者可以通过观赏激烈精彩的羽毛球比赛来达到缓解工作压力，感受由羽毛球运动带来的多重乐趣体验。

(四)不确定性特点

在高水平的羽毛球比赛中，羽毛球的飞行速度可达 300 公里/小时，这就对运动员的反应和灵敏性素质提出了较高的要求。在比赛中，运动员能够对来球迅速地做出反应，快速的转换动作可以有效地帮助运动员在比赛中占据主动。每一项技战术的运用实施都离不开运动员的判断快、反应快、起动快、移动快、蹬跳快、击球动作快和回动快，在判断对方变化莫测的回球的同时，也要迅速地进行移动，还要根据来球和对手的位置迅速确定回球对策。因此，羽毛球运动员只有具备了这种快速灵敏素质和思维决断能力，才能在比赛中获得主动权，赢得最后的胜利。

二、参加羽毛球运动的锻炼价值

(一)健身价值

独特的健身方法,使参与者们通过羽毛球运动可以获得身体的协调、灵敏、力量、速度和耐力等素质全面的发展与提高,从而达到保持健康、增强体质、延缓衰老,使运动者身心受益的目的。

具体来说,羽毛球运动的健身性特点主要体现在,当进行羽毛球运动时,运动员为回接来球需要做前、后、左、右多个方向的快速移动。除此之外,中后场的大力扣杀球、被动时的扑救球,双打的换位击球等都需要练习者有较好的力量素质、速度素质、耐力素质、灵敏素质、柔韧素质以及快速的反应能力。在双方对拉回合的过程中,为了取得主动,需要有较快的速度、耐力和速度耐力。在扑救球时(通常是被动的)又需要有很好的灵敏和柔韧;双打中又需要极快的反应与判断能力。因此,对于每一位参与羽毛球运动的人来说,这些对于他们的身体各方面的素质的发展与提高都起到非常积极的促进作用。

1. 增强身体素质

据统计资料显示,一场高水平、激烈的羽毛球比赛一般需要耗时 50～90 分钟,运动员在 35 平方米的场地上大约需要做 500 次的各个方向的快速移动。由于球路的千变万化,羽毛球运动员在奔跑过程中又要随时做到急停、起动、弯腰、后仰、起跳、转体等动作。因此,运动员熟悉、掌握和运用各种羽毛球技术的过程就是提高自身身体素质的过程,经常从事羽毛球运动可以提高人体的灵敏性、灵活性、协调性和心肺功能,全面增强身体素质。具体效果如下。

首先,长期从事羽毛球运动,可以刺激骨组织的生长、提高关节的稳定性和灵活性;可以增加肌肉力量和弹性,促进生长发育,塑造良好体形。

其次,长期从事羽毛球运动,有利于提高肢体的灵活性,增强呼吸肌的力量,扩大胸廓,扩张肺部,增加肺活量和肺通气量,促进肺组织的生长发育,提高机体利用氧的能力。

再次,长期从事羽毛球运动,能强身健体,促进身体康复,尤其是对肩周炎、腰腿关节炎等具有一定的治疗作用。

最后,长期从事羽毛球运动,可增加心脏细胞内蛋白质合成数量,增加每搏输出量,增加血管壁的弹性,预防或缓解老年性高血压症状。

2. 提高免疫力

长期参加羽毛球运动,可提高机体的灵敏性、协调性,增强机体的新陈代谢功能,改善机体对氧的吸收和利用率,有助于强身健体,提高免疫力。具体效果如下。

首先,羽毛球运动是一项技能性运动,要求运动员在运动过程中脑、眼、手、脚密切协作,因此能全方面地改善机体各项生理机能。

其次，羽毛球运动具有一定的运动量和运动强度，能有效地消耗运动员多余的脂肪，调节肌肉密度，缓解眼睛、大脑、颈椎等部位的疲劳，改善器官生理功能。

知识拓展

自制羽毛球

所需材料：空饮料瓶一只，泡沫水果网套两只，橡皮筋一根，玻璃弹子一只。

制作过程由如下六步组成。

1. 取 250 毫升空饮料瓶一只，将瓶子的上半部分剪下。
2. 将剪下的部分均分为 8 份，用剪刀剪至瓶颈处，然后将每一份剪成大小一致的花瓣形状。
3. 将泡沫水果网套套在瓶身外，用橡皮筋固定在瓶口处。
4. 将另一只泡沫水果网套裹住一粒玻璃弹子，塞进瓶口，塞紧并露出 1 厘米左右。
5. 剪下半只乒乓球，将半球底面覆在瓶口上，四边剪成须状，盖住瓶口后用橡皮筋固定住。
6. 美化修饰后，一只自制羽毛球就完成了。

（二）健心价值

羽毛球运动的价值还体现在对人们心理素质的提升上。竞争是竞技运动的最大特点，休闲娱乐性质的羽毛球运动当然也会有少量竞争的性质在内。公平竞争是促进社会进步与发展的动力，竞争精神是现代人的重要素质。今天很多的国家都将人们的体育经历和拼搏精神作为用人的重要考评标准之一。通过羽毛球运动锻炼可以培养具有自信、顽强的意志和良好品质的高素质全面人才。此外，羽毛球运动有着一套完整、严格的规则，参与其中的人都必须遵守规则，尊重对手，这有利于培养人们尊重裁判，培养协作、忍让、谦虚、豁达的作风，具有非常可观的教育作用，对于其正确的世界观、人生观的形成与发展也是较为有利的。

1. 培养愉悦的心情

在羽毛球运动中，运动员通过挥动球拍将球击过有一定高度的球网来充分展现自己的身体语言、表现自己的运动水平。运动员通过击球中对球的落点、击球力度、击球速度的控制等能充分展示自己机智、潇洒的气质和朝气蓬勃的精神状态，在自娱自乐中体会灵动变化之美，感受运动的魅力，享受运动的乐趣，引起和释放愉悦的心情。

2. 锻炼意志品质

羽毛球运动技术动作简单易学，但要真正掌握和正确运用好各项技术，需要运动员坚持不懈地进行反复实践。且羽毛球具有较强的竞争性和对抗性，因此长期坚持练习能锻炼运动员坚强的意志品质。

在羽毛球练习中，运动员需要不断重复、反复练习和实践，才能提高和改善运动技能和运动水平，因此，运动员必须具有较强的意志，才能很好地完成各项技术、手法和移动技能的练习。

在羽毛球比赛中，运动员为了一个球的激烈争夺，有时需要来回数十拍，心跳可达 180 次/分，长时间的奔跑和大力击球需要运动员消耗大量的体力，导致生理上极点的出现，表现为呼吸困难、眼前发黑、体力不支。尤其是在势均力敌的比赛中，运动员之间的较量更多地表现为坚强的意志品质的较量，需要运动员依靠顽强的意志品质和坚定的信念赢得比赛的最终胜利。

(三)教育价值

在接触羽毛球运动之前，应该对羽毛球运动的产生、发展历史和文化背景有所了解和认识；而在羽毛球运动技术动作的练习中，运动员应该学习并遵守羽毛球运动的运动规则和比赛法则，形成尊重对手、尊重裁判员的良好的赛场作风。因此，羽毛球运动具有一定的教育价值，能培养参与者忍让、豁达、谦虚、协作等方面的优良品质，有利于在提高运动员体育文化修养的同时帮助他们树立正确的人生观、世界观和价值观。

(四)提高社会适应力价值

参与羽毛球运动的人在羽毛球运动实践中需要不断地进攻、防守、控制、反控制，这是由于羽毛球运动变化快，突发性强，场上的局势瞬息万变，注意力稍不集中就有可能使自身陷入被动。因此，可以说羽毛球实践的过程就是对抗双方斗智斗勇的过程。尤其是在羽毛球比赛中，选手需要准确猜测对手的战术意图，根据对手的特点合理运用相应的技战术以把握战机、克敌制胜。这点与现代社会的节奏和竞争非常类似，由于自身的社会适应能力较差，使得拥有才华的人也很难得到施展的平台和机会。如果经常参与相似的羽毛球运动，这对于个人的社会适应力的提升显然是一种锤炼和考验，从而使自身获得敏捷的思维、机智灵活的反应和沉着冷静的判断。

第三节　羽毛球运动的重要赛事

一、世界羽毛球锦标赛

为了适应世界羽毛球运动日益发展的需要，国际羽联创立了以个人单项为竞赛项目的世界羽毛球锦标赛,是国际羽联最高水平的羽毛球单项赛事。它的创立晚于汤姆斯杯和尤伯杯。

1934 年,国际羽毛球联合会在英国成立,是第一个世界性的羽毛球组织。1978 年,世界羽毛球联合会成立。这是两个不同的羽毛球组织,此后两个组织合二为一,然而在此之前,这两个组织各自举行了两届彼此认为是世界性的羽毛球单项比赛,即国际羽联于 1977 年和 1980 年,而世界羽联在 1978 年和 1979 年举行的比赛。1981 年,两个国际性羽毛球组织宣布合并,合并后的名称确定为“国际羽毛球联合会”。在国际羽联的会议上决定每两年举行一次世界羽毛球单项比赛,即世界羽毛球单项锦标赛,并延续两个国际羽毛球组织以前的届数。1983 年在丹麦首都哥本哈根正式举行了第 3 届世界羽毛球单项锦标赛,此项赛事只进行 5 个单项的比赛,即男女单打、男女双打和混合双打,所有项目的冠军都将获得金牌,亚军获得银牌,半决赛失利的选手获得铜牌。这一成绩评定方法延用至今。

1988 年,国际羽联根据当时的世界排名,邀请每个项目中的前 16 名(对)运动员直接参加比赛,国际羽联的每个会员国和地区可以在每个项目中报名的运动员不得超过 4 名(对)。历届世界羽毛球锦标赛冠军见表 5-1。

表 5-1 历届世界羽毛球锦标赛冠军表

届 数	时 间	地 点	男 单	女 单	男 双	女 双	混 双
1	1977 年	马尔默(瑞典)	戴尔夫斯(丹麦)	科彭(丹麦)	梁春生/洪跃龙(印尼)	梅野尾悦子/小野惠美子(日本)	斯科夫戈尔/科彭(丹麦)
2	1980 年	雅加达(印尼)	梁海量(印尼)	维拉华蒂(印尼)	张鑫源/纪明发(印尼)	佩里/韦伯斯特(英国)	纪明发/黄祖金(印尼)
3	1983 年	哥本哈根(丹麦)	苏吉亚托(印尼)	李玲蔚(中国)	弗伯德伯格/黑勒迪厄(丹麦)	林瑛/吴迪西(中国)	基尔斯特伦/佩里(瑞典/英国)
4	1985 年	卡尔加里(加拿大)	韩健(中国)	韩爱平(中国)	朴柱奉/金文秀(韩国)	韩爱平/李玲蔚(中国)	朴柱奉/柳尚希(韩国)
5	1987 年	北京(中国)	杨阳(中国)	李玲蔚(中国)	李永波/田秉毅(中国)	林瑛/关渭贞(中国)	王朋仁/史方静(中国)
6	1989 年	雅加达(印尼)	杨阳(中国)	李玲蔚(中国)	李永波/田秉毅(中国)	林瑛/关渭贞(中国)	朴柱奉/郑明熙(韩国)

（续表）

届　数	时　间	地　点	男　单	女　单	男　双	女　双	混　双
7	1991 年	哥本哈根（丹麦）	赵剑华（中国）	唐九红（中国）	朴柱奉/金文秀（韩国）	关渭贞/农群华（中国）	朴柱奉/郑明熙（韩国）
8	1993 年	伯明翰（英国）	佐戈（印尼）	王莲香（印尼）	郭宏源/苏巴吉亚（印尼）	周雷/农群华（中国）	伦德/本特松（丹麦/瑞典）
9	1995 年	洛桑（瑞士）	阿尔比（印尼）	叶钊颖（中国）	迈纳基/苏巴吉亚（印尼）	吉永雅/张惠玉（韩国）	伦德/托姆森（丹麦）
10	1997 年	格拉斯哥（英国）	皮特·拉斯姆森（丹麦）	叶钊颖（中国）	陈甲亮/西吉特（印尼）	葛菲/顾俊（中国）	刘永/葛菲（中国）
11	1999 年	哥本哈根（丹麦）	孙俊（中国）	马丁（丹麦）	金东文/河泰权（韩国）	葛菲/顾俊（中国）	金东文/罗景民（韩国）
12	2001 年	塞维利亚（西班牙）	叶诚万（印尼）	龚睿娜（中国）	吴俊明/哈林（印尼）	高崚/黄穗（中国）	张军/高崚（中国）
13	2003 年	伯明翰（英国）	夏煊泽（中国）	张宁（中国）	帕斯克/拉斯姆森（丹麦）	高崚/黄穗（中国）	金东文/罗景民（韩国）
14	2005 年	洛杉矶（美国）	陶菲克（印尼）	谢杏芳（中国）	吴俊明/白国豪（美国）	杨维/张洁雯（中国）	维迪安托/纳西尔（印尼）
15	2007 年	马德里（西班牙）	林丹（中国）	谢杏芳（中国）	马基斯/亨德拉（印尼）	高岐/黄穗（中国）	罗布森/埃姆斯（英国）
16	2009 年	海德拉巴（印尼）	林丹（中国）	卢兰（中国）	蔡赟/傅海峰（中国）	张亚雯/赵婷婷（中国）	雷伯恩/莱特（丹麦）

（续表）

届　数	时　间	地　点	男　单	女　单	男　双	女　双	混　双
17	2010 年	巴黎（法国）	陈金（中国）	王琳（中国）	蔡赟/傅海峰（中国）	杜婧/于洋（中国）	郑波/马晋（中国）
18	2011 年	伦敦（英国）	林丹（中国）	王仪涵（中国）	蔡赟/傅海峰（中国）	王晓理/于洋（中国）	张楠/赵芸蕾（中国）
19	2013 年	广州（中国）	林丹（中国）	因达农（泰国）	塞蒂亚万/阿赫桑（印尼）	王晓理/于洋（中国）	艾哈迈德/纳西尔（印尼）

二、奥运会羽毛球比赛

奥运会是全人类的体育盛会，因此奥运会上的各单项比赛均受到世界各国的重视，羽毛球运动作为普及度较高的运动就更是如此。国际羽联在 1985 年 6 月 5 日的国际奥委会第 90 次会议上才决定将羽毛球列为奥运会的正式比赛项目。在 1988 年汉城奥运会上，羽毛球被列为表演赛并一举取得成功。在次届 1992 年的巴塞罗那奥运会上，羽毛球成为正式比赛项目。奥运会的羽毛球比赛设男子单打、女子单打、男子双打和女子双打四个项目。亚洲国家无疑在这些项目上占有很大的优势，而欧洲国家的选手更适合打混双比赛。所以，国际羽联与国际奥委会决定在 1996 年亚特兰大奥运会上增设羽毛球混合双打比赛项目，使得奥运会的羽毛球比赛项目更为丰富。由于羽毛球项目拥有 5 枚金牌，从而加入了奥运会奖牌大户之列，成为各国高度重视和激烈争夺的焦点项目之一。奥运会羽毛球赛不仅是当今世界羽毛球运动最高水平的赛事，而且更具“世界第一”的象征意义和国家的最高荣誉。

国际奥委会对奥运会羽毛球项目参赛选手名额限制严格，这主要是由于优秀的羽毛球运动员可能更多地“堆积”在某些羽毛球运动发达国家中。奥运会羽毛球比赛根据世界排名选出前 33 名单打运动员、19 对双打选手和 17 对混双选手直接参加奥运会。但要求每个项目中必须至少包括有五大洲的各 1 名运动员和 1 对选手，这些运动员必须是世界排名最前面的运动员。如果这样某个大洲仍然没有符合的选手，则以在积分期间的最近一次洲比赛中的冠军选手出席。奥运会的主办国也会获得不少于两名运动员的外卡机会参加比赛。每个国家和地区在 1 个项目中最多只能有两个席位。多出的席位让给排名后位的选手。历届奥运会羽毛球比赛冠军见表 5-2。

表 5-2 历届奥运会羽毛球比赛冠军表

届数	时间	地点	男单	女单	男双	女双	混双
25	1992 年	巴塞罗那（西班牙）	魏仁芳（印尼）	王莲香（印尼）	朴柱奉/金文秀（韩国）	郑素英/黄惠英（韩国）	未设此项
26	1996 年	亚特兰大（美国）	拉尔森（丹麦）	方珠贤（韩国）	苏巴吉亚/迈纳基（印尼）	葛菲/顾俊（中国）	金东文/吉永雅（韩国）
27	2000 年	悉尼（澳大利亚）	吉新鹏（中国）	龚智超（中国）	吴俊明/陈甲亮（印尼）	葛菲/顾俊（中国）	张军/高崚（中国）
28	2004 年	雅典（希腊）	陶菲克（印尼）	张宁（中国）	金东文/何泰权（韩国）	杨维/张洁雯（中国）	张军/高崚（中国）
29	2008 年	中国（北京）	林丹（中国）	张宁（中国）	基多/亨德拉（印尼）	杜婧/于洋（中国）	李龙大/李孝贞（韩国）
30	2012 年	英国（伦敦）	林丹（中国）	李雪芮（中国）	蔡赟/傅海峰（中国）	赵云蕾/田卿（中国）	赵云蕾/张楠（中国）

三、汤姆斯杯赛

汤姆斯杯赛是世界羽毛球男子团体赛事中的顶级赛事。它名字的由来是取自英国著名的羽毛球运动员乔治·汤姆斯，他 21 岁开始获得冠军，此后年年有冠军入账，至最后一次拿冠军时已 41 岁。他曾连续 4 次获得全英羽毛球锦标赛男子单打冠军；9 次男子双打冠军；6 次混合双打冠军。1934 年 7 月国际羽联成立时，汤姆斯被推选为第一任主席。

由于“二战”的原因使得首届汤姆斯杯的举办并不顺利，赛事不断推迟，直到 1948 年才得以举行。最初的汤姆斯杯每三年举行一届，后来从 1984 年起改为每两年举行一届。汤姆斯杯的赛制也有过几次改变，如赛制由原先的九场五胜制（五场单打，四场双打，分两天进行）改为五场三胜制（三场单打，两场双打）。历届汤姆斯杯赛成绩见表 5-3。

表 5-3 历届汤姆斯杯成绩表

届别	年度	地点	决赛成绩	冠军
1	1948—1949	苏格兰	马来西亚 8：1 丹麦	马来西亚
2	1951—1952	新加坡	马来西亚 7：2 美国	马来西亚
3	1954—1955	新加坡	马来西亚 8：1 丹麦	马来西亚

（续表）

届　别	年　度	地　点	决赛成绩	冠　军
4	1957—1958	新加坡	印尼 6：3 马来西亚	印尼
5	1960—1961	雅加达	印尼 6：3 泰国	印尼
6	1963—1964	东京	印尼 5：4 丹麦	印尼
7	1966—1967	雅加达	马来西亚 6：3 印尼	马来西亚
8	1969—1970	吉隆坡	印尼 7：2 马来西亚	印尼
9	1972—1973	雅加达	印尼 8：1 丹麦	印尼
10	1975—1976	曼谷	印尼 9：0 马来西亚	印尼
11	1978—1979	雅加达	印尼 9：0 丹麦	印尼
12	1981—1982	伦敦	中国 5：4 印尼	中国
13	1984	吉隆坡	印尼 3：2 中国	印尼
14	1986	雅加达	中国 3：2 印尼	中国
15	1988	吉隆坡	中国 4：1 马来西亚	中国
16	1990	东京	中国 4：1 马来西亚	中国
17	1992	吉隆坡	马来西亚 3：2 印尼	马来西亚
18	1994	雅加达	印尼 3：0 马来西亚	印尼
19	1996	香港	印尼 5：0 丹麦	印尼
20	1998	香港	印尼 3：2 马来西亚	印尼
21	2000	吉隆坡	印尼 5：0 中国	印尼
22	2002	广州	印尼 3：2 马来西亚	印尼
23	2004	雅加达	中国 3：1 丹麦	中国
24	2006	东京	中国 3：0 丹麦	中国
25	2008	雅加达	中国 3：1 韩国	中国
26	2010	吉隆坡	中国 3：0 印尼	中国
27	2012	武汉	中国 3：0 韩国	中国
28	2014	新德里	日本 3：2 马来西亚	日本

四、尤伯杯赛

尤伯杯赛是世界羽毛球女子团体赛事中的顶级赛事，其名称的由来是取自英国著名的羽毛球运动员尤伯。尤伯在 1930 年至 1949 年间曾多次夺得全英羽毛球锦标赛的女子单打、女子双打和混合双打比赛的冠军。尤伯夫人退役后仍旧从事着与羽毛球相关的各项事业，她为推动羽毛球运动的发展做出了重要贡献。其中最被人们所牢记的就是她在1956年的国际羽联理事会上向国际羽联捐赠由麦皮依和维伯制作的纪念杯——尤伯杯。

尤伯杯的比赛方法和赛制与男子团体汤姆斯杯赛完全一致。在1982年以前是每三年举办一届，赛制采用七场四胜制。自1984年开始，改为每两年举办一届，赛制采用五场三胜制。1981年国际羽联和世界羽联合并为现在的国际羽联时，决定将尤伯杯赛与汤姆斯杯赛同时安排在同一时间、同一地点举办。历届尤伯杯赛成绩见表5-4。

表5-4 历届尤伯杯赛成绩表

届别	年度	地点	决赛成绩	冠军
1	1956—1957	兰开夏	美国6∶1丹麦	美国
2	1959—1960	费城	美国5∶2丹麦	美国
3	1962—1963	威尔明顿	美国4∶3英国	美国
4	1965—1966	惠灵顿	日本5∶2美国	日本
5	1968—1969	东京	日本6∶1印尼	日本
6	1971—1972	东京	日本6∶1印尼	日本
7	1974—1975	雅加达	印尼5∶2日本	印尼
8	1977—1978	惠灵顿	日本5∶2印尼	日本
9	1980—1981	东京	日本6∶3印尼	日本
10	1984	吉隆坡	中国5∶0英格兰	中国
11	1986	雅加达	中国3∶2印尼	中国
12	1988	吉隆坡	中国5∶0韩国	中国
13	1990	东京	中国5∶0韩国	中国
14	1992	吉隆坡	中国3∶2韩国	中国
15	1994	雅加达	印尼3∶2中国	印尼
16	1996	香港	印尼4∶1中国	印尼
17	1998	香港	中国4∶1印尼	中国
18	2000	吉隆坡	中国5∶0印尼	中国
19	2002	广州	中国4∶1韩国	中国
20	2004	雅加达	中国3∶1韩国	中国
21	2006	东京	中国3∶0荷兰	中国
22	2008	雅加达	中国3∶0印尼	中国
23	2010	吉隆坡	韩国3∶1中国	韩国
24	2012	武汉	中国3∶0韩国	中国
25	2014	新德里	中国3∶1日本	中国

五、苏迪曼杯赛

羽毛球是印度尼西亚的“国球”。苏迪曼杯就是印尼羽毛球协会代表本国人民向国际羽毛球联合会捐赠的一座奖杯。这座奖杯极具印尼民族特色，象征着印尼人民对羽毛球运动的无限热爱。苏迪曼杯杯身由纯银铸成，外表镀有纯金，杯高 80 厘米、宽 50 厘米、重 12 千克，其造价为 15 000 美元。

苏迪曼杯的比赛内容为世界羽毛球混合团体赛，即在比赛中的一个队伍由男女选手共同组成。1989 年举办了第 1 届苏迪曼杯，此后这项赛事每两年举办一届，时间刚好与世界羽毛球锦标赛一样在奇数年举行。团体比赛中的项目由男子单打、女子单打、男子双打、女子双打和混合双打 5 个单项组成。历届苏迪曼杯赛成绩见表 5-5。

表 5-5　历届苏迪曼杯成绩

届　别	时　间	地　点	第一名	第二名	第三名
1	1989	雅加达(印尼)	印尼	韩国	中国、丹麦
2	1991	哥本哈根(丹麦)	韩国	印尼	中国、丹麦
3	1993	伯明翰(英国)	韩国	印尼	中国、丹麦
4	1995	洛桑(瑞士)	中国	印尼	韩国、丹麦
5	1997	格拉斯哥(英国)	中国	韩国	印尼、丹麦
6	1999	哥本哈根(丹麦)	中国	丹麦	印尼、韩国
7	2001	塞维利亚(西班牙)	中国	印尼	丹麦、韩国
8	2003	埃因霍温(荷兰)	韩国	中国	印尼、丹麦
9	2005	北京(中国)	中国	印尼	韩国、丹麦
10	2007	格拉斯哥(英格兰)	中国	印尼	英格兰、韩国
11	2009	广州(中国)	中国	韩国	印尼、马来西亚
12	2011	青岛(中国)	中国	丹麦	印尼、韩国
13	2013	吉隆坡(马来西亚)	中国	韩国	丹麦、泰国

六、世界杯羽毛球赛

世界杯羽毛球赛始创于 1981 年，与其他重大赛事不同的是，世界杯羽毛球赛属于邀请赛性质，即有资格参加比赛的均为由国际羽联邀请的当年成绩优异的运动员。第 1、2 届世界杯羽毛球赛设置的项目较少，仅设有男单和女单两项，自 1983 年起增设了男双、女双以及混双 3 个项目。

1997 年 5 月，国际羽联决定从 1998 年起将世界杯羽毛球赛改制为由世界顶尖运动员参加的明星赛，并尝试以增加奖金的方式将比赛打造成羽毛球大满贯赛事。

七、国际系列大奖赛

国际系列大奖赛开始于1983年。这项赛事的举办是参照世界网球大奖赛的办法组织的。具体组织方式为将全年的比赛分成若干赛区，由许多系列比赛组成。根据运动员在各次比赛中的成绩积分进行排名，选出前16名运动员进行总决赛。

第六章　羽毛球运动的基本技术

学海导航

学好一项体育运动的关键是掌握好这项运动的基本技术，羽毛球运动也不例外。本章主要介绍羽毛球运动的基本技术，主要涉及羽毛球技术的基本理论、羽毛球运动的基本技术与训练方法等方面的知识。通过学习本章，读者可以全面、细致地了解羽毛球运动的技术方法并学会如何通过练习来提高自己的技术能力。

第一节　羽毛球技术基本理论

一、羽毛球技术结构

羽毛球技术是指在羽毛球运动中，具有一定连接形式的、科学的、合理的动作（或活动）。其技术结构是指组成羽毛球技术的动作（或活动）之间的结合。对羽毛球技术结构的研究能够帮助我们更加准确地区分各类技术，为技术的研究打下坚实的基础。根据羽毛球的技术结构，可以将羽毛球技术分为判断技术和动作技术两种。

（一）判断技术的结构

对羽毛球技术的判断是感觉器官和神经系统共同完成的由一系列活动组成的特殊技术，人们可以通过视觉观察来评定运动员移动和击球效果的水平高低，判断技术的结构是：视觉观察→传入神经→大脑皮质综合分析→传出神经。

判断技术的前提是观察，通过视觉的判断进行综合分析。只有全面、准确地进行观察，通过可靠的依据判断才能够得到准确的结果。分析与观察者的经验有很大的关系，其理论水平和综合分析能力的高低决定了分析结果的可靠性。因此，我们必须加强视觉灵敏度、理论水平和分析能力来提高训练水平。

(二)动作技术的结构

羽毛球运动的动作技术结构是:选位→引拍→迎球挥拍→球拍触球→随势挥拍→身体的协调放松还原。

(1)选位是前提,选位的好坏与移动有关,同时也与运动员对技术的理解程度有关。

(2)引拍是决定击球力量和方向的重要环节,同时也影响挥拍的效果。

(3)迎球挥拍要有力、及时。

(4)球拍触球是关键,随时可改变拍形、挥拍方向及挥拍速度。

(5)随势挥拍决定击球后球的稳定性与准确性。

(6)身体的协调放松还原能够保证下一次击球有更充分的准备时间。

以上一系列动作,需要运动员协调配合身体的各部位才能顺利完成,击球的质量才能得到保证。

二、站位技术理论分析

运动员站在羽毛球场上的位置称为站位。站位是羽毛球运动员最基本的技能,准确的站位对运动员能力的发挥具有非常重要的作用。站位有两种情况:一种是受限制的站位,如发球与接发球时,运动员必须要站在规定的左半区或者右半区;另一种是不受限制的站位,可根据自己或同伴(双打)的需要而选择的站位,如单打的站位一般在离前发球线 1 米左右的中线附近,双打的站位可根据双打两个运动员的具体战术需要而选择前后或左右的站位。

第二节 握拍法

一、握拍技术分析

(一)正手握拍

先用左手握住球拍的中杆,使拍框与地面垂直。张开右手,使虎口对准拍柄斜棱上的第二条棱线(此时眼睛从左至右可同时看见 4 条棱线),然后用近似握手的方法握住拍柄,拇指和食指贴在拍柄两侧的宽面上;其余三指自然握住拍柄,五指与拍柄呈斜形(图 6-1)。

(二)反手握拍

在正手握拍的基础上，将球拍柄稍向外旋，拇指稍向上提，拇指内侧顶贴在拍柄第一斜棱旁的宽面上；也可将大拇指放在第一、二斜棱之间的小窄面上，食指稍向下靠，下三指放松。反手握拍击球时，靠食指以后的三指紧握拍柄，同时拇指前顶发力击球(图 6-2)。

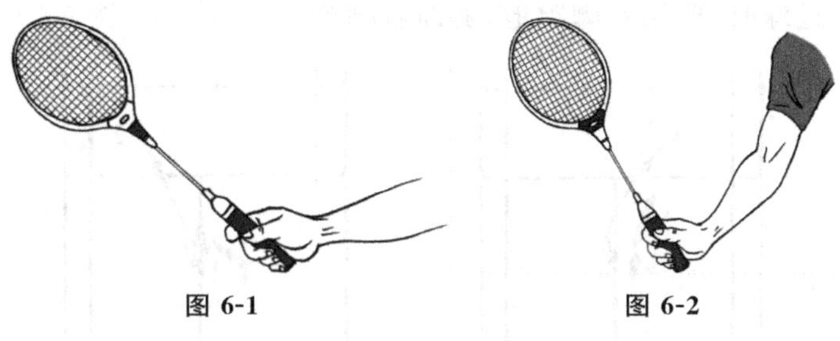

图 6-1　　图 6-2

二、握拍技术训练

握拍技术的训练方法如下。

(1)徒手挥拍练习。徒手做正手击球或反手击球的挥拍动作，要求做好相应的正手握拍动作与反手握拍动作的转换。

(2)持拍颠球练习。练习者用正手或反手握拍法持拍在身前，拍面对准球托底部，向上击球。

(3)对墙击球练习。持拍于身前，两膝稍弯曲，连续从稍右侧下方用正手或从稍左侧下方用反手向前上方的墙上击球。

第三节　步法

一、基本步法解析

(一)上网步法

根据上网时脚步移动方法的区别，可以分为跨步(又称为交叉步)上网、垫步上网和蹬跳步上网。

1. 跨步(交叉步)上网

站位于球场中心稍靠后,两脚左右开立。右脚略前,上体稍前倾,两眼注视对方击球。当对方吊网前球时,在对方击球瞬间,脚跟提起轻跳并迅速调整重心至后脚以协助快速起动。左脚迈一小步,用脚掌内侧起蹬,右脚向前跨大步,以脚跟和脚掌外侧着地滑步缓冲,脚尖外斜,右脚屈膝成弓箭步,左脚随即向前挪动,以协助右脚回蹬。击球后用并步或交叉步退回中心位置。当遇到对方发近球时,要用左脚蹬地,随即右脚跨一大步上网(图 6-3)。

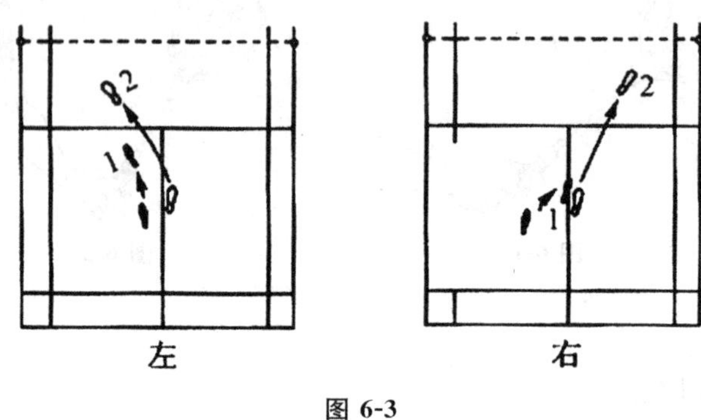

图 6-3

2. 垫步上网

垫步上网的准备姿势同跨步上网。右脚先迈一小步,左脚随即垫一小步靠近右脚跟(或后交叉迈小步),并用脚掌内侧起蹬,接着右脚迅速向前跨大步上网(着地后的要求同跨步上网)。击球后用并步或交叉步退回中心位置。垫步上网的特点是蹬力强、速度快,在被动时有利于迅速调整重心,快速接应来球(图 6-4)。

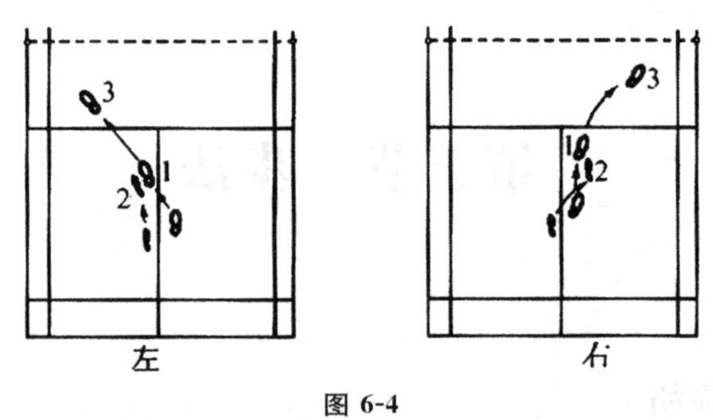

图 6-4

3. 蹬跳步上网

蹬跳步上网的目的是提早击球,争取击球点在网顶上空,以起到突击的作用,一般常用于上网扑球。当判定对方发或放网前球,并做好了扑球准备时,右脚稍向前,脚一点地便起蹬,侧身扑向网前(或左脚蹬地扑向网前),当球飞至网顶时即行扑击,在触球的同时右脚先着地,左脚随身体惯性在右脚后着地,并立即退回中心位置(图 6-5)。

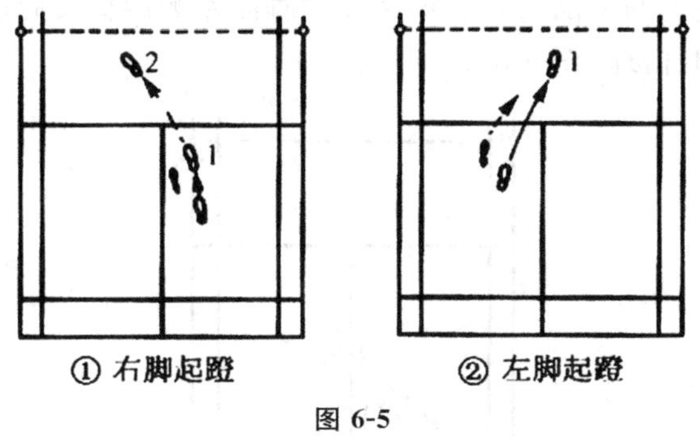

图 6-5

(二)后退步法

后退步法有两种方式,即向右后场区后退和向左后场区后退。向右后场区后退的步法一般是正手击球的后退步法,向左后场区后退步法分为交叉步后退头顶击球步法和反手击球后退步法等。

后退步法移动前的动作和站位与上网步法相同。

1. 正手后退步法

正手后退步法有侧身并步后退和交叉步后退两种。

侧身并步后退步法是指在对方击球前刹那间,脚跟提起轻跳,迅速调整重心至右脚。接着右脚蹬地快速向右后撤一小步,上体右转侧身对网,紧接着左脚并步靠近右脚,右脚再向后移至来球位置。在移动中做好手部动作准备,待来球在右肩上方下落时做正手底线原地击球或跳起击球,击球后并步或小步跑回中心位置(图 6-6)。交叉步后退步法的站位与准备姿势同侧身并步后退步法。右脚撤后一小步后,左脚从体后交叉后退一步,右脚再后移至来球位置(图 6-7)。

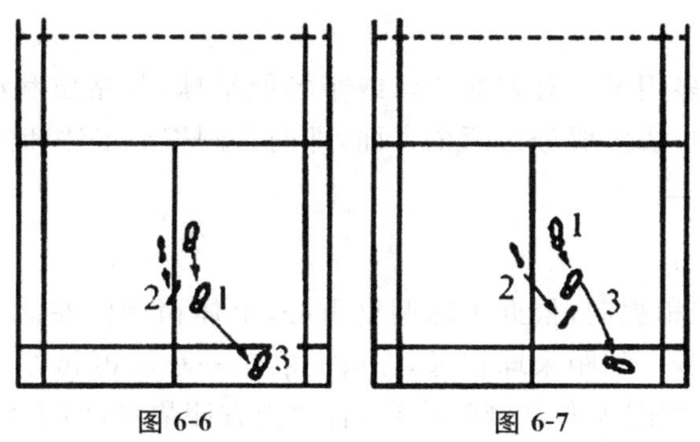

图 6-6　　图 6-7

2. 交叉步头顶后退步法

交叉步头顶后退步法与正手后退步法大致相同,只是右脚蹬地后撤向左后方,上体转动幅度较正手后退大，且稍有后仰并倒向左后场区。左脚向左侧后交叉后退一步，右脚移至来球位置做头顶原地击球或跳起击球（图 6-8）。

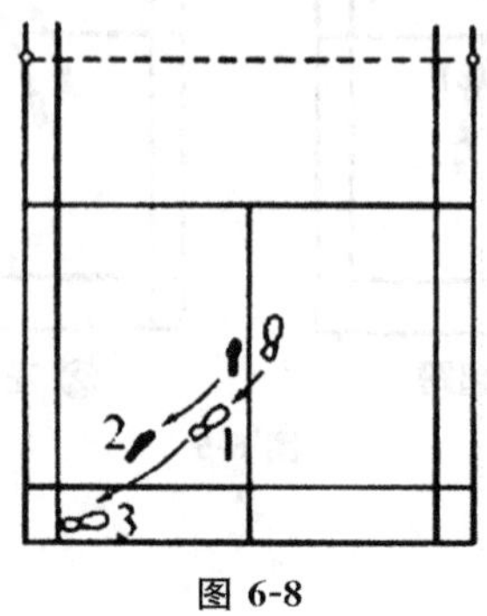

图 6-8

3. 反手后退步法

反手后退步法是指调整重心后，右脚后撤一步，接着上体左转，左脚随即向左后退一步，右脚再跨出一步，背对网做底线反手击球。反手后退步法应根据来球距离的远近调整（图 6-9）。

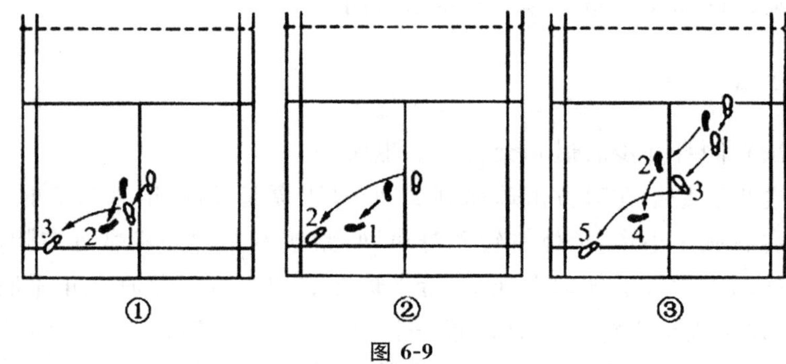

图 6-9

（三）中场两侧移动步法

中场两侧移动步法多用于接对方的杀球或半场低平球，其站位和准备姿势与上网步法基本相同。中场两侧移动步法主要分为两个方面，即向右侧移动步法和向左侧移动步法。

1. 向右侧移动步法

两脚左右开立，脚跟稍提起，根据来球调整重心，上体稍倒向左侧，左脚掌内侧用力起蹬，右脚同时向右侧转跨大步。如距来球较远，左脚向右垫一小步再起蹬，右脚同时向右侧转跨大步，如图 6-10 所示，其中左图为向右侧蹬跨步，右图为右侧垫步（两步）。

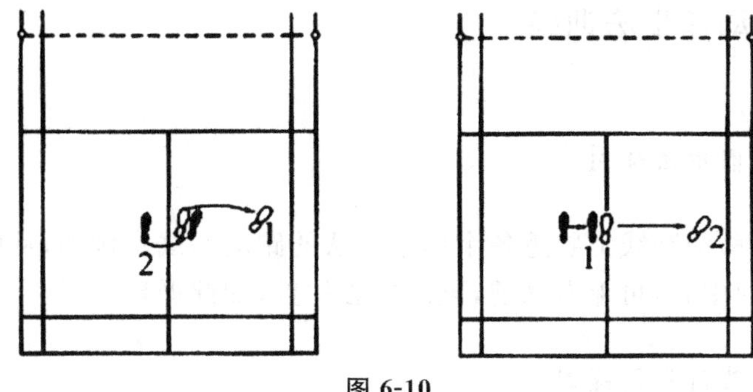

图 6-10

2. 向左侧移动步法

根据来球调整重心，上体稍倒向右侧，右脚掌内侧用力起蹬，左脚同时向左侧转跨大步。来球较远时，左脚先向左侧移半步，上体向左转身的同时右脚向左前交叉跨大步，如图 6-11 所示。

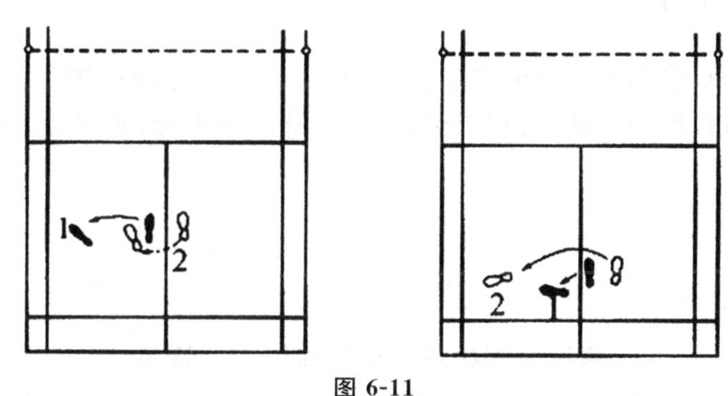

图 6-11

二、基本步法训练

基本步法的训练方法如下。

（一）分解步法训练

把羽毛球场上的综合步法分解成单一运动方向的步法进行训练的练习，称为分解练习法。主要包括正反手上网步法练习、正反手接杀步法练习、正手后退击球步法练习、头顶后退击球步法练习、杀上前（前后场连贯步法）练习和后场反拍击球步法练习。

(二)结合击球动作步法训练

1. 固定移动路线的步法练习

主要是在固定的移动路线上熟悉各个单个步法的跑动路线。例如,从中心位置开始,先后退至正手底线,然后回中心,再上右网前,再回中心位置,如此循环练习。

2. 不固定移动路线的步法练习

在较熟练地掌握了向各个固定方向的移动步法之后,就可以进行不固定方向的全场移动练习。由一人指挥,练习者跟着指挥者的手势进行全场综合步法练习。在进行不固定移动路线法练习时应注意:不论是自练还是按场外指导指示练习,都要避免惯性机械地移动步子,而应多做一些无规律的重复跑动,这样才能与实战结合起来。

3. 回击多球步法练习

陪练者将多球先后发往练习者的前后左右场区,迫使练习者运用各自的步法移动迎击来球。此练习方法既可以练习步法,又可以练习手法,练习密度大,实际效果好。

知识拓展

奥运冠军林丹对羽毛球技术的解答

1. 看到高手在比赛中经常在网前放中路球,而不是两边。放中路有什么作用或者效果?

林丹:打中路避免失误。球越来越往中间打已经是现在羽毛球的一个发展趋势。当受到客观因素的影响,球暂时还打不开时,最保险的一个方法就是球就往中路走。要说打中路的效果的话,一个是在球感不太好时避免一些失误,另外一 个从球路的角度来讲,中路可能有一些对手会不太适应。

2. 如何有效对抗假动作?

林丹:假动作是比较专业的一个问题。像我们专业选手练了这么长时间,对每个动作有一个整体的反应,即使被欺骗一下,经过步法调整,也能够把球打过去。但对业余选手来讲,这是一个比较难的问题,因为没有经过很专业的训练,所以一旦受骗,很难调整过来把球打回去。要想解决,只能经常打,增强球感,慢慢打得时间长了,可能就会把球打回去了。另外,对对手习惯的球路规律比较了解的话会有帮助。

第四节 发球与接发球技术

一、发球技术

(一)发球技术分析

1. 正手发球技术

站在靠近中线一侧,离前端发球线约 1 米左右的位置上。身体左肩侧对球网,左脚在前,脚尖面向球网,右脚在后,脚尖稍向右侧,两脚距离与肩同宽,身体重心放在右脚上。准备发球时,右手握拍向右后侧举起,肘部微屈,左手拇指、食指和中指夹住球,举在腹部右前方,然后放开球,挥拍击球。击球时,身体重心由右脚移至左脚上。

用正手发不同的弧线球时,击球前的准备和前期动作是相仿的,只是在击球时及其后的动作有所不同。而且正手发球可以用来发任何一种飞行弧线的球,在单、双打中普遍采用。正手发球技术可分为以下几种方法。

(1)正手发网前球

正手发网前球是用正手握拍,以正拍面击球,使球轻轻擦网而过,落在对方前发球线附近的一种发球。由于它的飞行弧度低,距离短,可以有效地限制对方直接接发球反攻或接发球后有目的地抢网或突击扣杀,是单、双打中较常见的一种发球。击球时握拍要放松,前臂只是前摆,不做内旋动作,靠手指控制力量,手腕收腕发力,用斜拍面往前推送击球,使球轻轻擦网而过,落在对方前发球区内(图 6-12)。击球时,要控制拍面和力量,避免球过网偏高。特别是在双打中,由于双方场上的移动范围较单打要小,对发网前球的质量要求更高。

图 6-12

(2)正手发后场平快球

正手发后场平快球是用正手握拍,以正拍面击出飞行弧度较正手后场平高球还要低的一种发球，这种球速度快、突击性强，而且飞行弧度几乎是擦网而过，直击对方后场，是单、双打发球抢攻战术中常用的一种发球方法。在比赛中，在发球方有准备而接发球方无准备，或是对手接发球站位较前的情况下，这种发球能以其快速、突变的特点使接发球方处于被动。准备动作同正手发网前球。在准备动作的基础上，持球手松开，让球自然下落，同时右上臂随转体外旋，并带动前臂自下而上沿半弧形做回环引拍动作，充分伸腕，身体重心随转体和引拍动作逐渐前移，左肩对网，准备击球。击球时，拍面仰角较小，前臂内旋带动手腕快速闪动屈指向前发力击球。击球点在规则允许的范围内，可争取略高一些。击球后持拍臂随动作惯性自然向左上方挥动，身体重心完全移至左脚，然后将拍收回至体前并将握拍调整成放松的正手握拍形式。

(3)正手发后场平高球

正手发后场平高球是用正手握拍，以正拍面击出飞行弧度较发后场高远球低的一种发球。球飞行的高度以对方跳起无法拦截为佳。由于飞行弧度不高和球速相对较快，此种发球颇具威胁性，并常在单、双打中与发网前小球配合使用，以增加对方接发球的难度。准备动作、引拍动作和随前动作均与正手发网前球相同。击球时以前臂带动手腕发力为主，拍面与地面的夹角小于45°向前推进击球。发平高球的关键是控制好球的飞行弧度。如果拍面仰角大，击出的球过高，达不到战术目的；拍面仰角小，击出的球过低，则易被对手拦击。因此，必须注意球的飞行高度，而发球准备和引拍动作须与其他正手发球动作保持一致。

2. 反手发球技术

站在前发球线后10～50厘米及发球区中线的附近，也可以站在前发球线及场地边线附近。面向球网，两脚前后站立(左脚或右脚在前均可)，上体稍向前倾，身体重心在前脚上。右手反握拍，左手拇指和食指捏住球的两三根羽毛，球托朝下，球体与拍面平行或球托对准拍面放在拍面前方。反手发球主要分为反手发网前球、反手发平高球、反手发平快球3种。

(1)反手发网前球

发网前球能减少对方把球往下压的机会，发球后立即进入抢攻。把球发到前发球线内角，球飞行的路线较短，容易封住对方攻击自己后场的角度。发球到前发球线外角位能起到调动对方离开中心的作用。特别是在右场区发前发球线外角位，能使对方反手区出现大片空当。但对方也能以直线推平球攻击发球者的后场反手。如果预先提防，可用头顶球还击。发网前球也可以发对方的追身球，造成对方被动。站位接近前发球线，右脚在前，重心在右脚，左脚跟提起，右手采用反手握拍法持拍于腹前，肘关节屈，手腕前屈，左手捏住球的羽毛斜放在球拍前面。将球拍稍往后摆动至一定距离。前臂向前上方推送，同时，带动手腕由屈到微伸而向前摆动，利用拇指的顶力用反拍拍面、以斜拍面向前轻轻推送切击球托，使球尽可能低地沿网上方飞过(图6-13)。随前动作：击球后，前臂继续往上摆到一定高度后回收至胸前。

图 6-13

(2)反手发后场平高球

用反手握拍,以反拍面击出同正手发后场平高球飞行弧度一样的球称为反手发后场平高球,其战术意图与正手发平高球相同。两脚与肩同宽,前后斜站。右脚在前,左脚尖侧后点地,重心放在右脚上;左手拇、中、食指握住球的羽毛处,将球置于腹前腰部以下;右臂屈肘稍向上提起,展腕,用反手握拍,以反拍面将球拍自然置于腹前持球手的后面,两眼正视前方,成发球前的准备姿势。左手放球的同时右臂以肘为轴,前臂内旋,带动展腕由后向前做回环半弧形挥动,至一定发力所需的幅度。击球时屈指收腕发力,用正拍面向前上方将球击出。以制动动作结束发力,并将握拍姿势迅速调整为正手放松握拍。

(3)反手发后场平快球

发球前,站位要与准备姿势与反手发网前短球基本相同。击球时,手要紧握拍柄,加快挥拍速度,掌握好拍面角度,用"甩"腕与手指动作配合的爆发力,将球向前或前上方击出。

在发平快球时,要达到理想的发球效果,一定要注意手腕甩动的动作速度和拍面的角度,否则所发出的球就没有威力了。

(二)发球技术训练

发球技术的训练方法如下。

(1)徒手挥拍练习。练习者左肩侧对前方,两脚分开,与肩同宽,左脚在前,脚尖向前,右脚在后,脚尖稍向右侧,重心放在右脚上。准备发球时,右手持拍向右后侧举起,肘部微屈,左手虚拟持球,举在腹部右前方。练习时,左手先放球,在左手放开球时,右手上臂带动前臂,自右后方随转体向左前方挥拍,重心同时前移;当球拍挥至右前下方球的下落处时,前臂由下向前上方挥动并急速内旋,带动手腕由伸展至微屈,闪动手腕,握紧球拍击球;击球后持拍臂随动作惯性自然向左上方挥动。

(2)击固定球练习。将一只羽毛球用绳子吊起来,球的高度离地面 30～40 厘米,练习者站在球的左后方,保持练习者的球拍在右前下方即可击中球。练习者用正确的发球动作挥拍,击球后继续做随挥动作。

(3)完整发球练习。站在发球线后约 1 米处,发球场区中线附近,运用正确的正手发高远球动作,向对角线场区发球。

(4)轻击球练习。在正手发高远球的动作基础上,减小挥拍的动作幅度,主要靠前臂和手腕带动挥拍,击球力量减弱,球击出后,控制拍子继续挥动。

(5)限高、限远发球练习。在球网上方 30 厘米处拉一条标志线，在对方前发球线后大约 50～60 厘米处也放一条标志线，要求练习者将球发在指定的范围内。

(6)反手发网前球练习。发球站位可在前发球线后 10～15 厘米及中线附近，面向球网，两脚前后开立(右脚或左脚在前均可)，上体稍前倾，身体重心在前脚上。右手臂屈肘，用反手握拍，将拍头向下，手腕稍前屈，拍面在身体左侧腰下。左手拇指与食指、中指捏住球的两三根羽毛，球托朝下，球体或球托在球拍前对准拍面，用前臂带动手腕朝前推送或横切。

二、接发球技术

(一)接发球技术分析

1. 前场正手接发球技术

动作开始时，首先用正手前场接发球步法向来球方向移动，同时前臂微屈，外旋半弧形引拍，准备接发球。结合身体向前跨步的冲力，用斜拍面与地面夹角大于 120°的仰角拍面，向前摩擦推送击球。接发球搓网前小球的击球力量比网前搓小球要稍大一些，应控制适度的力量，击球用力过大，球不会出现旋转；击球用力过小，接发球搓球不过网。根据对方不同的发球方式，其击球动作也有不同。

(1)正手接发球勾对角小球击球动作：手腕内旋，拇指、食指转动拍柄，向网前斜对角方向发力击球。

(2)正手接发球挑球击球动作：击球点较低，采用与地面大于 90°的拍面仰角，前臂内旋，食指拇指收紧拍柄，展腕发力击球。

(3)正手接发球推球击球动作：手腕迅速内旋，食指发力拨动拍柄，球拍与地面近似 90°夹角内翻拍面击球。

(4)正手接发球扑球击球动作：击球点高于球网顶部，前臂快速内旋，球拍与地面小于 90°的夹角，向下拍压击球。

在上下肢同时完成接发球动作后，持拍手自然收回体前，向中心位置回动。

2. 前场反手接发球技术

接发反手前场球步法向来球方向移动，反手握拍向来球方向伸出，同时前臂微屈做内旋半弧形引拍动作，准备击球。反手接发球搓小球击球动作：结合身体向前跨步的冲力，食指、拇指内旋捻动球拍，采用与地面夹角大于 120°的斜拍面，向前摩擦推送搓球。根据对方不同的发球方式，其击球动作也有不同。

(1)反手接发球勾对角小球击球动作：手腕外旋，拇指前顶，其余四指收紧拍柄向网前斜对角方向发力击球。

(2)反手接发球挑球击球动作：击球点较低，前臂外旋，拇指前顶，采用与地面大于 90°的夹角拍面，收腕发力击球。

(3)反手接发球推球击球动作：球拍与地面的夹角近似90°，前臂迅速外旋，拇指前顶，手腕向前方外翻拍面击球。

(4)反手接发球扑球：击球点高于球网顶部，前臂快速外旋，用球拍与地面小于90°的夹角，拇指前顶，向前下方拍压击球。

在击球后，持拍手自然收回体前，脚步退回中心位置，成接球前的准备姿势。

3. 后场接发球技术

根据来球的位置不同，接发后场球可采用正手和头顶两种姿势击球。正手和头顶接发后场球技术的动作轨迹基本相同，只是击球点位置略有不同。正手接发后场球击球点在身体右后侧右肩上方，而头顶接发后场球击球点在身体左后侧头顶或左肩的上方。

用接发后场球步法向来球方向移动，同时上臂外旋带动前臂后仰回环引拍，身体重心在右脚上，准备起跳击球。接发球回击高远(平高)球击球动作：击球点在头前上方，上臂带动前臂迅速内旋向上挥动，将力传递至手腕，手指发力用正拍面与地面稍大于90°的夹角(击平高球)和接近120°的仰角(击高远球)将球击出。根据对方不同的发球方式，其击球动作也有不同。

(1)接发球回击吊球和劈球击球动作：击球点选择比回击平高球和高远球靠前约10厘米，上臂带动前臂迅速内旋向上挥动，通过手腕和手指控制击球力量(劈球比吊球力大)，用球拍面与地面夹角小于90°的斜面(劈球比吊球击球角度更大)切击球托右侧(头顶击球切击球托左后侧)。

(2)接发球回击杀球击球动作：身体充分后仰呈弓形展开，击球点比回击吊球再靠前约5厘米的位置，上臂带动前臂迅速内旋向上挥动，最后通过手腕手指发力，采用与地面近似75°的夹角将球击出。

(3)接发球回击抽杀球击球动作：手臂迅速内旋后倒回环引拍，采用与地面近似90°的夹角拍面向前挥动击球。

击球后，持拍手随惯性动作向身体左前下方挥动，并迅速将拍收回体前，脚步向中心位置跟进回动，做好下次接球准备。

(二)接发球技术训练

接发球可以与发球技术同时学练，两位练习者相互配合，一方发球时，一方接发球，根据情况进行交换。接发球技术的训练方法如下。

(1)多球练习，两人一组，做发球(发网前球)与接发球练习。交换进行。

(2)方法同上，一方正手发后场高远球、平高球、平快球，接发球者可根据情况回击平高球或吊球。

(3)方法同上，一方正手发网前结合发后场各种球。接发球者根据来球回击各种球。

(4)反手发球与接发球多球练习，两人一组，一人反手发网前球，另一人接球可回击网前、推后场以及扑球。交换练习。

(5)方法同上，一人反手发后场平高球、平快球，接发球者可根据情况回击杀、吊球。

(6)方法同上，一人反手发网前结合发后场平高球、平快球，接发球者可根据情况回击各种来球。

在发球与接发球学练中，要选择好发球与接发球站位，发球动作协调一致，接发球判断准确、启动快。

第五节　击球技术

一、前场击球技术

（一）前场击球技术分析

1. 放网前球

（1）正手放网前球

侧身对右边网前，上体稍向前倾，右手握拍于体前。右脚向右侧前方大跨一步成弓步。正手握拍，球拍向右前上方斜举。击球时，右臂自然后伸，手腕稍后伸，小臂稍外旋，手腕由后伸至稍内收转动，右手轻松握拍，食指和拇指夹住球拍，在手腕和手指的控制下，轻击球托底部将球轻送过网。击球过程中，左手要向后平举以协调动作。击球后，还原成下次击球前的准备姿势(图 6-14)。

图 6-14

（2）反手放网前球

击球前动作方法与正手放网相同，不同的是先向左前场转体，右肩对网，反手握拍，反拍迎球。击球时，前臂前伸、外旋，手腕内收至外展，轻击球托底部把球轻送过网，击球后，还原成准备姿势。

2. 推球

推球技术击球点高，动作小，发力距离短，速度快，且落点变化多，是前场击球技术中进攻底线的一种很有威力的球，在单、双打中都较常用。网前推球有正手、反手两种击球方法。

（1）正手推球

正手推球指在网前较高的击球点上以正手握拍法，用推击的方法向对方底线击出弧度较平、速度较快的球。

移动到位，球拍向右侧平举。推球前，前臂稍外旋，手腕后伸同时球拍也稍往后摆，拍面对准来球。这时小指与无名指稍松开，使拍柄离开手掌，这样能充分发挥手指的力量。推球时，拍面尽力后仰，手腕由后伸直并且闪腕，食指向前压下，小指、无名指突然握紧拍柄，球拍快速地由右经前方向左挥动（图 6-15）。推球后，在回动过程中回收球拍于胸前。

图 6-15

（2）反手推球

反手推球指在网前较高的击球点上以反手握拍法，用推击的方法向对方底线击出弧度较平、速度较快的球。

移动至网前左侧，反手握拍，臂侧上举。推球前，臂向左胸前收引，手腕稍外展，球拍松握，拇指顶住拍柄的内侧宽面，推球时，当前臂往前伸的同时外旋，手腕由稍外展到伸直抖腕，中指、无名指、小指突然紧握球拍，拇指顶压，向前挥动将球推出，触球托的后部。击球后，身体还原至准备姿势。

3. 勾球

勾球是把在本方右（左）边的网前球击到对方左（右）边网前的技术动作。勾球分正手和反手两种。

（1）正手勾球

正手勾球即在网前右场区，用屈腕的动作调整球拍角度，轻巧地将球回击到对方斜对角的网前右场区内。正手勾对角握拍一般采用并步加蹬跨步上网的步法。在步法移动的同时，球拍随着前臂往右前上方举起。前臂前伸，稍有外旋。手腕微后伸，这时的握拍稍有变化——将拍柄稍向外捻动，使拇指贴在拍柄的宽面上，食指的第二指节贴在与其相对的另一个宽面上，拍柄不触及掌心。击球时，靠前臂稍有内旋往左拉收，手腕由稍后伸至内收。球拍拨击球托的右侧下部，由手腕和手指控制拍面角度。击球后，球拍回收至胸前（图 6-16）。

图 6-16

(2)反手勾球

反手勾球同正手勾对角线。在身体前移的过程中,球拍随手臂下沉至离网顶 20 厘米处,握拍变成反拍勾球握拍法,拍面正对来球。当来球过网时,肘部突然下沉,同时前臂稍外旋,手腕稍屈至后伸闪腕,拇指内侧和中指把拍柄往右侧一拉,其他手指突然握紧拍柄,拨击球托的左侧后部,使球沿对角线飞越过网。球拍回收至胸前,为下次的来球做积极的准备。

(二)前场击球技术训练

前场击球技术的训练方法如下。

(1)徒手模仿各种网前技术动作练习。

(2)多球练习。两名练习者一组,隔网对面站立,一人抛球,另一人做搓球、推球练习。

(3)方法同上,进行放球、勾球、挑高球练习。

(4)方法同上,做扑球练习。

(5)多球练习。两人一组做行进间上网搓、推、放球练习。

(6)方法同上,做勾对角、挑高球练习。

(7)方法同上,做扑球练习。

(8)两人一球,隔网站立做搓、放、勾球练习。

(9)两人一球,隔网利用搓、放、勾、扑球技术进行比赛练习。

(10)练习方法同正手网前技术方法。

二、中场击球技术

(一)中场击球技术分析

1. 中场平抽球

(1)正手平抽球

移动到位，最后一步右脚向右侧跨出，侧身对网，上体向右侧倾，重心在右脚上，右臂侧上摆，前臂稍外旋，击球时主要靠前臂带动腕部由下往右侧平地抽压，抖动挥拍。击球后，右脚蹬地，身体重心置于两脚之间(图 6-17)。

图 6-17

(2)反手平抽球

移动到位，最后一步时左脚向左侧方跨一步，重心落于左脚，后脚脚跟提起，右臂屈肘，肘部稍上抬，小臂内旋，手腕内屈，引拍至左肩后。击球时，右脚蹬地，髋关节向右转动，臂在挥拍时外旋，手腕内屈到伸直抖动。挥拍击球托的后下部，击球后，球拍回收至胸前，身体重心置于两脚之间。

2. 半蹲式中场平击球

在中场区域范围内，采用半蹲击球势，将大约在肩部高度且较平快的球以与网齐平的高度迅速平抽快挡过去的球称为半蹲式中场平击球。

根据来球的不同方向及击球方的具体位置，可采用半蹲正手击球和反手击球两种击球姿势。

(1)正手平击

两脚与肩同宽自然分开，脚掌触地，脚跟提起，半蹲准备姿势站立。右手持拍举于肩上或置于胸前，两眼注视来球方向。以肩为轴，前臂向后经外旋回环带动手腕伸展引拍。击球时迅速向前内旋，肘关节后摆，带动手腕屈收发力，向前推压击球为平抽球，挡球的击球点较平抽球低一些,击球时发力预摆动作小,向前推进发力击球。击球后惯性动作小,应迅速收拍,做好回击下一球的准备。

(2)反手平击

反手握拍,用反拍面向来球方向伸出,其余动作同中场正手平抽快挡球。以肩为轴,上臂带动前臂内旋回旋引拍。击球时前臂外旋带动手腕屈收闪动,利用拇指的顶力向前推送发力击球。前臂伴有一定的制动动作,其余动作同中场正手挡球技术。

3. 快打技术

快打技术是在中场击从对方过来的、肩以上至略高于头部之间的平球。快打技术主要表现出快速、凶狠、紧逼对方、主动进攻的特点,多用于双打比赛中。它分为正手快打和反手快打两种方法。

(1)正手快打

在中场区,两脚平行站或右脚稍前站均可,两膝弯曲成半蹲,举拍(正手握拍)于肩上。击球点选在右肩上方,击球时,前臂向前,手腕由后伸至前屈闪动挥拍击球托的后部,使球平直、急速地飞向对方中场区的附近。击球后,球拍顺势前盖,右脚往右前方迈一步,站在中线两边稍偏后的位置上,球拍由左下回举至前上方,准备迎击下一次来球。

(2)反手快打

两脚平行站在左场区,重心在右脚,举拍于右侧前。当判断来球是在右场区时,右前臂往左摆,身体稍向左转至右肩对网,左脚也往左侧迈一小步,前臂内旋,手腕外展引拍于左侧后。击球时,前臂外旋,手腕伸直闪动,手指突然抓紧拍柄,前盖球托后部,使球比较平直地向前飞行。击球后,球拍由右下回举至前上方,准备下一次击球。

(二)中场击球技术训练

中场击球技术的训练方法如下。

(1)多做徒手挥拍练习或多球练习。强调前后动作的衔接性。

(2)根据不同的来球进行准备姿势、拍面角度、力量、动作速度的练习。

(3)多做以肘为轴,以前臂带动手腕做小幅度的快速挥拍练习,这样有利于体会击球的时机。

(4)加强对接各种来球的准备姿势移动和手法的练习。例如,多练接杀球练习以训练反应速度和判断能力;体会接杀球技术动作,做平抽练习,两人快带平抽平打,练习动作速度。

(5)进行握拍的灵活性练习。手腕、手指根据不同的来球控制球的力量、角度和方向。

三、后场击球技术

(一)后场击球技术分析

1.后场击高远球

后场高远球是将对方击至本方后场端线附近的球回击得又高又远，落至对方端线附近的一种球。它包括后场正手和反手两种击法。

(1)正手击高远球

在进行正手击高远球时，首先要准确地判断出来球的方向和落点，迅速移动到位，使下落的球处于右肩的前上方。同时，侧身左肩对网，重心在右脚上，右臂屈肘自然举拍于右肩上方，左手自然高举，眼睛看球，待球下落到合理的击球高度时右脚蹬地转髋，右臂以肩关节为轴，向前转动成肘关节朝前并高于肩部，拍头向下。球拍贴背与地面垂直，放松握拍。然后在蹬地、转体收腹的协调用力下，大臂带动小臂向前上方甩腕，在手臂伸直的最高点上击球，击球时重心向上。击球后，手臂顺惯性将球拍挥至腋下并收拍至体前，同时重心顺势向前，右脚自然向前跨出成为准备姿势(图 6-18)。

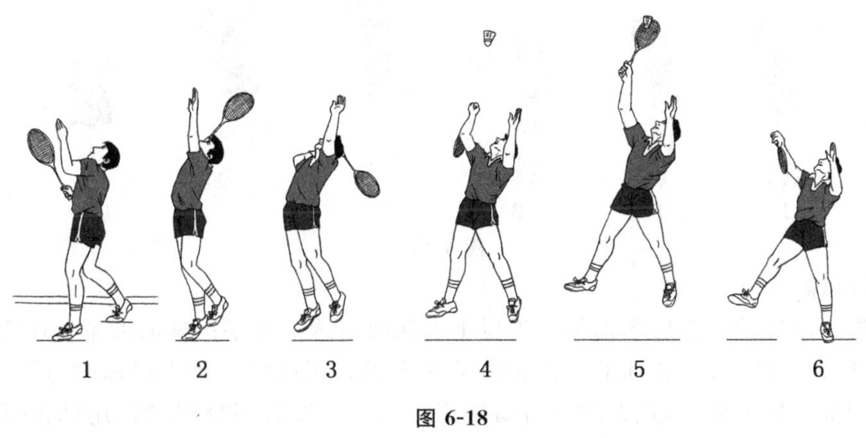

图 6-18

(2)反手击高远球

当球飞向左场区的底线附近时，击球者用正手击球无法移动到位时则采用反手击高远球。首先要判断来球的方向和落点，迅速移动到位，右脚前交叉跨到左侧底线附近，背对网，重心移至右脚上，使球处于右肩的前上方。肘部上抬略高于肩，拍面朝上。击球时，以肘关节为支点，前臂带动手腕，通过手腕的抖动和拇指的侧压，自下而上甩臂将球击出。同时左脚支撑右脚蹬跨回收，使整个击球动作协调自然。击球后，顺势转体面向球网，迅速返回中心位置，准备还击(图 6-19)。

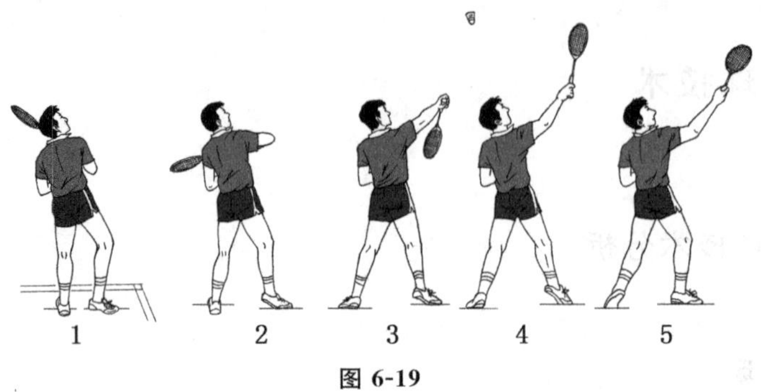

图 6-19

2. 后场吊球

吊球是从后场将球回击到对方网前区域(前发球线附近与球网之间)紧靠边线两角的近网小球,球的飞行弧度以过网后迅速下落为宜。吊球技术主要有正手、反手两种手法。

(1)正手吊球

击球准备和前期动作同正手高球。只是击球时拍面稍向内倾斜,手腕做快速切削下压动作,击球托的后部和侧后部。若吊斜线球,则球拍切削球托右侧并向左下方发力;若吊直线球,则拍面正对前方向下方切削(图 6-20)。

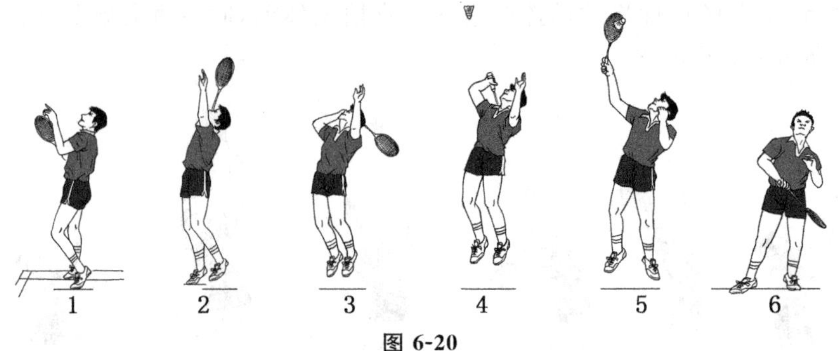

图 6-20

(2)反手吊球

用反手握拍以反拍面在后场击吊球为反手击网前吊球。反手吊球的准备动作同反手击高球,只是击球时握拍的方法、拍面的掌握和力量的运用有所区别。吊直线球时,用球拍反面切削球托的后中部将球击出,落点在对方右场区前发球线附近;吊斜线球时,用球拍反面切削球托的左侧部将球击出,落点在对方左场区前的发球线附近(图 6-21)。

3. 后场杀球

杀球是在后场或中场争取尽量高的击球点,并全力将球由高点向下往对方中后场区扣压下去的一种技术。杀球时击球力量最大、速度最快,在比赛中通常是进攻直接得分的重要手段。

后场杀球技术主要有后场正手杀球和反手杀球两种击球方法。根据杀球力量的不同可分为重杀和点杀,根据出球距离和落点的不同可分为长杀(落点在双打后发球线附近)和短杀(落

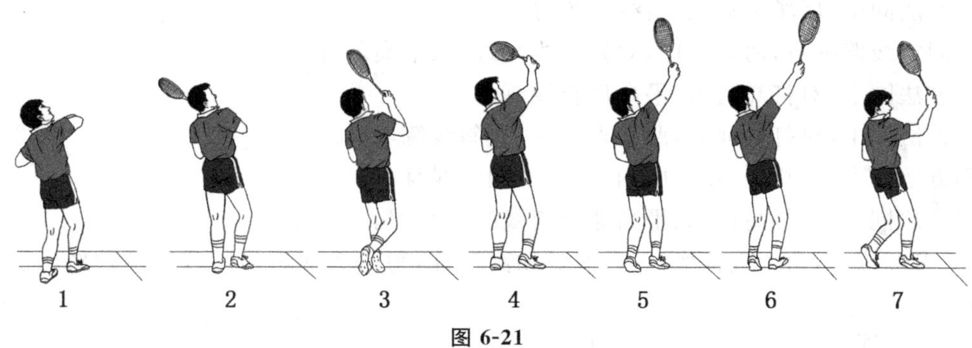

图 6-21

点在中场附近)，以及利用时间差而采用的突击杀等多种杀球。

(1)后场正手杀球技术

准备姿势和动作要领同正手击高球，不同的是击球点的位置和最后用力的方向。首先要移动到位，侧身屈膝重心下降，准备起跳。起跳时，右肩上提，球拍上举。起跳后，右上臂经右后上摆，身体后仰成反弓形在空中收腹用力，前臂全速往前上挥动，手腕充分后伸。击球时，前臂内旋，手腕快速闪动发力杀球(图 6-22)。击球后，迅速回收球拍，向中心位置回动。

图 6-22

(2)反手扣杀球

反手扣杀球的准备动作与反手击高球相同，只是击球点较高远球靠前，力量较高远球大，击球时拍面的仰角较高远球小。击球前的挥拍用力要大，跳起后身体反弓加上手臂、手腕的延伸、外展的鞭打用力，可向对方的直或对角线的下方用力，击球瞬间球拍与扣杀球方向的水平夹角应小于 90°。为了获得最大的击球力量，击球要靠左脚的蹬力和腰腹力、肩力以及上臂带动前臂由外旋至内旋快速闪动，屈指发力用反拍的正拍面击球托的后部。击球瞬间拍面向正前下方压为反手杀直球，击球拍面向斜前下方压则是反手杀斜线球。

(二)后场击球技术训练

(1)徒手模仿高远球及平高球、吊球、杀球技术挥拍动作。

(2)多球练习。两个学练者合作，一人发后场高远球，另一人回击后场高远球及直线、斜线平高球练习。轮换进行练习。

(3)方法同上，后场吊直线、斜线，突出吊球练习。

(4)方法同上，后场杀直线、斜线球练习。

(5)固定线路练习，两人一球，对打直线高远球、平高球练习。

(6)方法同上，对打高远球、平高球斜线练习。

(7)方法同上，对打高远球，两拍直线，一拍斜线练习。

(8)方法同上，对打平高球，两拍直线，一拍斜线练习。

(9)方法同上，对打高远球、平高球直斜线综合练习。

(10)多球练习，两个人合作，一人发后场高远球，另一人回击吊斜线网前球练习。轮换进行练习。

(11)方法同上，后场吊直线球练习。

(12)方法同上，后场吊斜线球练习。

(13)方法同上，后场快吊直线、斜线球练习。

(14)两人一球，一人吊球(直、斜线)，另一人挑后场高远球多拍往返练习。轮换进行练习。

(15)多球练习，两人一组，一人发中后场高球，另一人扣杀球直线练习。交换进行练习。

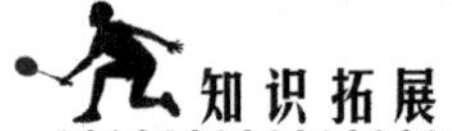

知识拓展

羽毛球的击球线路

羽毛球运动员击球线路非常复杂繁多，以运动员右手持拍为例，常见的有3条基本线路。直线击球：从自己的右方打球到对方的左方(球运行线路与边线平行)。对角线击球：打球到对方的右方(球运行线路与边线有较大的角度)。中路击球：打球到对方的中线(球运行线路与边线有较小的角度)。这3条线路是羽毛球运动中常见的基本线路，在反手击球中也同样适用。

第七章　羽毛球运动的基本战术

学海导航

目前，世界羽毛球运动正朝着“快速、全面、进攻、多拍”的方向发展，为了提高羽毛球技术水平，除了在身体素质、心理素质、智力、技术等方面加强训练外，在战术方面也应得到加强。本章重点对羽毛球运动的基本战术进行介绍，包括羽毛球战术基本理论、单打战术、双打战术等内容。通过本章的学习，读者应了解羽毛球战术基本知识，提高自身的战术素养，并能够在实战中进行运用。

第一节　羽毛球战术基本理论

一、羽毛球战术概念

（一）羽毛球的战术

羽毛球战术，是指运动员在比赛中为表现出高超的竞技水平和战胜对手而采取的计谋和行动。

（二）战术与技术、身体素质、心理素质的关系

技术、身体素质、心理素质和战术之间是互相联系、互相依存、互相制约的辩证关系。技术、身体素质是战术的物质基础，心理素质是战术的思想保证。比赛中，技术、身体素质、心理素质总是在具体的战术配合、战术行动中体现出来的，并及时充分发挥和良好运用。但是，先进的战术可以反过来积极地促进技术、身体素质、心理素质的提高和发展。

(三)比赛中如何选择最佳战术

选择战术首先不能脱离自己的实际情况,要根据自身的技术水平、打法、战术特点、身体素质、心理素质等情况以及对方的情况,在击球一瞬间根据双方的情况做出对自己有利的回击球路。只能按书本上的知识或图表打球的人不是聪明人,聪明的人会利用自己的优点去攻击对方的弱点,即"以己之长,克敌之短"或"以己之短,克敌之劣",这是最正确的、最佳的战术选择。

二、羽毛球战术指导思想

羽毛球的战术指导思想是全面贯彻快、狠、准、活的技术风格和以我为主、以快为主、以攻为主、积极主动的打法。

快:判断快,反应快,起动快,回动快,步法移动快,抢位快,击球点高,完成击球动作快,实击动作快,守中反攻快。

狠:进攻凌厉,球路变化多,落点刁,抓住有利战机突击,连续进攻或一拍解决战斗。

准:在快速多变中战机抓得准,落点准,掌握技术准确并运用自如。

活:握拍活,站位活,步法活,进攻点多,战术变化活。

以我为主:不受对方影响,积极施展自己的特长技术和打法;避开对方的进攻锋芒,压制对方技术发挥;战术多变,掌握场上的主动权。

以快为主:抢时间,争速度,抓住有利时机,速战速决。但根据战术变化需要,也可适当放慢速度,比赛中快、慢节奏变化是为了使快速进攻收到更好的效果。

以攻为主:进攻是得分的最好手段,任何时候都要把进攻放在第一位。但羽毛球的比赛双方都力争主动进攻,攻守转换是经常出现的,因此又要求运动员能攻善守,强调在防守时仍要以各种球路变化积极转守为攻。

三、运用战术的原则、要求

(一)运动战术的原则

1. 牢固地依靠技术基础

技术是战术的基础。技术越高越全面,就越能更好地完成战术的要求。只有技术全面,战术才能多样化,战术的变化和发展又可以促进技术不断地改进和提高。二者密切相关又相互促进。

2. 明确目的

制定战术要有明确的目的性，运用战术时要做到有的放矢，扬己之长，攻彼之短，抓住中心，控制全局。

3. 坚定战术意识

战术意识是指运动员在发挥技术的过程中支配自己并带有一定战术目的的心理活动，也是运动员在比赛中有效地运用技术和实现战术时所具有的经验、才能和智慧。在羽毛球比赛中，战机稍纵即逝，对每一个球的处理都既要快又要有的放矢。如何在快速来回击球的过程中正确估计形势，进攻凶狠，时间抓得准，防守调整也主动及时，所选用的手段恰当有效，是战术意识的基础。培养战术意识需要掌握羽毛球各种技术、战术的一般规律，需要在平时有目的地进行系统训练，在比赛中积累经验，再在实战中运用，这样不断地总结、提高，使自己对场上的情况具有敏锐的观察能力和迅速做出反应的能力。

4. 战术要配套灵活

战术的运用要配套，战术的套路要娴熟，并结合自己的打法和特长运用。要善于根据临场变化，因人而异，因情势而异，调整运用战术。每个战术都应进行扎实的训练，成龙配套，善始善终。

无论是进攻或防守战术，都应力求灵活善变，切忌死板教条。运动员要善于根据战局的变化，分析对方心理，及时决定对策，随机应变，灵活运用和变换各种攻防战术，真假虚实交替变换，使对手防不胜防。

（二）运用战术的要求

在羽毛球比赛中运用战术要达到以下几个目的。

1. 调动对方位置

对方正常站位处在场区的中心位置，可全面地照顾各个角落，要使对方击球比较困难。如果能运用自己的战术把对方调离中心位置，他的场区就会出现空当，而这个空当就成了己方进攻的目标。

2. 争取主动，控制对方

以发球、平高球、劈杀或网前搓球等技术争取主动，造成对方击球困难，迫使对方击球质量差，高球回不到底线，这样可增加自己大力扣杀和网前扑杀的进攻威力，给对方以致命的一击。

3. 使对方重心失去控制

在网前球或后场球处理时，利用重复或假动作打乱对方步法，使对方身体重心失去控制，来不及还击或延误击球时间，导致回球质量差，处于被动。

4. 扬长避短

在羽毛球比赛中应及时发现对方弱点，制定战术，做到攻其不备，扬长避短，全面控制场上局面。

5. 消耗对方体力

控制球的落点，最大限度地利用整个场地把球击到场区的四个角或离对手最远的地方，尽量使对手在每一次回球时都跑动较大，致使体力消耗。当对手体力不支时，再进取。当然，自己要会节省体力。在单打比赛中，一次"拉锯"战有时要来回击球几十次之多，有时一局比赛要持续半个多小时。在使对手满场奔跑的同时，自己也处于同对手一样的兴奋状态，所以要尽量使自己的动作放松，步法移动少，学会节省体力，以准备最后一搏。

四、羽毛球主要的战术打法

中国式的战术打法：这种打法最全面，既是持久战术，消耗对方的体力，同时又可发挥猛攻快打的特点。它要求运动员机灵、耐久、准确、情绪稳定，打击对方的弱点。从理论上来讲，这种打法最好。但是，要完全做到很不容易，至少要有一定的天赋和熟练的技能。因此，这种羽毛球战术在实践过程中有着很高的要求。

印尼式的战术打法：这种打法追求高超的技术，看准了就猛杀，不愿消耗体力，因此，一旦输了情绪就开始波动，一败涂地。另外，要有这样的高超技术，不是一般人所能做到的。所以印尼羽毛球运动员的失利往往是由于体力不支造成的。许多地方都采用印尼式的战术打法，如马来西亚、新加坡、泰国等。

欧洲战术打法：这种打法是靠体力而忽略技术。凭着猛打猛冲的牛劲，容易被对方牵着鼻子走。丹麦、瑞典、英国、荷兰、加拿大、澳大利亚、德国的羽坛健儿往往因缺乏高超的技术而失利。

知识拓展

中国优秀羽毛球运动员——谌龙

谌龙，湖北荆州人，中国羽毛球队主力队员。2000 年进入厦门队，2006 年 6 月 9 日进入国家队二队，2007 年世界青年锦标赛获得男单冠军。优异的表现使他被看作林丹的接班人。

2011 年 10 月 23 日，在世界羽联超级系列赛丹麦公开赛男单决赛中，谌龙发挥出色，以 2 比 0 战胜李宗伟，连续两站决赛击败马来西亚选手问鼎男单冠军，这也是他连续第三站夺取冠军。2012 年伦敦奥运会谌龙获得男单季军，同年他获得世界羽联超级系列赛总决赛男单冠军，2013 年则是苏迪曼杯团体世界冠军主力成员。北京时间 2014 年 9 月 1 日，在丹麦哥本哈根世锦赛决赛上，谌龙以稳定的发挥与较好的心理素质，击败头号种子李宗伟，获得职业生涯第一个单项世界冠军。

第二节　单打战术

一、发球抢攻战术

发球是羽毛球每一个回合的开始，不受对方限制，只要是在规则允许的范围内，发球者可以根据比赛时对手的站位、回球的习惯路线、反击能力等方面的因素，进行变化多端的发球，将球以任何弧度、任意线路发至对方场地的任何一点。这常常会打乱对方预先安排的战略部署，从而起到掌握主动的作用。因此，发球在比赛中起着重要的作用。

球发出后的落点区域如图 7-1 所示。

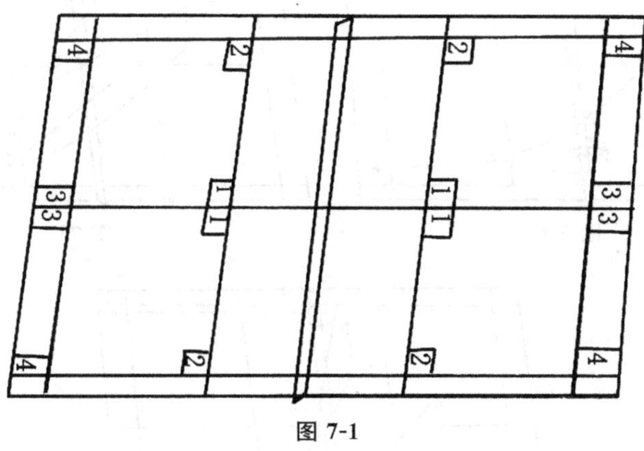

图 7-1

(一)发前场区球抢攻战术

发前场区球的目的是减少对方将球下压的机会，限制对方接发球发起进攻，同时也为己方抢攻创造机会。

发前场区球时，可发 1 号区球、2 号区球、1 号和 2 号区之间球及追身球等。一般发 1 号和

2 号区之间球及追身球可减少发球失误。根据对方的回球落点及质量，可采用推球、搓球、扑球、勾对角线球甚至杀球等多种击球技术进行还击。图 7-2 至图 7-8 所示为己方发前场区球落点、对方回球线路、落点及己方回球线路。

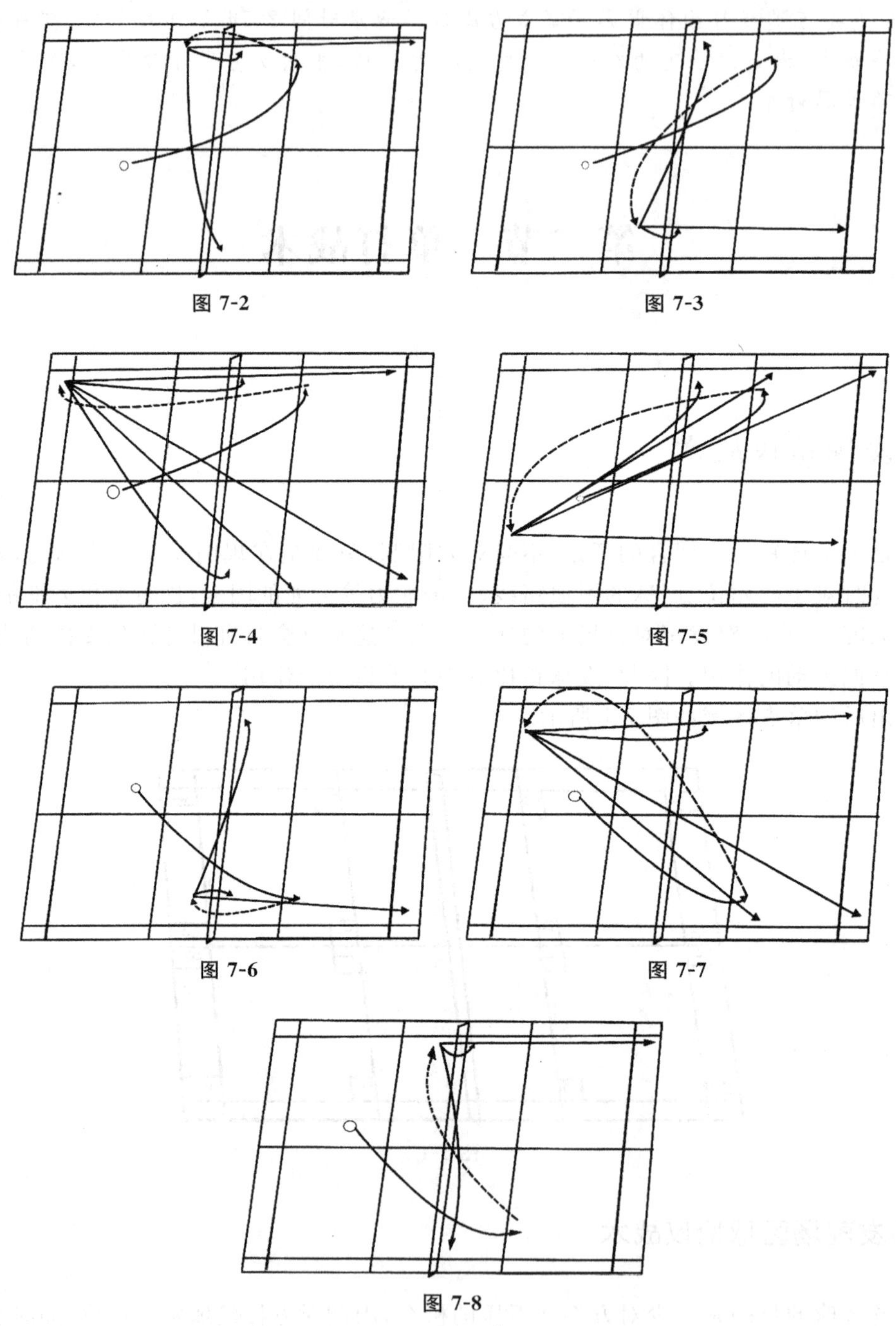

图 7-2

图 7-3

图 7-4

图 7-5

图 7-6

图 7-7

图 7-8

(二)发平高球抢攻战术

发平高球的落点一般选择在3号区、4号区及3号区和4号区之间这3处。

由于平高球飞行速度快,对手必须快速退至后场击球,这就会使其接发球受到干扰,从而影响回球质量,为己方创造进攻机会。但发平高球时应注意球的飞行弧度,以能高过对方跳起击球的高度为准。

发平高球后,根据对手回球所采用的击球技术、回球线路、回球力量、回球落点等,己方可采用挡球、抽球、勾球等击球技术进行回击。图7-9至图7-15所示为己方发平高球落点、对方回球线路、落点及己方回球线路。

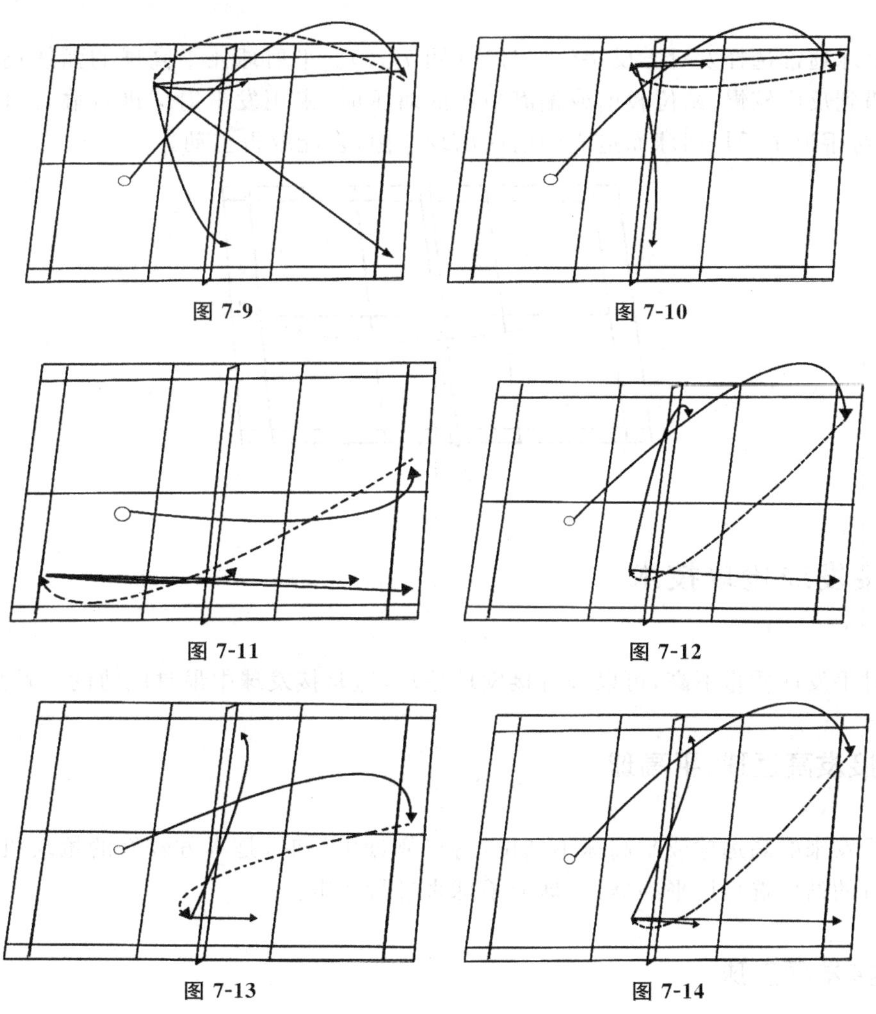

图 7-9　图 7-10

图 7-11　图 7-12

图 7-13　图 7-14

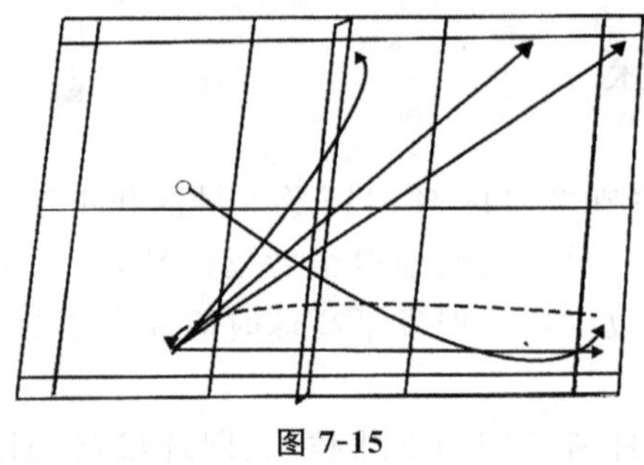

图 7-15

(三)发平射球抢攻战术

发平射球通常选择发对方反手位 3 号区(图 7-16)。平射球比平高球的弧线还要低、速度还要快。遇到反应较慢、站位较前或偏离中线的对手时,采用发平射球进行偷袭,使对手被动回球,或逼对手退至后场回球而造成网前区出现空隙,多能取得主动。

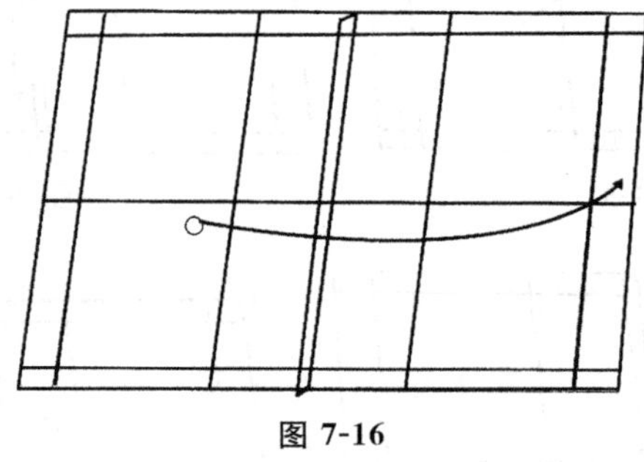

图 7-16

二、接发球抢攻技术

如果对手发球质量不高,可以进行接发球抢攻,这是接发球中最具威胁的一种战术。

(一)接发高远球、平高球

当对手发来的高远球或平高球不到位,落点靠近中场时,是本方较好的抢攻机会,可根据对手发球后的站位选择用平高球、吊球或杀球来进行还击。

(二)接发网前球

接对手发来的网前球时,击球点应尽可能高,可用推球、放网前球或挑高球还击。如果对手发球过网较高,可直接抢先上网扑杀。

(三)接发平射球

接对手发来平射球时,可采用快杀对手空当或追身球还击,也可借助对手发来的平射球的力量拦吊对角网前。

三、连续使用单个击球技术的进攻战术

比赛中常常会连续使用某一个击球技术来进行进攻,以使对手回球出现失误或回球质量不高,从而得到进攻的机会。

(一)同一后场区连续使用平高球的进攻战术

对一个底线击球技术差、回动上网快、侧身后退步法差的对手,采用对同一场区进行连续数拍的平高球进攻战术,往往会令对手失误得分,或迫使对手回出中场高球,而己方就有一拍制胜的机会。图 7-17 至图 7-25 均为同一后场区连续使用平高球的进攻战术。

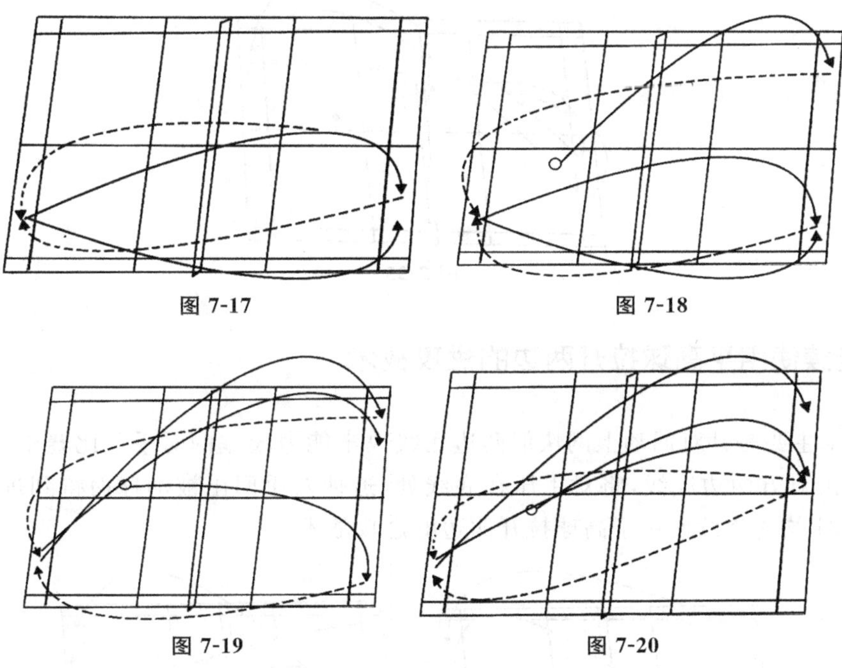

图 7-17　　图 7-18

图 7-19　　图 7-20

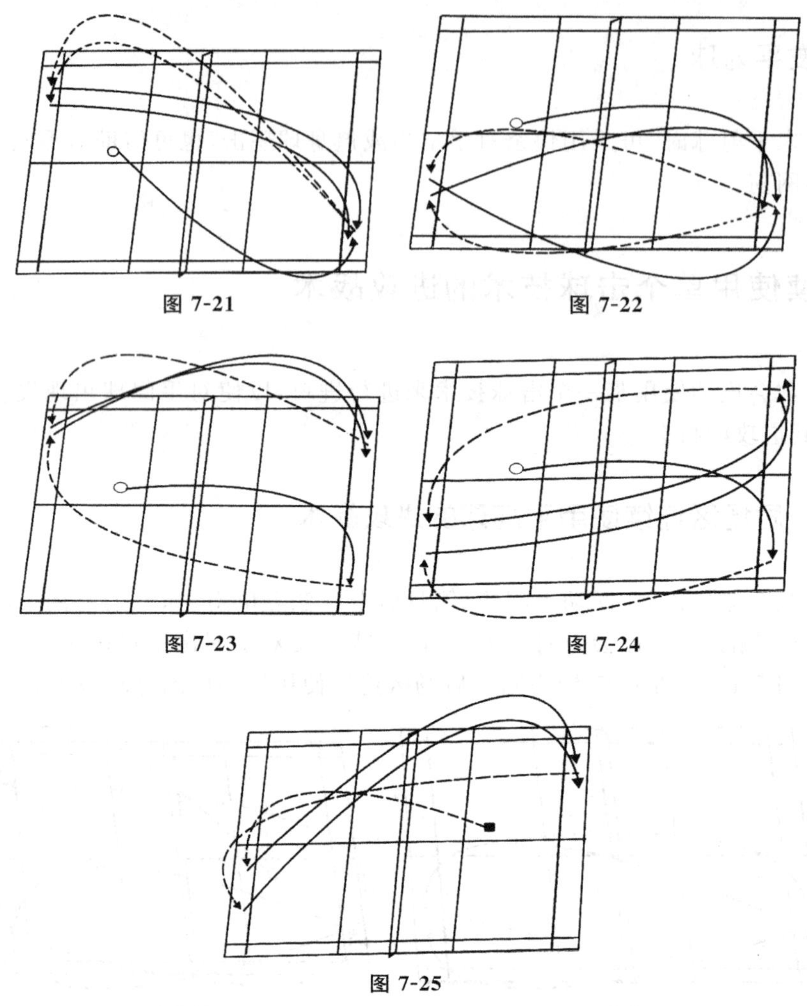

图 7-21　　图 7-22

图 7-23　　图 7-24

图 7-25

(二)连续使用平高球拉开两边的进攻战术

这种战术主要是针对回动上网快但两边底线攻击能力较差的对手。比赛中,己方连续使用平高球攻击对方两边底线,将对手压在底线处,迫使对手回出被动球而得到进攻机会。图7-26至图7-31均为连续使用平高球拉开两边的进攻战术。

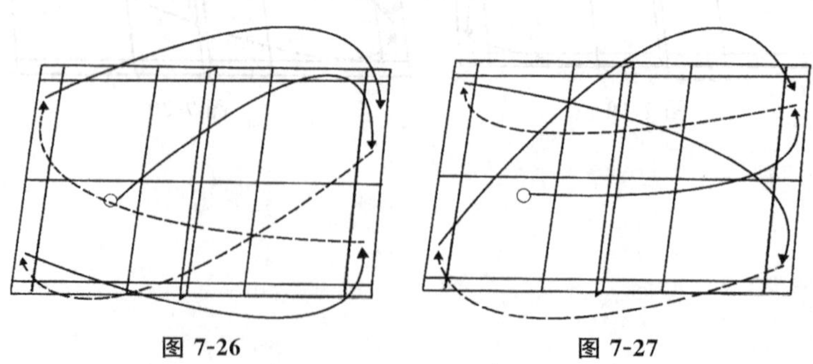

图 7-26　　图 7-27

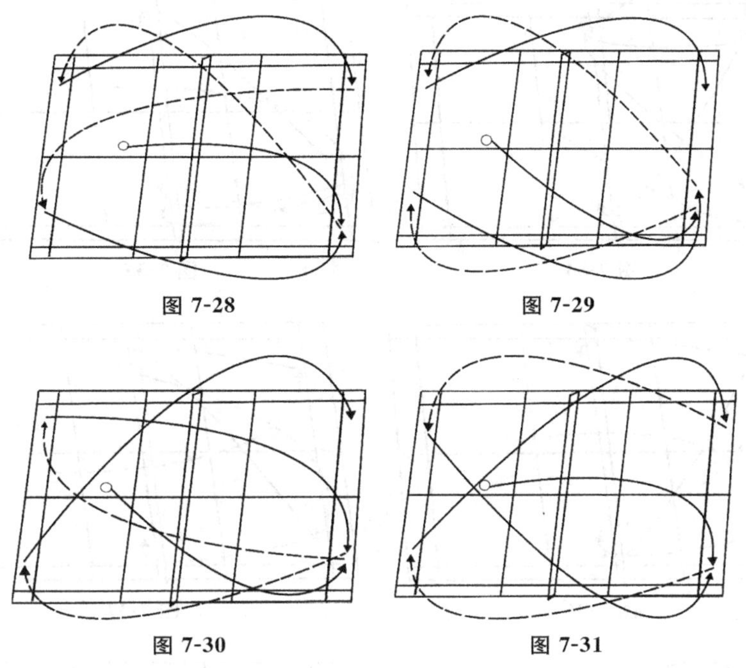

图 7-28　　图 7-29

图 7-30　　图 7-31

(三)连续使用吊球的进攻战术

如果对手上网步法差或回击底线球不到位,己方可以连续对对方网前的两边或一点使用吊球的战术。也可以根据场上情况,慢吊(轻吊、近网吊)与快吊(劈吊)相结合,往往可以获得主动的机会。图 7-32 至图 7-39 均为连续使用吊球的进攻战术(网前一点或两边),图 7-40 为慢吊(轻吊、近网吊)和快吊(劈吊)球的飞行轨迹。

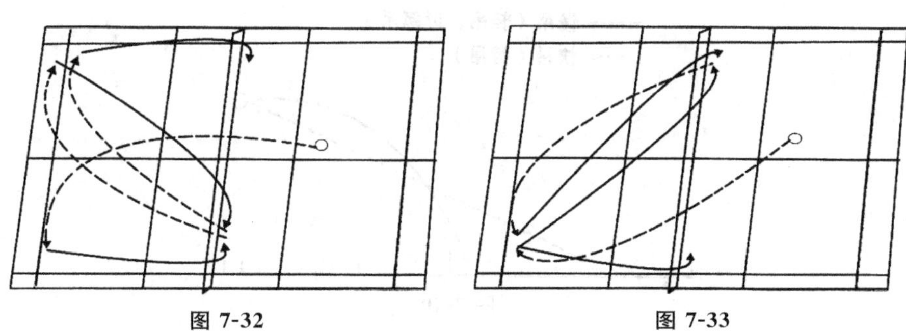

图 7-32　　图 7-33

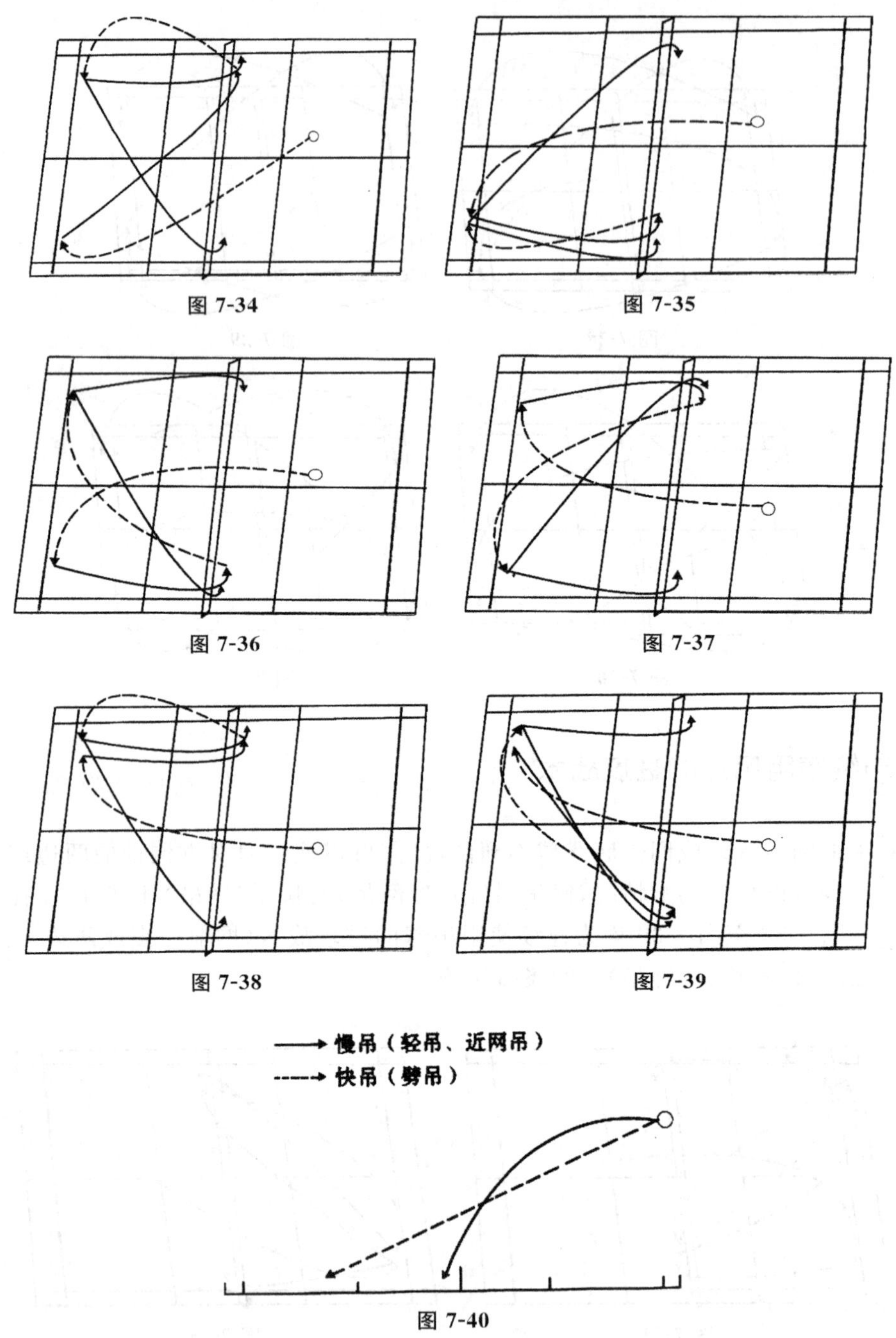

图 7-34　图 7-35

图 7-36　图 7-37

图 7-38　图 7-39

图 7-40

(四)连续使用杀球的进攻战术

当对手在防守中习惯于反拉后场球时,可以采用连续杀球的进攻战术。

杀球进攻过程中,可采用轻杀或短杀、长杀与短杀相结合、重杀与轻杀相结合的方法,反复调动对手，加大其移动的范围，增加其防守的难度，从而寻找到胜机。

(五)连续使用搓球的进攻战术

比赛中，如果对手网前搓球后常常快速回位至中场，己方可采用连续搓球的战术，以打乱对手的快速回位意图，从而获得主动(图 7-41 至图 7-44)。

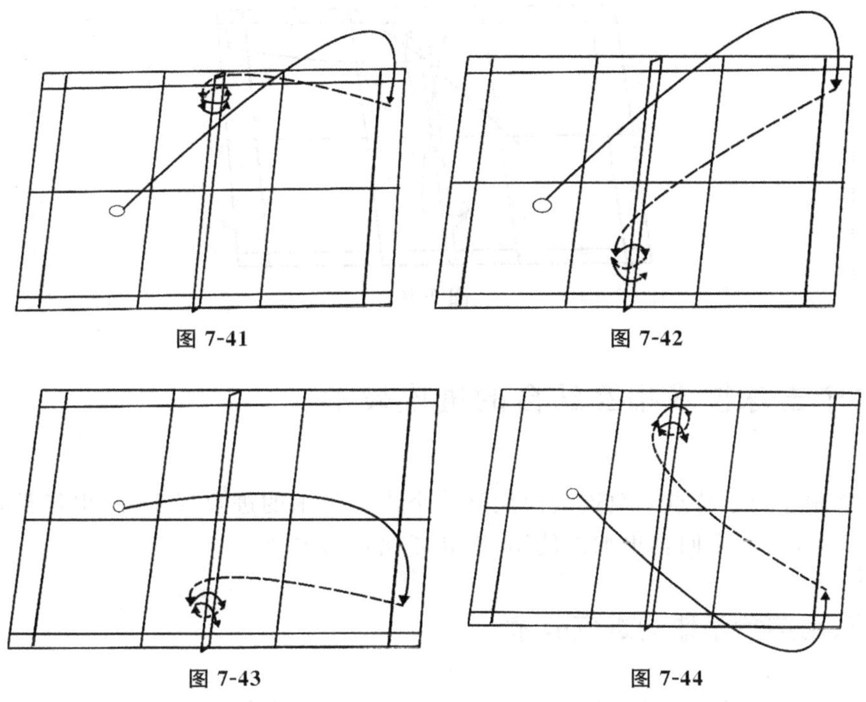

图 7-41　图 7-42

图 7-43　图 7-44

(六)连续使用推球的进攻战术

如果对手网前回球后快速回位至中场，己方可采用连续推直线球的战术以争得主动(图 7-45)。

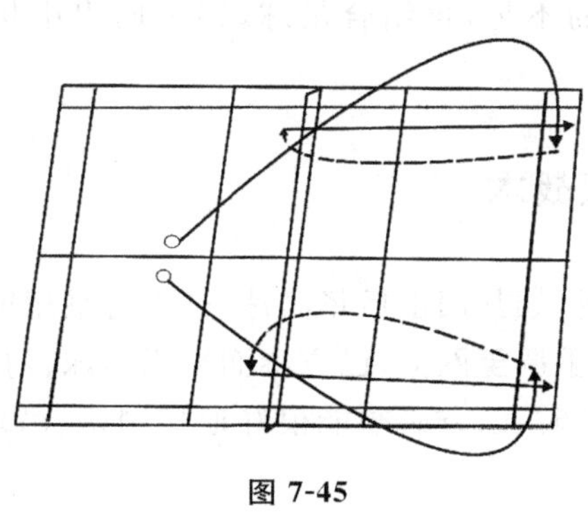

图 7-45

(七)连续使用两边勾对角线球的进攻战术

如果对手网前回搓己方的勾球并后退回位,己方可再次勾出一个对角线球。这种战术对步法移动慢和转身慢的对手会有很好的效果(图 7-46)。

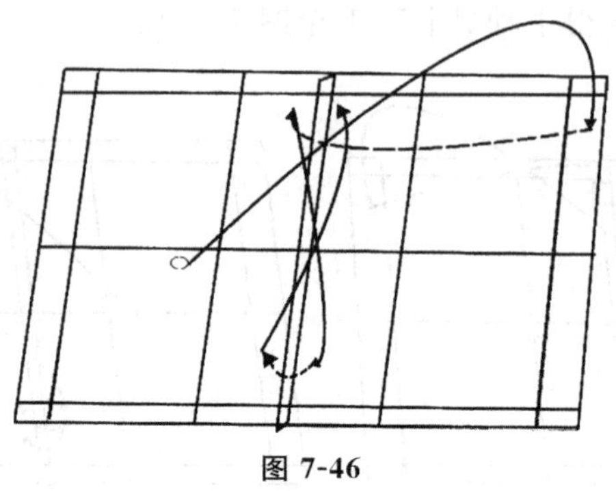

图 7-46

四、单个击球技术相互结合的进攻战术

比赛中除根据对手特点采取连续使用某一个击球技术的进攻战术外,也经常将多个击球技术相互结合,在某一个回合里加以使用,以获得比赛的主动。

(一)拉、吊结合杀球的进攻战术

此战术应根据对手的特点,采用不同的拉、吊方法。对于体力较差的对手,可采用多拍拉后场平高球,结合吊网前两边球,使其不断地在前、后场接球、回位,再接球、再回位,以消耗其体力,最终回出中场或前场高球,使己方得到杀球制胜的机会;对于步伐移动较慢的对手,可采用多拍拉平高球至后场,结合吊前场球的战术,乱其步法,使其回出机会球,使己方得到杀球制胜的机会;如对手反手击球能力差,可采用连续拉球至对手后场反手区,使其使用反手回球,或用头顶击球来弥补反手击球的不足,再结合吊球,逼其回出中场高球,从而找到杀球进攻的机会。

(二)杀、吊上网的进攻战术

对于网前技术较差的对手,如其回击后场高球,己方可采用劈吊、点杀等技术将球下压,落点选择在两个边线附近,将对手调至网前,己方继而采用搓球、勾球和推球来取得主动,创造出中场杀球的机会。采用此战术时,己方必须能很好地控制杀、吊球落点,这样才能使对手被动回球,而使己方迅速主动上网。

五、防守战术

比赛中双方均有攻、守的转换，当己方处于防守时，应采取积极防守的原则，即根据对手进攻特点积极调整战术，变被动为主动，并伺机由守转攻。

(一)回击底线高远球进行防守的战术

比赛中采用多拍将高远球击向对手底线(图 7-47)，以等待对手回出质量不高的球，从而抓住机会，争取到主动权，继而由守转攻。这里需要记住的是，防守时采用的高球是高远球，而非平高球；反之，进攻时采用的高球是平高球，非高远球。

(二)使用网前击球技术进行防守的战术

比赛中准确判断对手进攻中球在网前的落点，防守时采用勾对角网前、结合挡直线网前或挡直线半场球，积极进行防守，伺机寻得由守转攻的机会(图 7-48)。

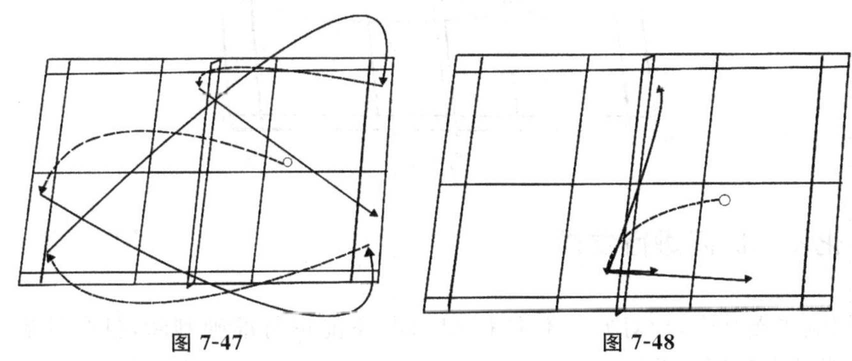

图 7-47　　图 7-48

第二节　双打战术

一、发球战术

双打比赛的发球质量好坏直接关系着场上的局势。因此，应根据对手接发球站位及技术特点应用好发球战术，这对于场上局势的控制具有重要的意义。

(一)根据接发球方站位进行发球

1. 接发球方的站位离后发球线及中线适中

由于双打接发球区比单打缩短了 76 厘米，若发高远球，对方可直接起跳扣杀，因此发球方应以发前场近网 1、2 号区球为主。如果对方以保护后场为主，对前场进行放球、搓球、推球，则可对弧线较高的回球进行第三拍网前扑球、中场及后场跳杀。

2. 接发球方的站位离前发球线近且靠近接发球右区中央

可发后场 3、4 号区平高球，甚至可以发平射球偷袭对手右接发球区 3 号位反手(图 7-49)，以获得第三拍的进攻机会。

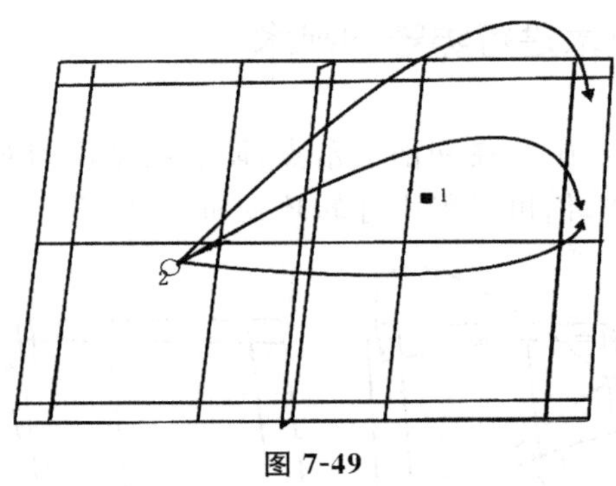

图 7-49

(二)变化发球时间进行发球

发球时间应快慢结合，让对方摸不准击球时间，不能进行准确判断，打乱其启动和回击球的节奏，以利发球方掌握主动。

(三)抓住对手打法上的弱点进行发球

1. 根据对手接发球的弱点进行发球

利用对手在左右场区的某个或某几个区接发球的弱点，有针对性地对这几个区进行发球。

2. 根据对手网前、后场击球能力上的弱点进行发球，打乱其队形

对于网前技术好的对手，发后场球为主，使其进行后场回球。对于后场进攻能力强的对手，以发前场球为主，调其到前场回球，让另一个对手回后场回球，这样可以打乱对手的队形，使其长处得不到发挥(图 7-50)。

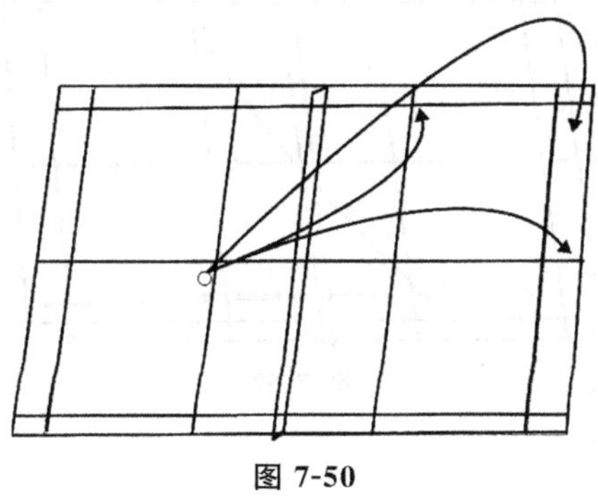

图 7-50

二、接发球战术

接发球于发球来说相对被动，但只要根据对手发球、第三拍回球的质量，以及在前、后场的击球能力和站位，就可以找到变被动为主动的机会。

（一）接发网前球

如果对手发来的网前球弧度较高，可以快速上网将球追身扑向对手（图 7-51）。如果对手前后站位，且发来的网前球弧度控制较好，可以用平高球回击至发球者身后 4 号区，让站位靠后的对手到 4 号区回球，然后再将对手的回球击到底线另一角，调动站位靠后的对手在底线来回移动，扩大其防守范围（图 7-52）。如果对手发 2 号区球，可以用搓球将球回击到该对手侧的边线处，或将球沿边线快速平推至后场或轻推至中场（图 7-53）。

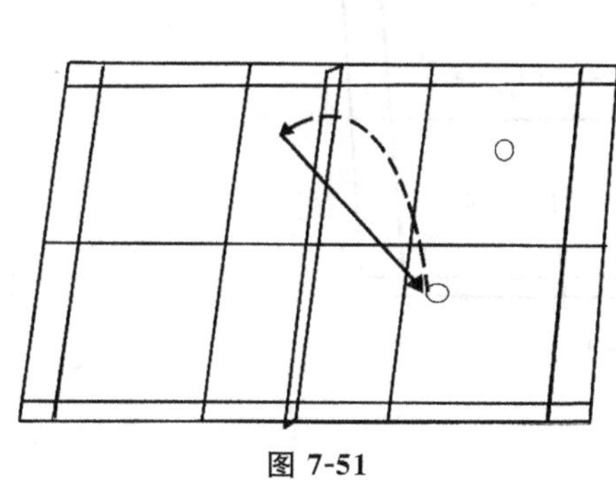

图 7-51

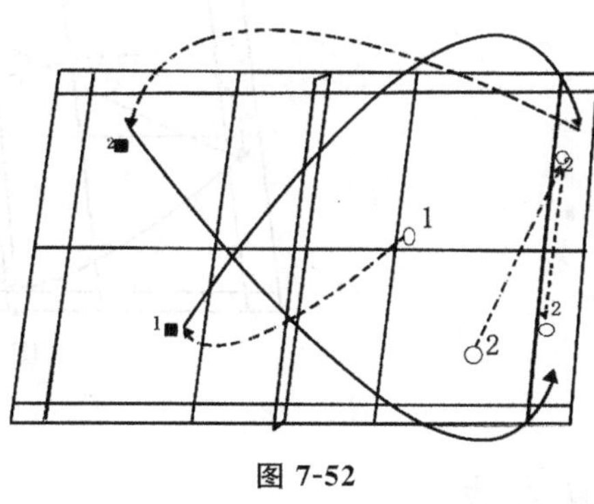

图 7-52

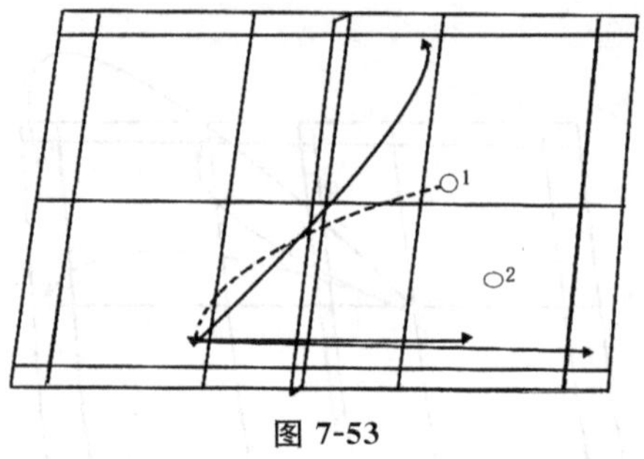

图 7-53

(二)接发后场球

如果对手发来后场球,则应快速启动进行扣杀,可对发球者追身扣杀(图 7-54);如不能快速启动进行扣杀,则应以平高球回击至对方底线两端(图 7-55)。如果发球者发球后后退准备接杀球,则可将球拦吊至网前两角(图 7-56)。

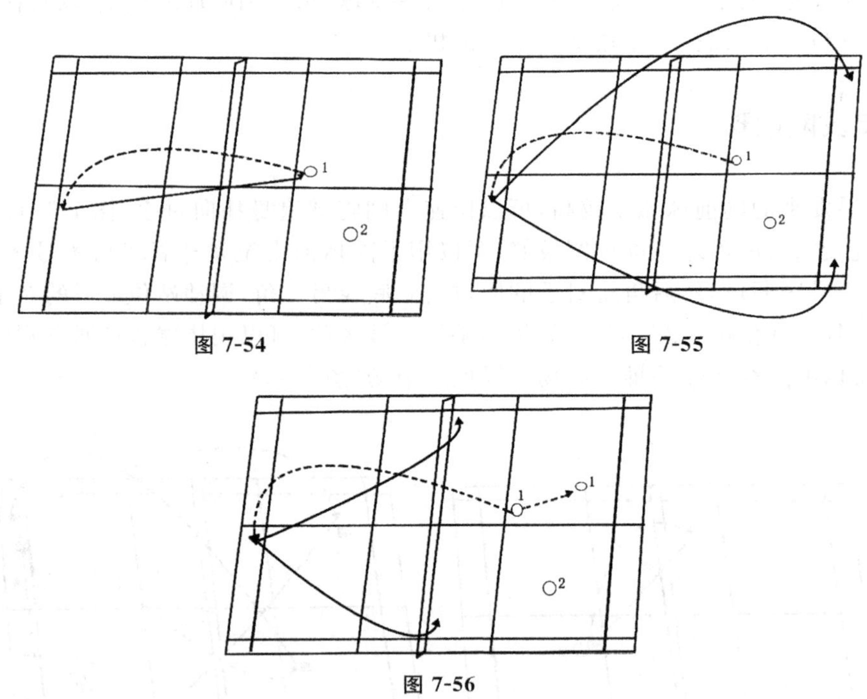

图 7-54 图 7-55

图 7-56

三、攻人战术

如果两名对手技术水平高低不一,则不管对方击球方向和路线,己方无论谁击球,都将球击向能力较弱的这名对手,往往能逼出机会球,这就是攻人战术,是双打中常采用的一种战术。

四、攻区域战术

(一)攻中路战术

进攻中无论守方将球击至何处，进攻方均将球回击至两名对手的中间，造成其抢接球或互相让球，从而采用放球回击，使进攻方有封网的机会(图 7-57)。

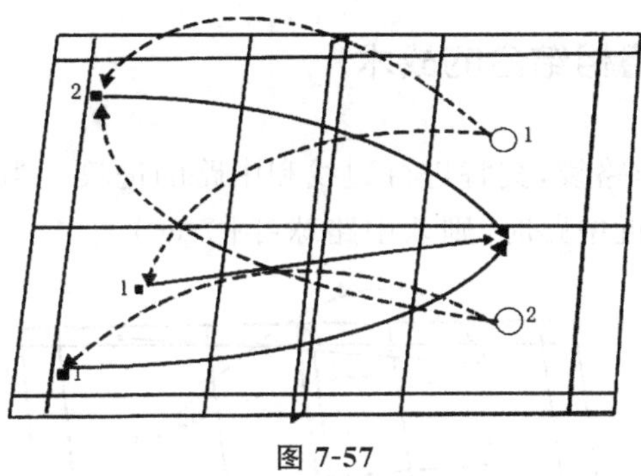

图 7-57

(二)攻边线战术

进攻中将球杀至守方的两边线，为同伴创造封网机会(图 7-58)。

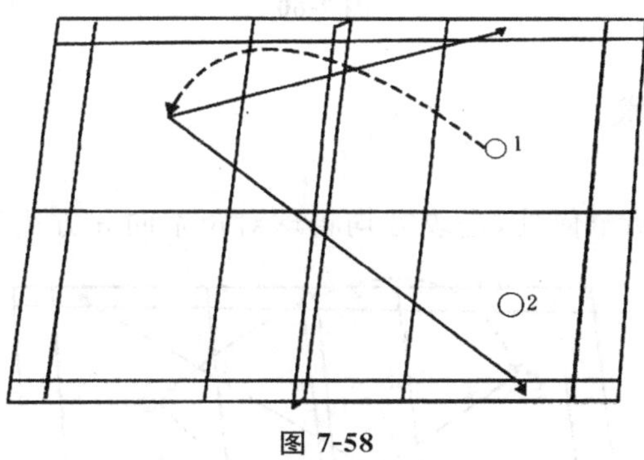

图 7-58

(三)攻身体两侧战术

这是在进攻中将球交叉杀向一名对手身体两侧的战术。可以对其中一名对手的身体两侧进行交叉杀球，也可以根据对手回球转而对另一名对手身体两侧进行交叉杀球(图 7-59)。

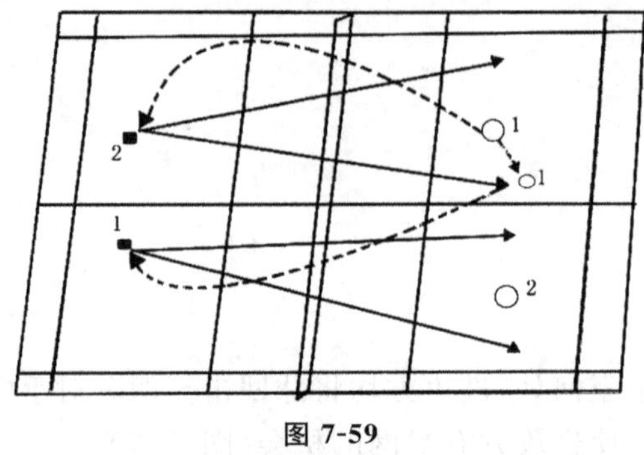

图 7-59

(四)攻边线和攻中路相结合的战术

进攻中可根据守方回球路线,交替进行边线和中路的进攻。当守方回球靠近边线时,沿边线直线杀球;当守方回球靠近中路时,则杀中路球(图 7-60)。

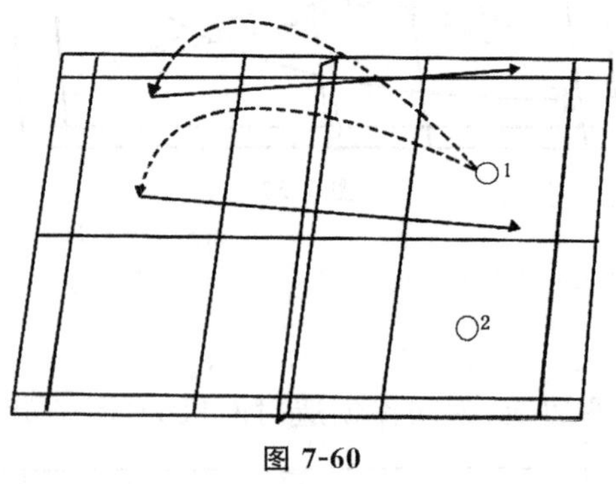

图 7-60

(五)对角攻边线战术

进攻中无论守方将球回至何处,进攻方均将球对角杀向守方边线(图 7-61)。

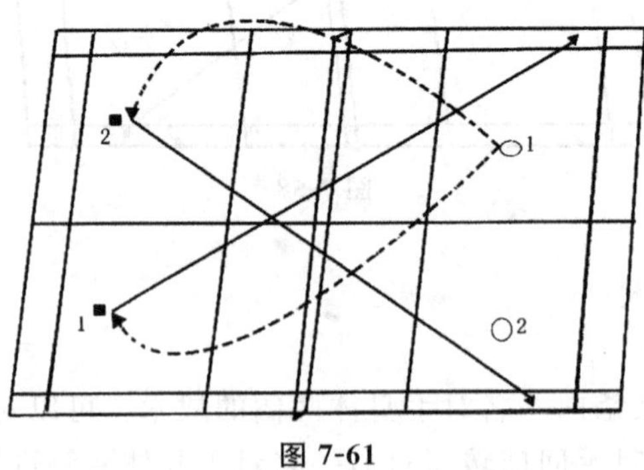

图 7-61

(六)攻对角和攻直线相结合的战术

进攻中可以采用对守方边线交替进行对角和直线进攻的战术(图 7-62)。

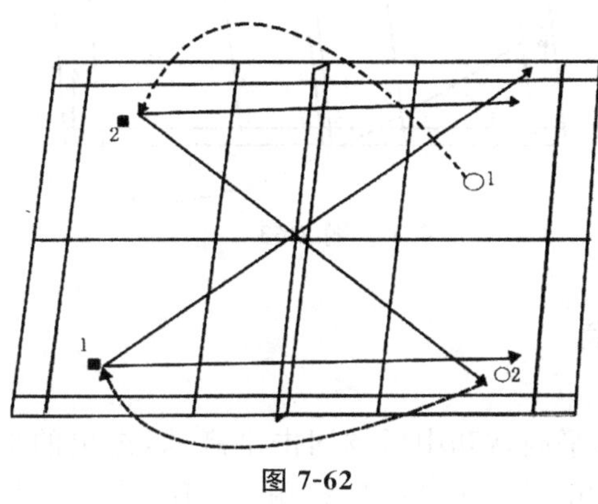

图 7-62

五、前封后攻战术

进攻方在进攻中将后场攻击能力强的队员放在后场,将网前能力强的另一名队员放在前场,后场队员可以连续杀球进攻。守方若回球至前场,前场队员可用搓球、勾球、推球、扑球封住网前,或用拦吊、点杀控制前场。

六、防守战术

在被动情况下不能一味地消极防守,而应进行积极的防守,寻找由守转攻的机会。

(一)高远球防守战术

高远球防守包括网前挑高远球和后场击高远球,是防守中常用到的技术,目的是使对方的进攻速度减慢,并且回到后场底线进攻,从而降低对方的进攻力量,以利己方进行守中反攻。网前挑高远球是防守较为被动时使用的技术,要求回出的高远球弧线高,这样可使球垂直落在底线附近,后场回击出的高远球也要求弧线高,落点在底线附近(图 7-63)。

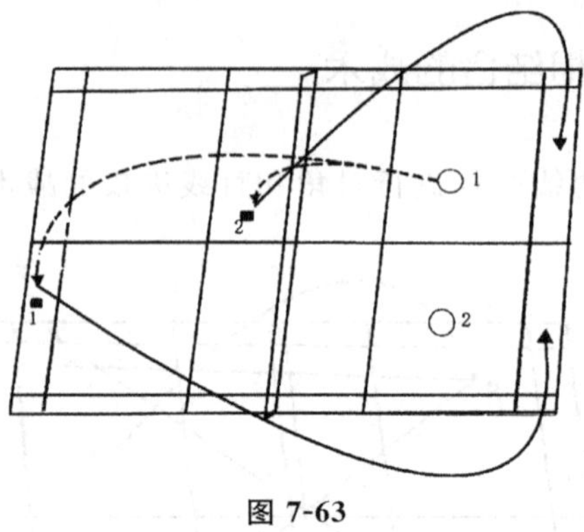

图 7-63

(二)平高球防守战术

平高球防守包括网前挑平高球和中后场回击平高球，击出的平高球以对手不能触球的高度为宜，落点在对方后场两角(图 7-64)或底线附近(图 7-65)。由于平高球较之高远球速度快，对手必须快速移动回球，否则其无法进行连续进攻，这也就意味着己方可以找寻到守中反攻的机会。

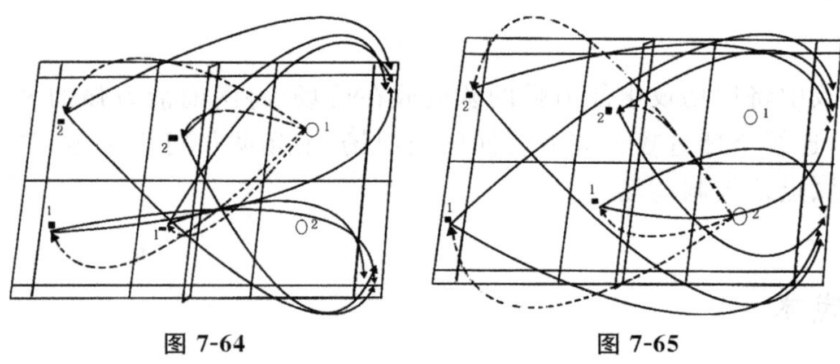

图 7-64　　图 7-65

(三)抽、挡防守战术

当对方连续杀球时，可根据来球的线路及落点，采用抽、挡回球(图 7-66 至图 7-68)。抽、挡回击的球只要求平、快，落点可以不要求到底线，是一种防守反击的打法。

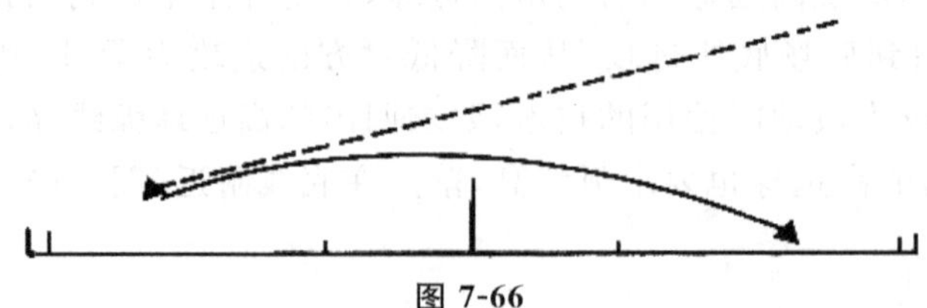

图 7-66

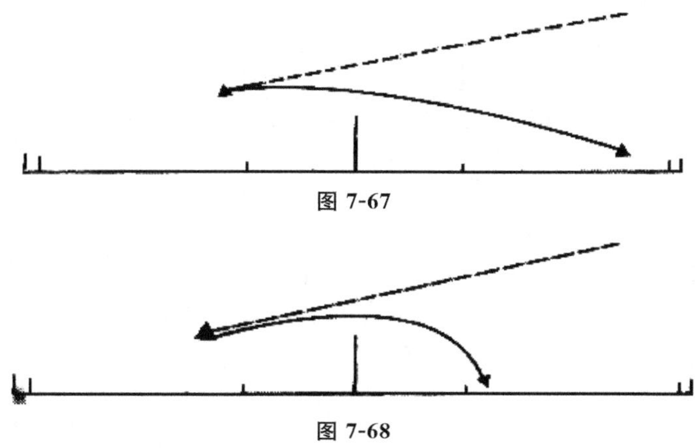

图 7-67

图 7-68

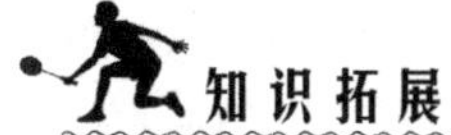

知识拓展

羽毛球不同球路的防守技巧

(1)若对方攻球后站位于同一半场区,则将球回击至进攻方的另一半场区前场或后场边线处。若对方网前队员回后场击球或助攻,而后场队员仍留在后场,可将球回击至网前或中路。

(2)若对方为前后对角站位进攻,则可将球回至后场杀球者的网前,或将球回击至网前对手的后场。

(3)对方杀来直线球时,回击对角球;对方杀来对角球时,回击直线球,以调动杀球者来回移动。

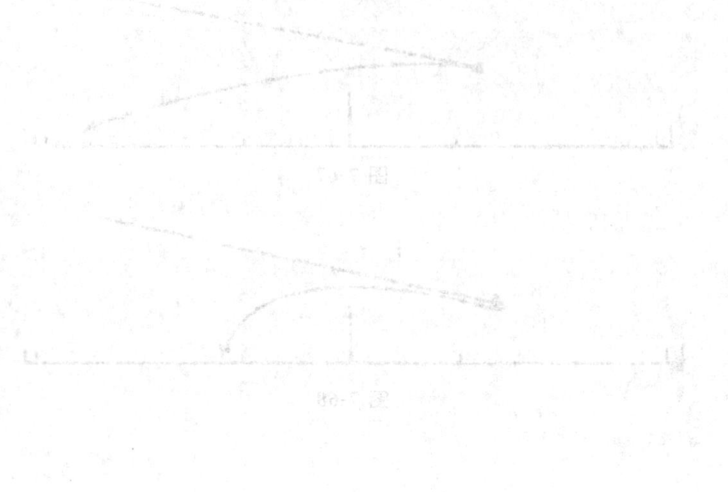

第八章　羽毛球运动的竞赛规则

学海导航

羽毛球运动的竞赛规则是运动员在羽毛球比赛期间必须遵守的具有约束力的基本文件。本章主要对羽毛球运动的竞赛规则进行介绍，涉及羽毛球运动的基本规则和裁判方法。对于读者来说，熟悉羽毛球运动规则不仅能丰富羽毛球运动的知识，还有助于提高羽毛球运动的观赛能力。

第一节　羽毛球运动的基本规则

一、场地和场地设备

(一)场地

国际比赛羽毛球整个场地的净空高度离地面最低为 9 米，在这个高度以内，不得有任何横梁或其他障碍物。球场边界线外，最少需有 2 米空地。任何并列的两个场地之间最少应有 2 米距离。球场四周的墙壁最好为深色，不能有风。

羽毛球的球场呈长方形，球场长度为 1 340 厘米，单打球场宽 518 厘米，双打球场宽 610 厘米。场地上的线宽为 4 厘米，颜色最好是白色、黄色或其他容易辨别的颜色。场地正常球场区的 4 个 4 厘米×4 厘米的标记应画在双方单打右发球区边线内沿，距端线 53 厘米和 99 厘米处。这些标记的宽度均包括在所画的尺寸内，即距端线外沿 53～57 厘米和 95～99 厘米。另外，所有场地线都是它所确定区域的组成部分(图 8-1)。

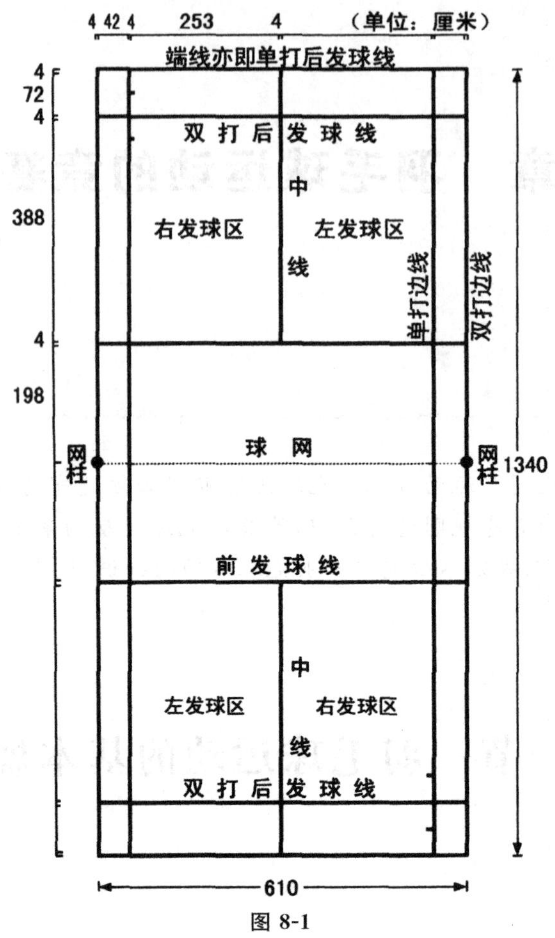

图 8-1

注：双打场地的对角线为 14.723 米，单打场地的对角线为 14.366 米。

(二)网柱

网柱从场地地面起高 1.55 米。当球网被拉紧时，网柱应与地面保持垂直，并使球网保持紧拉状态。网柱应放置在双打的边线上。如不能设置网柱，必须采用其他办法标出边线通过网下的位置。例如，使用细柱或 4 厘米宽的条状物固定在边线上，垂直向上到网顶绳索处。

不论是单打还是双打比赛，网柱都应放置在双打边线上。网柱及其支撑物不得延伸进入除边线外的场区内。

(三)球网

球网应由深色优质的细绳编织而成，网孔为均匀分布的方形，边长为 15～20 毫米。球网上下宽 760 毫米，全长至少为 6.10 米。球网的上沿是用宽 75 毫米的白带对折成的夹层，用绳索或钢丝从中穿过。夹层的上沿必须紧贴绳索或钢丝。绳索或钢丝应牢固地拉紧，并与网柱顶取平。从场地地面起至球网中央顶部应高 1.524 米，双打边线处网高 1.55 米。

球网的两端必须与网柱系紧，它们之间不应有缺缝。

二、比赛器材

(一)羽毛球

羽毛球由16根羽毛固定在球托上。每根羽毛从球托面至羽毛尖的长度统一为62～70毫米。羽毛顶端围成圆形，直径为58～68毫米。羽毛应用线或其他适宜材料扎牢球托底部为球形，直径为25～28毫米，球重4.74～5.50克。

羽毛球用天然材料制成，或用天然材料、人造材料混合制成，也可用非天然的材料制成，但不管是哪一种材料，羽毛球的规格都应符合比赛要求。验球时，站在端线外，用低手向前上方全力击球，球的飞行方向须与边线平行。一个具有正常速度的球应落在离对方端线53～99厘米之间的区域内。

(二)羽毛球拍

1. 球拍构成

球拍长不超过680毫米，宽不超过230毫米，由拍柄、拍弦面、拍头、拍杆以及连接喉这几个部分构成(图8-2)。其中，拍柄是击球者通常握拍的部分；拍弦面是击球者通常用于击球的部分；拍头界定了拍弦面的范围；拍杆连接拍柄与拍头；连接喉(如有)连接拍杆与拍头。

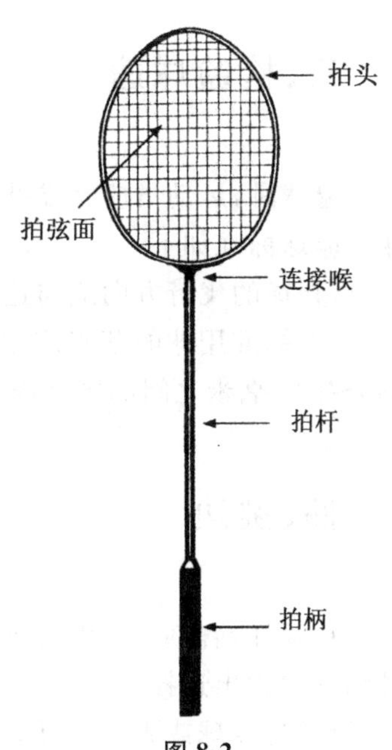

图 8-2

2. 拍弦面

羽毛球球拍的拍弦面应是平的，用拍弦穿过拍头十字交叉或其他形式编织而成。编织的式样应保持一致。拍弦面中央的编织密度不得小于其他部分。

羽毛球球拍的弦面长不超过280毫米，宽不超过220毫米。拍弦可延伸进连接喉区域。伸入拍弦区域的宽不得超过35毫米，包括拍弦伸入区在内的拍弦面总长不得超过330毫米。

3. 球拍

拍框为椭圆形，长25～25.5厘米，宽20～20.5厘米，拍柄长39.5～40厘米，球拍总长度不超过68厘米。球拍重量为95～120克(不包括穿弦后的重量)。拍面应是平的,用拍弦穿过框架十字交叉或其他形式纺织而成。纺织的式样应保持一致,尤其是拍面中央的纺织密度不得小于其他部分。

球拍不允许有附加物和突出部,除非是为了防止磨损、断裂、振动或调整重心的附加物,或预防球拍脱手而将拍柄系在手上的绳索,但其尺寸和位置必须合理,且球拍上不允许附加任何可能从本质上改变球拍形式的装置。

羽毛球拍常见标识的含义

Long——加长型,比普通羽拍长 10 毫米,有助于球员扩大其接回球范围,增强攻击性,发出刁钻短球,击出强而有力的高角度杀球。

Power——加力型,采用强化攻击力概念(SPT)而设计,球拍顶部较重,能以更小的力量击出高攻击力回球。

Light——轻型拍,使用轻型设计的球拍,比使用传统球拍的挥拍速度更快,但力量较弱,更适用于防守。

Slim——拍框只有 9 毫米宽,能减低 10% 的风阻及增加 5% 的击球速度。

Tour——巡回赛用拍,比同型号的羽拍材料工艺更好,性能更佳。

VF——"vari-frame",可变截面拍框,拍框顶部采用破风式(AR)设计,减小了空气阻力,提高了击球力;拍框底部采用箱形(CAB)设计,减小了击球扭矩,增强了控制性。

三、检验球速

验球时,运动员应在端线外用低手向前上方全力击球。验球标准如下。

(1)球的飞行方向应与边线平行。

(2)标准用球的落点应落在场内距离对方端线外沿 530～990 毫米之间的区域内(图 8-3)。

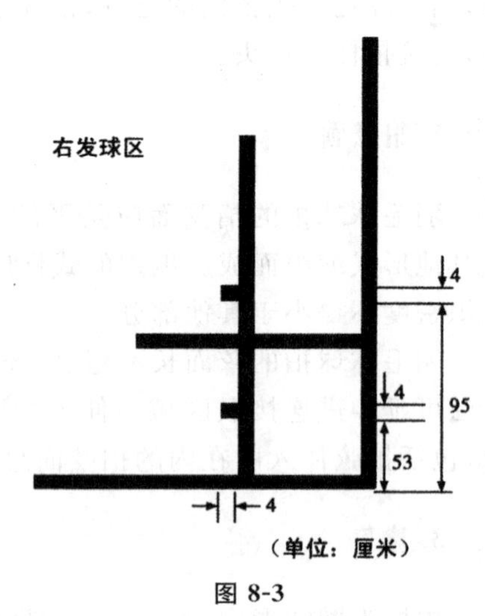

图 8-3

四、挑边

比赛开始前应挑边(猜硬币)。赢方可以在以下两种情况中做出选择。

(1)先发球或先接发球。

(2)在一个场区或另一个场区开始比赛。

输的一方在余下的一项中选择。

五、计分方法

一场羽毛球比赛应以三局两胜定胜负，另有规定的则按规定进行。

(一)单打计分方法

每场比赛采取三局两胜制，率先得到21分的一方赢得当局比赛。如果双方比分打成20平，获胜一方需要超过对手2分才算取胜。如果双方比分打成29平，则率先得到第30分的一方取胜。

(二)双打计分方法

每球得分21分制，比赛开始前，双方通过投掷硬币方式确定由哪一方来选择先发球或后发球。任何一方只要将球打“死”在对方的有效位置，或者因为对方出现违例或失误，均可得分。平分后的加分赛：每局双方打到20分平后，一方领先2分即算该局获胜；双方打成29分平后，一方领先1分即算该局取胜。

六、发球

(一)合法发球

(1)一旦发球员和接发球员做好准备，任何一方都不得延误发球开始。发球时，发球员球拍的拍头做完后摆，任何迟滞都是延误发球开始。

(2)发球员和接发球员应站在斜对角的发球区内，脚不得触及发球区和接发球区的界线。

(3)从发球开始至发球结束前，发球员和接发球员的两脚都必须有一部分与场地的地面接触，不得移动。

(4)发球员的球拍应首先击中球托。

(5)发球员的球拍击中球的瞬间，整个球应低于发球员的腰部。腰指的是发球员最低肋骨下缘的水平切线。

(6)发球员的球拍击中球的瞬间球拍杆应指向下方。

(7)发球开始后，发球员必须连续向前挥拍，直至将球发出。

(8)发出的球向上飞行过网，如果未被拦截，球应落在规定的接发球区内(即落在界线上或界线内)。

(9)发球员发球时应击中球。

(二)发球准备

(1)发球员应在接发球员准备好后才能发球,如果接发球员已试图接发球,即被视为已做好准备。

(2)双打比赛发球时,发球员和接发球员的同伴应在各自的场区内。其站位不限,但不得阻挡对方发球员或接发球员的视线。

(三)发球开始

运动员站好位置准备发球,发球员的球拍头第一次向前挥动,即为发球开始。

(四)发球结束

发球开始,发球员的球拍击中球或未能击中球,均为发球结束。

(五)发球得分

1. 单打

(1)接发球员违例或因球触及接发球员场区内的地面而成死球,发球员就得一分。随后,发球员再从另一发球区发球。

(2)发球员违例或因球触及发球员场区内的地面而成死球,接发球员就得一分,同时发球员失去发球权,而接发球员成为发球员。

2. 双打

(1)接发球方违例或因球触及接发球方场区内的地面而成死球,发球方得一分,原发球员交换场区继续发球。

(2)发球方违例或球触及发球方场区内的地面而成死球,接发球方得一分,发球方失去发球权,而接发球方成为发球方。

(六)发球顺序

羽毛球双打比赛中,每局比赛的发球权必须按照以下顺序进行传递。

(1)首先发球员从右发球区发球。

(2)首先接发球员的同伴从左发球区发球。

(3)首先发球员的同伴。

(4)首先接发球员。

(5)首先发球员，如此传递。

(七)违规发球

(1)根据比赛规则，如果发球不合法，应判“违例”。

(2)发球员发球时未能击中球，应判“违例”。

(3)一旦双方运动员站好位置，发球员挥拍时，发球员的球拍头第一次向前挥动即为发球开始。

(4)发球员应在接发球员准备好后才能发球，如果接发球员已试图接发球，则应被认为已做好准备。

(5)发球开始后，发球员的球拍击中球或者未能击中球均为发球结束。

(6)双打比赛，发球员或接发球员的同伴站位均不限，但不得阻挡对方发球员或接发球员的视线。

七、重发球

(1)由裁判员或运动员(未设裁判员时)宣报“重发球”，用以中断比赛。

(2)在比赛中，如果出现以下情况中的任意一种，即可判罚为“重发球”。

①发球员在接发球员未做好准备时发球。

②在发球过程中，发球员和接发球员都被判违例。

③发球被回击后，如果出现以下两种情况中的一种，即可判罚为“重发球”。

A. 球停在网顶。

B. 球过网后挂在网上。

④比赛进行中，球托与球的其他部分完全分离。

⑤裁判员认为比赛被干扰或教练干扰对方运动员的比赛。

⑥司线员未能看清，裁判员也不能做出裁决时。

⑦遇到不可预见的意外情况时。

(3)“重发球”时，该次发球无效，原发球员重新发球。

八、击球顺序和位置

(一)单打击球顺序和位置

在一个回合中，球应由发球员和接球员交替从各自所在场所一边的任何位置击出，直至成死球为止。

(二)双打击球顺序和位置

每一回合发球被回击后,由发球方的任何一人和接球方的任何一人交替在各自场区的任何位置击球,如此往返直至死球。

九、发球区和接发球区

(一)单打发球区和接发球区

(1)一局中,发球员的分数为0或双数时,双方运动员均应在各自的右发球区发球或接发球。

(2)一局中,发球员的分数为单数时,双方运动员均应在各自的左发球区发球或接发球。

(二)双打发球区和接发球区

(1)一局中,发球方的分数为0或双数时,发球方均应从右发球区发球。

(2)一局中,发球方的分数为单数时,发球方均应从左发球区发球。

(3)接发球方上一回合最后一次发球的运动员应在原发球区接发球。他的同伴接发球的站位与其相反。

(4)接发球员应是站在发球员斜对角发球区的运动员。

(5)发球方每得1分后,原发球员变换发球区再发球。

(6)除规则八的情况外,发球都应从与发球方得分相对应的发球区发出。

十、发球区错误

如果出现以下情况中的任意一种,即为发球区错误。

(1)发球或接发球顺序错误。

(2)在错误的发球区发球或接发球。

(3)如果发现发球区错误,应予以纠正,已得到的比分有效。

十一、死球

在比赛中,如果出现以下情况中的任意一种,即可判罚为死球。

(1)球撞网或网柱后,开始向击球者网这方的地面落下。
(2)球触及地面。
(3)宣报了"违例"或"重发球"。

十二、交换场区

如果出现以下情况中的任何一种,运动员应交换场区。
(1)第一局结束。
(2)第二局结束(如果有第三局)。
(3)在第三局比赛中,一方先得 11 分时。

如果运动员未按上述规定交换场区,一经发现,应在死球时立即交换。运动员已取得的比分有效。

知识拓展

羽毛球场馆灯光的要求

羽毛球比赛要求在四周比较暗黑的环境中进行,球场上方的灯光是关系到比赛能否顺利进行必不可少的重要因素,因为适宜的灯光能使运动员对比赛充满信心。另外,当运动员朝着墙壁或天花板方向注视来球的时候,任何反光面都会妨碍运动员的击球。为避免自然光线的干扰,体育馆内应挂上窗帘。专门的羽毛球馆内,墙壁和天花板应是暗色的。

关于羽毛球比赛场地中灯光的设置和布局有两种方法:一种是白炽灯泡,安装在每一球场两侧网柱的上空(无须安装反射装置),灯光照度总计要在 400～500 勒克斯之间;另一种是荧光灯,要求挂在与球场边线平行并且长度一样的地方。在基层比赛中,只要没有风的干扰,在户外或在馆内利用自然光线比赛也是可以的。

十三、比赛连续性、行为不端及处罚

(一)比赛连续性

除规则"间歇"(1)(2)和"比赛暂停"允许的情况外,比赛自第一次发球开始至该场比赛结束应是连续的。

(二)间歇

(1)每局比赛中,当一方先得 11 分时,允许有不超过 60 秒的间歇。
(2)所有比赛中,每局之间允许有不超过 120 秒的间歇。
(3)有电视转播的比赛,裁判长可在该场比赛前决定变更间歇时间。

(三)比赛暂停

(1)遇不是运动员所能控制的情况时,裁判员可根据需要暂停比赛。
(2)遇特殊情况时,裁判长可要求裁判员暂停比赛。
(3)如果比赛暂停,已得比分有效,续赛时由该比分算起。

(四)延误比赛

(1)不允许运动员为恢复体力、喘息或接受指导而延误比赛。
(2)裁判员是"延误比赛"的唯一裁决者。

(五)指导和离开场地

(1)在一场比赛中死球时,允许运动员接受指导。
(2)在一场比赛中,运动员未经裁判员允许不得离开场地(间歇除外)。

(六)运动员的禁止行为

(1)故意延误或中断比赛。
(2)故意改变或损坏球,以此影响球的速度或飞行。
(3)举止无礼。
(4)规则未述及的其他不端行为。

(七)对违犯者的处罚

(1)对违犯规则"延误比赛"(1)、"指导和离开场地"(2)或"运动员的禁止行为"的运动员,裁判员应执行下列判罚。

①警告。

②对已被警告过的一方判违例。同一方如此违例两次,则被视为"屡犯"。

(2)对严重违犯、屡犯或违犯规则“间歇”的一方判违例,并立即报告裁判长。裁判长有权取消其该场比赛资格。

十四、违例

如果出现以下情况中的任意一种,即为违例。

(1)不合法发球。

(2)发球时,出现以下情况的。

① 球停在网顶。

② 球过网后挂在网上。

③ 接发球员的同伴接到球。

(3)比赛进行中,如果球出现以下情况的,即为违例。

① 落在场地界线外(即未落在界线上或界线内)。

② 从网孔或网下穿过。

③ 未从网上方越过。

④ 触及天花板或四周墙壁。

⑤ 触及运动员的身体或衣服。

⑥ 触及场地外的其他物体或人。

⑦ 被击时停滞在球拍上,紧接着被拖带抛出。

⑧ 被同一运动员两次挥拍连续两次击中(但一次击球动作中,球被拍框和拍弦面击中,不属违例)。

⑨ 被同方的两名运动员连续击中。

⑩ 触及运动员球拍,而未飞向对方场区。

(4)比赛进行中,运动员如果出现下列情况中的一种,即为违例。

① 球拍、身体或衣服触及球网或球网的支撑物。

② 球拍或身体从网上侵入对方场区(击球时,球拍与球的最初接触点在击球者网这一方,而后球拍随球过网的情况除外)。

③ 球拍或身体从网下侵入对方场区,导致妨碍对方或分散对方的注意力。

④ 妨碍对方,即阻挡对方紧靠球网的合法击球。

⑤ 故意分散对方注意力的任何举动,如喊叫、故作姿态等。

(5)运动员严重违犯或屡犯规则“重发球”的规定。

第二节　羽毛球运动的裁判方法

一、裁判人员的分工

(1)裁判员:在裁判长的领导下工作,并向裁判长负责,未设裁判长时向竞赛负责人负责。

(2)发球裁判员:一般由裁判长指派,但裁判长可予以撤换或经裁判员与裁判长商议后予以撤换。

(3)司线员:一般由裁判长指派,但裁判长可予以撤换或经裁判员与裁判长商议后予以撤换。

二、裁判员的职责

(一)比赛开始前

羽毛球竞赛规则规定在羽毛球比赛开始前,裁判员应做好以下几项工作。

(1)向裁判长领取记分表。

(2)确保计分器正常工作。

(3)确保网柱放置在双打边线上。

(4)检查网高,并保证球网两端与网柱之间没有空隙。

(5)确定是否有羽毛球触及障碍物的补充规定。

(6)确保发球裁判员和司线员明确各自的职责,位置安排正确。

(7)确保有足够数量并经检测的比赛用球,避免延误比赛。

(8)检查运动员服装的颜色、图案、字样和广告是否符合规定;确保违规情况能得到纠正。有关违犯服装规定的任何裁定,都必须在该场比赛开始前报告裁判长或相应的竞赛负责人。如赛前无法报告,则应在该场比赛结束后立即报告。

(9)公正地执行"挑边",确保赢方和输方正确选择,并记录挑边的结果。

(10)双打比赛时,记下开局时站在右发球区的运动员姓名,以便随时检查发球时运动员是否站在正确的发球区内。每局开始时都必须做相应的记录。

(二)比赛开始

在羽毛球比赛开始时，裁判员应按以下形式宣报。介绍运动员时，手相应地指向右边或左边（W、X、Y、Z 表示运动员姓名，A、B、C、D 表示国名或地区名）。

1. 单打

(1)单项赛："女士们、先生们，在我右边'X、A'，在我左边'Y、B'，'X'发球，比赛开始，0 比 0。"

(2)团体赛："女士们、先生们，在我右边'A、X'，在我左边'B、Y'。'A'发球，比赛开始，0 比 0。"

2. 双打

(1)单项赛："女士们、先生们，在我右边'W、A'和'X、B'，在我左边'Y、C'和'Z、D'；'X'发球，'Y'接发球，比赛开始，0 比 0"。如果两名配对的双打运动员代表同一个国家或地区，则先宣报该两名运动员的姓名，再报其国名或地区名，如"W 和 X，A"。

(2)团体赛："女士们、先生们，在我右边'A''W'和'X'，在我左边'B''Y'和'Z'；'A''X'发球，'Y'接发球，比赛开始，0 比 0。"

裁判员宣报"比赛开始"，即为一场比赛的开始。

(三)比赛中

(1)裁判员应做到以下几项基本要求：

①应使用比赛规则中的"技术官员规范用语"。

②应记录和报分。报分时，总是先报发球员的分数。

③如果指派了发球裁判员，发球时裁判员主要看接发球员。但必要时，也可宣报"发球违例"。

④应随时注意计分器的显示是否正确。

⑤需要裁判长帮助时，右手高举过头。

(2)当一方输了一回合而失去发球权时，应宣报"换发球"。随后，先报新发球方的分数，接着报新接发球方的分数。必要时用适当的手势同时指向新发球员及其正确的发球区。

(3)只有裁判员才可宣报"比赛开始"或"继续比赛"，以表明以下内容。

①一场或一局比赛的开始，或交换场区后一局比赛的继续。

②比赛中断后恢复比赛。

③裁判员要求运动员继续比赛。

(4)当违例发生时，裁判员应宣报"违例"。以下情况除外。

①发球裁判员根据规则宣报发球"违例"时，裁判员应宣报"发球违例"以确认这一裁决。

裁判员在判接发球违例时宣报"接发球违例"。

②司线员根据比赛规则所述的"违例"做了宣报或出示了手势。

③属于规则违例②情况所述的"违例",只有在有必要向运动员或观众表明时才宣报"违例"。

(5)当一局比赛领先方得 11 分时,该回合一结束,应立即宣报"换发球"(需要时),随后报分和"间歇",并马上执行有关"间歇"的规定,间歇时间从此时算起。在"间歇"期间,发球裁判员要确保场地被擦干净。

(6)在一局比赛领先方得 11 分的间歇中,40 秒时应重复宣报"……号场地 20 秒"。每局交换场区以及第三局交换场区的间歇中,允许双方各有不超过两人进入场地。当裁判员宣报"……号场地 20 秒"时,这些人员应离场。间歇后恢复比赛时,宣报"继续比赛"并再次报分。如果运动员不需要间歇,可继续比赛。

(7)延伸比赛:

①在每局比赛领先方得 20 分时,要宣报"局点"或"场点"。

②每局比赛中任何一方分数到达 29 分时,都应宣报"局点"或"场点"。

③有关上述两条的宣报要在报分之前进行。用英文宣报时,"局点"或"场点"总是在发球方分数后,接发球方分数前。

(8)每一局最后一个回合结束时,必须立即宣报"……局比赛结束",而不受鼓掌、喝彩声等影响。规则"间歇"允许的间歇时间从此时开始算起。第一局结束后,宣报:"第一局比赛结束,……(运动员姓名或团体赛队名)胜……(比分)"。第二局结束后,宣报"第二局比赛结束,……(运动员姓名或团体赛队名)胜……(比分),局数 1 比 1"。每局结束时,发球裁判员都应保证场地被擦干净;间歇时将间歇标志放置网下方场地中央。如果胜这一局即胜该场比赛,则宣报:"比赛结束",接着宣报"……(运动员姓名或团体赛队名)胜……(各局比分)"。

(9)在第一局和第二局、第二局和第三局间间歇中,100 秒时应重复宣报"……号场地 20 秒"。间歇中,允许双方各有不超过两人在运动员交换场区后进入场地。当裁判员宣报"……号场地 20 秒"时,这些人应离开场地。

(10)第二局比赛开始时宣报"第二局比赛开始,0 比 0"。如果要赛第三局,比赛开始时宣报"决胜局比赛开始,0 比 0。"

(11)对于第三局或只进行一局的比赛,当领先方得 11 分时[规则"交换场区"(3)],宣报"换发球"(需要时),再报分,接着宣报"间歇,交换场区"。间歇后比赛开始,应宣报"继续比赛"并再次报分。

(12)一场比赛结束后,应立即将记录完整的记分表送交裁判长。

(四)球落点的宣判

(1)球落在界线附近或无论界外多远,裁判员都应看司线员。司线员对自己的裁决负全责(下列(2)的情况除外)。

(2)若裁判员确认司线员明显错判,则应宣报:

①"纠正,界内"(如球落在界内)。

②“纠正，界外”（如球落在界外）。

（3）未设司线员或司线员未能看清时，裁判员应立即宣报：

①“界外”，接着再报比分（球落在界线外）；报分前加报“换发球”（需要时）。

②“比分”（球落在界线内），报分前加报“换发球”（需要时）。

③“重发球”（裁判员也未能看清时）。

（五）比赛中特殊情况的判定

（1）运动员将球拍掷入对方场区或从网下滑入对方场区，并因此妨碍或分散对方注意力时，应根据规则“违例”（4）②或“违例”（4）③判违例。

（2）球从邻场侵入场区时，如果裁判员认为属于以下情况，则不判“重发球”。

①未引起运动员注意。

②未妨碍或干扰运动员比赛。

（3）对正在击球的同伴大声喊叫，不应视为分散对方注意力。向对方叫喊“别接”“违例”等，则应视为分散对方注意力（规则“违例”（4）⑤）。

（4）运动员离开场地的情况：

①除规则规定的间歇外，运动员未经裁判员同意不得离开比赛场地。

②应提醒违犯方，离开场地必须经裁判员同意，必要时执行规则“对违犯者的处罚”的规定。但允许运动员在对击中途到场边更换球拍。

③比赛中死球，应谨慎地允许运动员迅速地擦汗或喝水。

④如需要擦地板，在擦地板结束前运动员应在场地内。

（5）延误和中断比赛。不允许运动员故意中断或延误比赛；制止其在场地内做不必要的兜圈走动；必要时执行规则“对违犯者的处罚”的有关规定。

（6）场外指导：

①比赛进行中应制止场外指导。

②确保：比赛中，教练员坐在指定的椅子上，不得站在场边（除“规则”允许的间歇外）；教练员不得分散运动员的注意力或使比赛中断。

③如果裁判员认为比赛被干扰，或教练员分散了对方运动员的注意力，则判“重发球”。再次出现该情况时，立即召唤裁判长。

④裁判长应确保所有教练员及随队人员遵守其行为规范。

（7）换球：

①比赛时，换球应公正。裁判员应对是否换球作出决定。

②球的速度或飞行受到干扰应换球。必要时执行规则“对违犯者的处罚”的有关规定。

③裁判长是决定球速的唯一裁决者。如果比赛双方均要求更换球，应立即召唤裁判长。必要时，可以试球。

（8）比赛时伤、病的处理：

①裁判员应谨慎、灵活地处理比赛时运动员的伤、病，迅速、准确地判定伤、病的严重程度。必要时召唤裁判长。裁判长必须决定是否需要医务人员或其他人员进场。医务人员应对运动

员进行检查，并告知伤病的严重程度。如出血，应暂停比赛，直至止血或伤口得到妥善处理为止。对治疗应实行有效管理，不得因治疗而延误比赛。

②裁判长应告知裁判员该运动员恢复比赛可能需要的时间。裁判员应监控所用时间。

③处理时，裁判员应确保不给对方造成不利影响，同时恰当地执行规则“延误比赛”“ 指导和离开场地”“运动员的禁止行为”(1)和“对违犯者的处罚”的规定。

④由于伤、病或其他不可避免的原因造成比赛中断时，应及时询问该运动员：“你要弃权吗?”如果回答是肯定的，应宣报“……(运动员姓名或队名)弃权”，“……(运动员姓名或队名)胜，……(比分)”。

(9)手机。比赛中，如果运动员的手机在场地或其近邻响铃，应视为违犯规则“运动员的禁止行为”(4)的规定，按规则“对违犯者的处罚”规定进行相应处罚。

(10)运动员场上的行为：

①裁判员应确保运动员在场上的举止符合运动员行为规范。

②任何违反运动员行为规范，均应视为违犯规则“运动员的禁止行为”(4)。

(六)比赛暂停

如果比赛暂停，裁判员应宣报“比赛暂停”并记录比分、发球员、接发球员、正确的发球区和场区。恢复比赛时，应记录暂停持续的时间，确认运动员的正确站位，并询问：“准备好了吗?”再宣报“继续比赛”和比分。

(七)行为不端

(1)记录并向裁判长报告任何不端行为及其处理措施。

(2)两局间行为不端的处理方法，与一局中的行为不端的处理方法相同。出现行为不端后，马上按建议“行为不端”(3)至(5)的要求宣报。在下一局比赛开始时宣报：“……局，比赛开始，0 比 0。”如是违反规则“对违犯者的处罚”(1)②或“对违犯者的处罚”(2)的行为不端，则在下一局比赛开始时宣报：“……局，0 比 0。”随后宣报：“……(运动员姓名)，违例。”必要时加报：“换发球。”接着宣报比分和“继续比赛”。如是运动员被裁判长取消比赛资格，则随后宣报：“……(运动员姓名)，行为不端，取消比赛资格。”然后，按建议“比赛中”(8)宣报。

(3)当裁判员对违犯规则“延误比赛”“指导和离开场地”或“运动员的禁止行为”的违犯方警告(规则“对违犯者的处罚”(1)①)时，应召违犯运动员：“到这里来。”并宣报：“警告，……(运动员姓名)行为不端。”同时，右手持黄牌举过头顶。

(4)对违犯规则“延误比赛”“ 指导和离开场地”或“运动员的禁止行为”已被裁判员执行过警告的违犯方判违例(规则“对违犯者的处罚”(1)②)时，应召违犯运动员：“到这里来。”并宣报：“违例，……(运动员姓名)行为不端。”同时，右手持红牌举过头顶。

(5)当裁判员按规则“对违犯者的处罚”(2)对严重违反或屡犯规则“延误比赛”“指导和离开场地”或“运动员的禁止行为”或违反规则“间歇”的一方判违例，并拟向裁判长建议取消该运动员比赛资格时，应呼叫该运动员：“到这里来。”并宣报：“违例，……(运动员姓名)行为不端。”

同时，右手持红牌举过头顶，并召唤裁判长。

(6)在裁判长决定取消该方运动员比赛资格时，将黑牌交给裁判员。裁判员应叫该运动员："到这里来。"并宣报："……(运动员姓名)行为不端，取消比赛资格。"同时，右手持黑牌举过头顶。在羽毛球比赛中，任何由于行为不端而被取消比赛资格的运动员将取消其整个赛事的比赛资格。

网球

第九章 网球运动的基本知识

网球运动是绅士运动，深受世界人民的喜爱。本章主要介绍网球运动的基本知识，涉及网球运功的起源与发展、网球运动的特点与价值以及几项重大赛事。通过学习本章，读者能够对网球运动的基础理论有所了解与把握，为学习网球运动的技战术奠定一定的基础。

第一节 网球运动的起源与发展

一、网球运动的起源

网球运动起源于法国。早在12—13世纪时，法国传教士常常在教堂的回廊里用手掌击打一种类似小球的物体，以此来调节教堂生活。后来，这种活动渐渐传入法国宫廷，并很快成为王室贵族的一种娱乐游戏。开始人们只是在室内进行这种游戏，后来在室外一块开阔的空地上将一条绳子架在中间，两边各站一人，双方用手来回击打一种裹着头发的布球。

14世纪中叶，这种游戏传入了英国。英国人称这种球为“Tennis”（英文，网球），并流传至今，因此网球的专用语也就固定为“Tennis”。

15世纪，这种游戏击打球的方法发生了改变，人们不再用手掌击球，而是改用板拍打球，一种用羊皮纸做拍面的卵形球拍很快出现了。当时这种球拍并不美观，拍柄也较重，但与用手掌击球的方法相比，无疑是一种极大的进步。同时，场地中央的绳子也换成了网。因此，许多贵族对这种游戏产生了兴趣。而网球运动通常被称为“宫廷网球”和“皇家网球”，便是由于这种活动只是流行在法国和英国宫廷中。

16—17世纪，网球运动经历了由单纯的游戏向竞技比赛的转变，专门的球场和相应的比赛规则也应运而生。

18世纪，网球运动在各阶层中开展起来。到了19世纪，网球成为欧美盛行的一项运动。

1873 年，英国人菲茨德尔少校把草坪作为网球的场地，他还出版了《草地网球》一书，书中提出的网球打法已接近于现代网球。1874 年，人们又对球网的大小和高低做了进一步的规定，在英国创建了草地网球比赛。1875 年英国板球俱乐部修订了网球比赛规则后，于 1877 年 7 月举办了第 1 届温布尔登草地网球锦标赛。后来这个组织又把场地定为 23.77 米×8.23 米的长方形，球网的中央高度为 99 厘米(以前高度是 2.134 米)，并确定了每局采用 15、30、40……的记分方法。1884 年英国伦敦玛丽斬本板球俱乐部又把球网中央的高度定为 91.4 厘米。至此，现代网球运动正式出现，并很快在欧美盛行起来，成为一项深受欢迎的室外体育运动。

二、网球运动的发展

(一)网球运动的发展概况

1. 世界网球运动的发展

1877 年在伦敦郊外温布尔登举行的男子单打比赛是最早的国际网球比赛。网球的男子单打与双打在 1896 年雅典举行的第 1 届奥运会上被列为正式比赛项目。后来，由于国际奥委会和国际网球联合会在“业余运动员”的定义上有争议，网球比赛项目在七届奥运会上连续进行后被取消，直到 1984 年洛杉矶奥运会，网球运动才被列为表演项目。1988 年的汉城奥运会上，网球重新又被列为正式比赛项目。

自 19 世纪末温布尔登网球锦标赛拉开现代网球运动的帷幕开始，网球运动一直以它特有的魅力吸引着越来越多的参加者。迄今网球已经成为一项世界性的热门运动，尤其是在欧美地区，网球运动的普及是其他任何项目所无法比拟的。如在法国、美国、德国、英国、瑞典、澳大利亚、西班牙等一些网球强国中，人们对网球的热情仍在与日俱增。随着网球运动的进一步普及和优秀青少年网球选手的不断涌现，以及他们在国际大赛中所产生的巨大影响，世界性的网球热潮已经形成。

2. 我国网球运动的发展

(1)我国网球运动的发展历史

网球运动大约于 1885 年传入中国，是由外国传教士和商人传入，先是在上海、广州等大城市出现，后来一些教会学校也开展起这项运动，如北京汇文学校、通州协和书院、上海圣约翰书院、广州岭南学校以及香港的教会学校，但是参与的人仅限于上流社会人士和少数学校师生。

上海圣约翰书院于 1898 年举行的斯坦豪斯杯赛是中国网球史上最早的校内比赛。1906 年，北京汇文学校、协和书院、清华学校、上海圣约翰大学、南洋公学、沪江大学，以及南京、广州、香港的一些学校开始举行校际网球赛，这些都促进了网球运动在中国的传播。

1910 年，中国举行第 1 届全运会，其中将网球列为正式比赛项目，在随后的七届全运会上网球都被列为正式的比赛项目，但是只允许男子参加。1913年远东运动会设立，网球列入比赛项目，后历届均设。从1915年第2届远东运动会起，中国开始派人参赛，至1934年共参加了9届。1923年起，中国还派人参加了第6～10届远东运动会的女子网球表演赛。当时，中国网球局限在少数有钱人的圈子里，水平不高。

1917年2月，中国图书公司出版了孙掞著的《网球术》，该书包括网球沿革、球场、用具、比赛方法、各种击球法等内容，是中国最早的网球理论专著。《网球术》的问世促进了中国网球运动的开展。

1924年第3届全运会允许女子参加，但无人报名。1924年，中国的邱飞海参加了第44届温布尔登网球锦标赛，并进入了第二轮。这是中国人首次参加温布尔登网球锦标赛。1927年第8届远东运动会上，以华侨邱飞海、林宝华为主力的中国队首次战胜日本队和菲律宾队，获得冠军，这也是中国参加国际网球赛首次获得冠军。1930年第4届全运会女子首次登上网球赛场。1938年，中国的许承基作为第8号种子参加了第58届温布尔登网球锦标赛，在男子单打中进入第4轮，这是中国参加温布尔登网球赛史上取得的最好成绩。另外，他还蝉联1938年和1939年英国硬地网球锦标赛的两届单打冠军。

新中国成立后，党和政府对网球运动给予了极大的关心。1953年成立了中国网球协会，由吕正操担任协会主席，并于同年在天津首次举行了全国网球比赛。

1956年开始，我国网球队加强了与国际的交往，先后出访了许多国家和地区，并积极组队参加各种国际比赛，取得了较好的成绩。比如全国网球锦标赛，后来全国网球等级联赛定期举行，并实行升降级制度，还定期举办全国网球单项比赛、全国硬地网球冠军赛、全国青少年网球比赛等。另外，高校网球赛、老年网球赛、少年网球赛也蓬勃开展。这些竞赛对促进网球技术水平的提高起到了积极的推动作用。

1956年7月9日至8月17日，印度尼西亚草地网球协会派队访华。双方先后在北京、天津、上海、南京、广州等地进行了24场比赛，客队胜15场、负8场、平1场。这是新中国成立后首次进行的网球国际交往，促进了网球运动在中国的发展。此后，中国网球运动员曾先后同30多个国家和地区交往，参加过不少大型的国际比赛，并取得了较好的成绩。如1959年新中国的第一代网球选手朱振华和梅福基在波兰“索波特国际网球赛”中首次夺得男子双打冠军。1965年，又有戚凤娣和徐润珍分别获得“索波特国际网球赛”的女子单打冠军和亚军。

20世纪80年代以后，我国经济得到了空前发展，这为我国网球事业的腾飞打下了坚实的基础。网球运动出现了勃勃生机，参与网球运动的人数急剧上升。另外，国家投入了大量的财力、物力，采取了多种措施，大力培养青少年选手，采用“请进来，送出去”的方法，设立了多种不同级别的赛事，极大地推动了网球运动的发展。1980年，我国网球协会被国际网球联合会接纳为正式成员。1980年，我国女子网球运动员余丽桥在东京女子网球公开赛上获得单打冠军。1981年1月，我国的优秀少年选手李心意和胡娜获得美国白宫杯少年网球锦标赛女子双打冠军。1983年，我国男子网球队在吉隆坡夺得了亚洲最高水平的男子团体赛桂冠——加法尔杯。1986年，我国女子网球队夺得了第10届亚运会网球团体赛冠军。1990年亚运会网球赛中，我国选手潘兵和陈莉荣获男女单打冠军。1992年澳大利亚网球公开赛中，我国选手李芳进入第三轮。1994年法国网球公开赛中，我国选手李芳进入第二轮。1994年亚运会网球赛中，我国选手潘兵再次荣获男单冠军。1995年1月，李芳进入世界女子排名前50强，继而又前进至世界排名第37位。1996年法国网球公开赛中，易景茜进入第二轮，追平了李芳在罗兰加洛斯创造的中国网球选手最好战绩。2000年澳大利亚网球公开赛，易景茜进入第三轮，不敌2001年和2002年冠军卡普里亚蒂。2001年第21届世界大学生运动会网球赛，我国选手李娜夺得女单、女双和混双三枚金牌。2002年3月4日到9日，中国女子网球队在联合会杯亚太区地区赛中实现了历史性突破，首次冲出亚洲，打入了联合会杯世界组外围赛。在亚太区A组11个国家为期一周的较量中，中国队以全胜的战绩进入了联合会杯世界组的比赛。2003年是我国网坛硕果累累的一年，男女运动员均取得了不俗的成绩。女运动员李婷、孙甜甜多次在ITF赛事中夺冠，此外，还4次打入WTA赛事决赛并3次捧杯，其中两夺总奖金额为17万美元的WTA赛事双打冠军(加拿大贝尔公开赛女双冠军和泰国沃尔沃公开赛女双冠军)，双打世界排名上升至48位，达到中国女双历史的最高排名。女运动员郑洁则继续领衔中国女单头号，其世界单打排名达到94位，是继李芳和易景茜后第3个进入世界排名前100位的中国选手。男网选手朱本强/曾少眩在上海喜力公开赛上获得了中国男网历史上首次ATP双打亚军。此外，还有多名颇具潜质的青少年选手活跃在国际青少年赛事中，并取得了多项冠军。2004年9月在北京举行了中国网球公开赛，总奖金50万美元的中国公开赛起点很高，定位为国家级赛事。并且，我国运动员晏紫/郑洁在澳大利亚网球公开赛女子双打比赛中历史性地进入了前8名。而李婷/孙甜甜则作为赛会16号种子直接参加了澳网女双的正选赛，并进入了前16名。同年，我国运动员孙胜男和中国台湾运动员詹咏然在澳大利亚网球公开赛青少年组比赛中，以2号种子的身份荣获女子双打冠军，圆了我国运动员在四大满贯赛事上的夺冠梦。另外，在法国网球公开赛中，郑洁进入了第四轮，创造了中国选手在大满贯赛事中女单比赛的最佳成绩。

近年来，我国的女子网球发展迅速，取得了令世界瞩目的成绩。女子双打方面，李婷和孙甜甜获得2004年雅典奥运会的双打冠军；郑洁、晏紫分别在2006年的法网和2010年的温网打进四强，并且还获得了2006年澳网和温网的冠军。女子单打方面，李娜和郑洁是目前我国女子选手国际排名最高的两位球员。李娜世界排名在2011年夺得法国网球公开赛冠军后升至第四位，是历来中国网球选手排名最高的，并且夺得了2011年澳网的亚军和法网的冠军，李娜和郑洁还共同打进过2010年澳网四强，掀起了中国风暴。2014年1月，李娜第三次跻身澳大利亚网球公开赛决赛并最终收获女单冠军。

(2)我国网球运动的发展现状

根据有关资料统计，目前遍布全国的网球人口超过百万，全国网球场地正以每年40%的速度增长，说明网球的市场正在扩大。但遗憾的是，真正会欣赏网球的人、参与网球运动的人却不多。每年的全国卫星赛，入场观看比赛的人数少得可怜，个别比赛甚至运动员比观众还要多。但是2002年上海大师杯赛却是例外，可能观众更喜欢看高水平的比赛。这一方面说明中国还没有顶尖级国际网球球员；另一方面是由于有关部门在普及网球知识方面的工作不足。网球发展的最大障碍是场地少，场租费昂贵。就以上海为例，每20万人还摊不上一片场地，实在是很少，而美国每1万人就有5片场地。另外，网球运动的消费之高大大超过一般工薪阶层的承受能力。20世纪90年代初期，中国也开始迈出与国际接轨的探索之路，实行有奖金、有排名的巡回赛制，可在火热了几年后因赞助资金问题开始走向冷清。可见，如果没有观众、广告、群众基础和充分的资金作后盾，网球的生命力就不可能持久和强大。

目前，在中国从事网球活动的青少年达3万～4万人，注册的专业运动员近2 000人。但令中国网球界困扰的是国家尖子队员还不够尖，无法在国际大型赛事中取得骄人的战绩。在当今世界体坛，网球是职业化程度非常高的项目，已形成了一整套固定的运行模式。近几年来国家也尝试着让个别球员涉足职业圈，但一直没有在运作体制上完全与国际接轨，从而缺少了参加世界最高水平比赛的机会，男子网球选手只有涉足职业网球选手协会（ATP）巡回赛、女选手只有踏进女子网球协会（WTA）巡回赛、参加四大公开赛才是使中国网球走向世界的唯一出路。

另外，在体制方面也存在着不足，运动员每月拿着固定的工资，生活、医疗费用都由国家全部包下，在训练和比赛时压力少，优越性强，比赛好了还有奖金。因此，在这种没有压力的训练方式下，很难培养运动员为国争光、努力拼搏的精神，成绩提高慢也就不足为奇了。

以上都是影响中国网球发展的外部因素，当然还存在着一些问题，影响中国网球运动发展的内部因素大致有以下几个方面。

①教练员执教水平不高

高水平、高素质的教练员队伍是提高网球运动水平十分重要的一个环节。作为一名优秀的教练员，必须要在第一时间掌握世界网坛的最新技术和动态。并且，随着技术的不断革新，要更多地了解世界网坛动向、技术变化等各方面的知识，同时还需要及时更新观念和训练手段。

在中澳网球高级教练员执教特征对比研究中，澳籍教练在训练的组织与指导方面的最明显特征是他们主要通过趣味性的对抗练习来调动运动员训练的积极性。在技战术教学时，他们利用画图讲解和现场演示的方法讲解战术原理和运动原理，并且经常应用对比的方法分析技术动作，而且十分强调练习和竞赛的智能化作用。另外，澳籍教练员在陪练技巧、队员对抗能力等方面均要高于中国教练员。

②运动员对网球的态度不够端正

在国外，一些球员为了继续参加网球比赛付出了惊人的代价，如俄罗斯的萨芬13岁时在举目无亲、语言不通的情况下去西班牙接受培训。再比如瑞典名将博格自己背着帐篷参加比赛，正是他们永不言弃、顽强拼搏、高度敬业的精神才使其走向成功。

而在我国，在举国体制的影响下，中国的运动员缺乏明确的动机和强大的动力，缺乏自我挑战的勇气和职业精神。一些运动员训练不够刻苦，大多是教练员强制下的被动练习，以这种态度来对待网球，其运动成绩是很难有较大提高的。WTA网球学院教练丹尼尔·柯谈到曾在他们学院训练的几名中国球员时指出，运动员主观精神上的不足是阻碍他们水平提高的最大原因。其中一名球员因为想念女朋友，只培训了4个月就打道回府，以这样的精神参加网球比赛，失败也就在所难免了。

③训练理念普遍落后

网球训练理念的先进与否将直接影响到网球技战术水平的提高。我国网球训练的理念比较落后，尤其在培养运动员的战术意识方面存在严重不足。

科学的网球运动技术的训练是取得好的运动成绩的重要保证。据调查得知，我国大部分的省体工队的训练都是单纯的底线对攻打法，连续对打十几拍甚至几十拍，只是以熟练的技术和顽强的意识消极地等待着对手的失误，这样就会造成欠缺主动进攻的意识。

纵观当今世界网球比赛，球速、力量、技术都非昔日可比，一场比赛比分的70%都是在双方运动员各击二至三拍就能分出胜负。所以,训练应在头三拍上下功夫,特别是发球和接发球尤为重要。因为发球、接发球的得分总和占一场比赛比分的40%还要多。并且,国外的很多青少年选手具备了他们成年队先进打法的雏形,击球的力量大、速度快,网前拼抢积极,动作连贯,进攻与防守的转换意识强,球路变化目的明确,已初步具有了自己的技战术风格。

目前我国网球运动存在的主要问题是训练和比赛脱节,没有从实战出发,练的用不上,而用得上的练得不够。并且,战术组合粗糙,别人变了,我却没变,场上变化少,没有充分地把握网球竞技制胜的规律。另外,由于训练方法不当,运动员在场上的移动速度较快,导致了灵活性和调整能力不够。

由此可见,一个国家要发展和提高网球的竞技水平,必须要端正运动员的态度,树立正确的训练理念,提高教练员的执教水平。但是,面临我国网球运动发展的现状,在积极寻找问题的同时,还要努力找出一条适合中国国情的网球发展之路。比如加大网球运动的普及力度,健全管理及竞赛体制,更新运动训练模式,增加运动员参加国际职业比赛的次数,提高运动员及教练员的素质和网球科研水平,把网球与教育相结合起来,加大改革力度等,争取早日使中国的网球走向世界。

虽然中国网球运动的发展还存在着很多问题,但它还是随着时间的增长而在不断进步的。因此,在看到我国网球运动缺点的同时,也要看到希望。另外,中国的网球运动还需要靠政府、社会以及广大体育工作者的共同努力,力求早日使中国的网球运动进入世界体育强国之林。

(二)网球运动的发展趋势

1. 网球运动的组织机构日益完善

国际网球联合会是国际网坛的组织机构,成立于1912年3月1日,总部设在巴黎。当时只有12个国家的网协代表参加,目前该机构发展为210个会员,其中145个为正式会员,65个为无表决权的联系会员。1972年,组建了国际男子职业网球协会,主要维护职业网球运动员的利益,为他们提供比赛的机会和高额奖金,并发行《国际网球周刊》。1973年又组建了国际女子职业网球协会。随后,为适应国际网坛繁多的比赛,成立了男子国际职业网球理事会(后更名为男子网球理事会),该会是由国际网联、“网职协”和竞赛大会代表三方面共9人组成的一个执法实体,商议并制定一系列规章制度,审核有关部门、地区或单位有无实力与资格举办职业性比赛,以及运动员的参赛资格等,统辖全年约90多项由职业选手参加的各种大小型国际性比赛。该会在20世纪80年代拥有绝对权威。国际网球联合会每年出版发行52期的《世界网球排名表》,它能有效地促进世界优秀选手参加各种级别的网球比赛,从而保证了这些国际比赛的高水平和对观众的吸引力。排名表每周公布一次男子名次,每两周公布一次女子名次。《世界网球排名表》实质上是世界网球选手的“浮动金榜”,然而,这个浮动金榜也另具其他内涵,就是榜上名次的升降决定着他们能否参加某一次重要比赛,同时还影响着他们在体育用品行业中的广告价值。当今世界体坛上,网球比赛能如此活跃,奖金能如此惊人,著名职业球星能获得如此巨额收入,显然与这些国际网球组织根据形势的发展与需求互相配合、协作,同时又充分发挥各自的作用与效能有着直接的关系。

2. 奖金数额不断增加

网球运动能够成为当今世界的热门项目，除了网球运动本身特有的魅力之外，各种大赛所设立的巨额奖金，也是人们热衷于网球运动不可忽视的重要因素。每年国际网坛的各种赛事不断，大都设有高额奖金，特别是允许职业网球选手参加各种比赛以来，其奖金数额更是逐年升级。同时要求在世界排名表上名次靠前的运动员才能参加，这样可以让世界上的顶尖运动员一年中不断地参赛，去获得积分，使他们的排名上升，并能获取比赛奖金以外的巨额广告签约。例如，1988 年温布尔登网球赛奖金总额已超过 260 万英镑，1990 年其奖金总额已达 387 万英镑。而到 2014 的比赛总奖金将上浮超过 10%，达到创纪录的 2 500 万英镑，其中男女单的冠军得主都可以获得 176 万英镑，比 2013 年上涨了 16 万英镑。再比如第 1 届美国网球公开赛奖金总额为 10 万美元，1990 年其奖金总额已达 387 万英镑，到 2014 年，男女单打冠军都可获得 300 万美元的冠军奖金。另外，在比赛期间，所有参赛的选手每人每一天还可得到 80 英镑的通信、交通补贴。例如，贝克尔与彪马公司签订了一项 6 年的广告合同，获得 2 000 多万美元。这种数额惊人的奖金和球星们的庞大收入自然会吸引更多的关注，参加者也越来越多，比赛争夺越来越激烈，这项运动也必然在世界产生巨大反响。

3. 网球技术打法朝着全面、力量、进攻型发展

运动员要想在不同类型的场地上取得优异成绩，就必须要掌握全面的技术。网球运动技术打法主要有进攻型打法和防守型打法。要想在比赛中处于不败之地，必须进攻才能得分，而进攻的致命弱点就是非受迫性失误。为了减少失误，就必须要求技术全面而稳定。

目前，网球各种打法趋向于技术全面，即发球力量大、速度快，且旋转多变。正反手技术日趋平衡，加力上旋抽击被普遍采用，加强了球的旋转速度，落地后前冲性更强。技术打法从早期稳定的防守型向进攻型转变。技术发展更要求既有好的底线技术，又具备上网截击得分的能力，既有强有力的高压球技术，又具备准确的破网技术。

现在，世界优秀运动员的打法趋向于既有突出的特长技术，又有全面的技术。总之，当今网球运动正朝着技术全面的进攻型打法方向发展。新材料、新结构的球拍不断涌现，人们的思维不断进步，网球场上的竞争必将愈来愈精彩。

4. 观赏性增强

每年的四大公开赛中，参赛者都必须是世界排名靠前的运动员，因此比赛对抗性强，竞争激烈，打法和战术都代表着世界最高水平。另外，网球比赛分为三种类型的场地，即快速场地、中速场地、慢速场地。各种类型的场地球速不同，球的弹性也不同，因此技术打法和战术运用也各不相同，有快速多变的全面打法，有稳固快速的底线打法，有大力发球的上网打法等，使比赛具有很强的观赏性。可以说网球比赛的场面壮观，赛事扣人心弦，吸引着全世界数十亿爱好者观看比赛，并且把它作为一次网球的大盛典和节日来进行狂欢。

5. 普及面越来越广

发展至今,现代网球运动已有100多年的历史,网球一直都以其独特的魅力吸引着众多的参与者。尽管受到场地或者器材等的局限,但是人们对网球的爱好随着时代的发展呈现出越来越高涨的趋势,美籍华人张德培于16岁问鼎法国网球公开赛,深深地影响着亚洲几代网球人的发展。近年来,亚洲的网球水平在不断提高,出现了像泰国的斯里查潘、日本的杉山爱、中国的李娜和郑洁等诸多优秀选手,但总体来看与世界强国相比还存在着一定的差距。在中国,网球运动的普及面越来越广,网球人口越来越多,每年举办的网球赛事也越来越引人注目,上海大师赛以及中国北京网球公开赛的举办标志着我国完全具备举办网球大赛的能力,中国的网球运动进入了一个快速发展的轨道。

6. 比赛越来越商业化和职业化

最开始,国际网球重大比赛一般不允许职业球员参加,到1968年国际网联才取消了这一禁令,从此之后,伴随着世界经济的发展,网球比赛越来越呈现出浓厚的商业色彩。当今网球四大公开赛以及不同级别的大奖赛、巡回赛等,都规定了高额的赢球奖金,促使一大部分网球优秀运动员积极参与到赛事中。

我国网球要想取得进一步的发展,商业化和职业化的道路是必须经历的。

知识拓展

李娜

李娜,湖北省武汉市人,中国著名女子网球运动员,亚洲第一位大满贯女子单打冠军得主,亚洲女单世界排名最高选手,毕业于华中科技大学。李娜6岁开始练习网球,1999年转为职业选手。2002年年底,李娜前往华中科技大学新闻专业就读。2004年,她在丈夫姜山的鼓励和支持下选择了复出。2008年,在北京奥运会上,李娜获得女子单打第四名。2011年,李娜在澳大利亚网球公开赛上个人第一次打进大满贯单打决赛并夺得亚军;同年,在法国网球公开赛女单比赛中登顶封后。2013年,在WTA年终总决赛中获得亚军。2014年1月25日,第三次跻身澳大利亚网球公开赛决赛并最终收获女单冠军。2014年10月,李娜宣布退役。

第二节　网球运动的特点与价值

一、网球运动的特点

(一)击球动作快速有力

无论是运动员在网球比赛中还是一般网球爱好者在网球游戏中参与网球运动，都必须使用拍子击空中球或地面反弹球和接对方击球，在空中击球，球速快而有力。参加网球运动的人在时间和空间上的感觉是其他运动项目难以比拟的。

(二)发球方法独特多样

网球规则规定参加运动的双方在一局中一人连续发球，直到该局结束，此局称为发球局；在每次的发球中，均有两次机会，即一发失误，还有二发的机会，使得发球威力大增。发球动作由于个体的特征不同也呈现出不同的特色，比如罗迪克的大力发球注重力量，费德勒的发球更加强调角度和落点的变化。

(三)计分方式与众不同

在每局网球运动比赛中，采用15、30、40、平分的记分方法；而每盘比赛采用6局的形式。以15分为单元的记分法始于中世纪，据天文六分仪的规定将一个圆分成六等份。每份为60度，每度60分，每分60秒。反过来，4个15秒为1分，4个15分为1度，4个15度为1份，于是把4个15提出来作为常数，即赢得1分球记15，赢得4分球为1份，赢得4份为1盘。后来，将每盘比赛改为6份，成为6局，刚好是一个完整的圆。所以后来就把得1分记作15，得2分记作30，得3分记作40(是45的省略记法)，当双方都得40分时为平分(deuce)，表示要取得胜利必须净得2分之意。一方先胜6局为胜一盘，如双方各胜5局打平，则一方必须净胜两局才算胜一盘，这种方法称为长盘制。“国际网联”规定局数六平后，第十三局可采用决胜局记分制。先得7分者为胜该局该盘，如比分为6平，须净胜对方2分为胜该局该盘，这种方法为短盘制，这主要是为了缩短比赛时间。

(四)比赛时间难以控制

网球比赛无论是正式的比赛还是平时的娱乐，当比赛双方实力接近时，要想分出胜负，都将费时很长。正式的网球比赛为男子五盘三胜、女子三盘两胜。一般比赛时间在 3～5 小时，历史上最长的比赛时间达到 6 个多小时。因为比赛时间太长、太晚，经常出现在当天中止比赛在第二天继续进行的情况。也许正是因为主宰比赛的权利掌握在自己手中，使得网球的魅力难以阻挡。

(五)比赛强度较大

水平接近的选手，由于比赛耗时过长，对体力的要求就必须高，有时在比赛中由于运动员的体能储备不足会出现伤病情况，从而导致退赛，影响运动成绩。

(六)对运动员心理要求较高

网球除了团体比赛在交换场地时教练可以进行场外指导外，其他任何比赛，不管是单打还是双打，都不允许教练在旁指导，就连打手势等动作都不可以。比赛规则都有着严格的要求，如果违犯都要受其惩罚。整个网球比赛过程中都要靠个人独立作战，自我调节心理的变化，如果没有过硬的心理素质是不能取得比赛胜利的。

(七)运动适宜人群普遍

网球作为实践上最流行的运动项目之一。网球的优点在于不仅可使运动者消耗多余热量，而且还可使运动者获得极大的乐趣。并且运动者不需要有完美的体形，适宜大部分人群。全世界大约有 4 300 万人从事网球运动，其中男女老少、高矮胖瘦的人都有。

二、网球运动的价值

(一)健身价值

网球运动是一种群众性很广、男女老少皆喜爱的球类运动，从少年儿童到白发老人都可以打网球。主要是因为网球运动适合于不同年龄段人的体力、心理、生理上的特点，打网球均能对人体健康起到积极的影响。

1. 促进人体机能全面发展

网球运动员在打网球的运动中，需要有集中的注意力和敏捷准确的判断力，对来球的弧度、速度做出准确的判断，然后做相应的移动或跑动，快跑或慢跑，还要根据对方的位置、身体姿势以及可能做出的反应等来决定自己的击球动作和方向，而这一系列的动作都是在大脑的指挥下瞬间完成的。由此可以看出，网球运动在促进人体健康方面起着非常重要的作用，促使人体机能全面发展。

(1)锻炼神经系统的功能

经常打网球可使神经系统的灵活性和持久性得到很大程度的提高，能够使我们保持充沛的精力，增强记忆力。

(2)促进运动系统的功能

经常打网球可以加强骨骼的新陈代谢，改善骨骼的血液循环，使骨骼更加粗壮、坚固；可以使肌纤维变粗，肌肉变得更加粗壮、结实，增强力量，加强反应的速度和反应的准确性、协调性；还可以使关节更加灵活，身体动作更加舒展。

(3)改善循环系统的功能

经常打网球能够使心脏得到较好的锻炼，加强收缩力，改善心肌供血机能，提高血液输出量，减慢心脏跳动频率，并能使血管保持良好的弹性。

(4)改善呼吸系统的功能

在网球场上不断地奔跑会促使呼吸加快，呼吸动作的幅度加大，这样就使得有更多的空气在体内进行交换，身体就可以承受更大的负荷；还会使呼吸加深，频率减慢，这样可以使呼吸肌得到更多的休息时间，工作持久而不易疲劳；还可以增大肺活量，肺活量可比一般人多 1 000 毫升左右。

2. 有效促进减肥

网球运动主要是有氧运动，是以有氧代谢供能为主的耐力性练习项目，其消耗的能源物质以脂肪为主。

一般来说，在进行网球运动的过程中，最基本的运动就是跑步。一般业余水平的网球爱好者在进行两小时的练习中，他跑动的距离可高达 5 000 米。但是通常在这两个小时过后一般不会感到太累，与跑步不一样，不会枯燥乏味，反而具有无穷的乐趣，一旦喜欢上就难以放弃。因此，网球运动是一种非常理想的减肥方法。

在进行打网球的减肥运动中，不可操之过急而整日整夜长时间地运动，或者过分增加运动量。必须遵守循序渐进的原则，适当地控制运动量，并注意保持坚持不懈、持之以恒的精神，进行健康而有效的减肥。

一般，在坚持练习 1～2 个月后，体重会明显减轻，但以后减肥速度会缓慢下降。这时，一定要继续保持练习，持之以恒，坚持不懈，同时不可加大运动量。要知道，网球运动就是一种持久的小强度的有氧运动，它之所以能够达到减肥效果，是因为这种小强度的运动主要是利用氧化脂肪酸获得的。

而且，我们在打网球的时候经常用到的肌肉有大腿四头肌、腰肌、腹肌、背肌、肩部和腕部等，这些都是脂肪容易堆积的地方，经常运动不仅可以使这些地方的脂肪减少，还能使毛细血管和肌肉细胞血流量增加，增加体内蛋白质、糖原，使肌纤维增粗，使肌肉变得更加健美。当你的体重减轻的时候，还会发现肌肉也变得结实健美起来。

3. 有效防治疾病

研究表明，经常运动可以减少 20％得乳癌、30％得心脏病、50％得糖尿病的机会，而且使运动者活得健康、长寿。网球运动是一种非常健康的运动，经常打网球的人给人一种健康向上的感觉，他们总是保持着积极乐观的心态，经常打网球还可以有效防治各种疾病。

（1）避免脂肪肝

研究人员发现，常打网球的人血液循环较好，肝的代谢功能也好，这有助于避免脂肪肝的出现。

（2）预防心脏病

据《新英格兰医学期刊》报道，一周网球运动 3 小时以上，可降低 35％～40％患心脏病的风险；美国医学学会也肯定，每天坚持中等强度的网球运动 30 分钟，可维持心肺功能的健康状况。

（3）远离乳癌威胁

据美国和《护理健康研究》（*Nurse's Health Study*）一项长达 20 年的统计研究指出，一周运动 7 小时以上，可以降低 20％的乳癌患病率。

（4）预防动脉硬化

现代人不健康的饮食习惯，使得体内血液中的胆固醇与中性脂肪异常增高。血液中胆固醇量过多，容易诱发心梗、脑梗等病变。持续 20 分钟以上的网球运动，有助于分解体内中性脂肪，降低血液中胆固醇的含量。

（5）改善腰、肩疼痛

平常如果驼背或姿势不良，肩胛肌的负担过重，肩膀、腰就容易发生僵硬酸痛。经常打网球可以锻炼全身肌肉，自然可以改善腰、肩疼痛。

（6）降血压

人到中年以后，血压多半会上升，但经常打网球可以减少荷尔蒙分泌，而荷尔蒙会促使血压上升，因而会减少血压上升的机会；而且打网球会增加牛胆酸的分泌，而牛胆酸具有降低血压的作用。

（7）预防治疗糖尿病

造成中老年人患糖尿病的原因多半是饮食过量、运动不足和压力过大，而限制饮食量、减少积蓄在体内的糖分，再辅以运动，就可降低体内血糖值。

（8）预防骨质疏松症

人的年纪愈长，骨质愈流失，就容易产生骨折或腰痛。经常打网球可以有效预防骨质疏松症。

（9）远离老年痴呆

美国《自然》杂志报道，60 岁以上的老人，一周做 3 次、每次 45 分钟以上的中等强度的运动，有助于维持较好的认知功能。人体中最耗费氧的部位就是脑神经细胞，运动可以促进脑神经细胞功能活化，使脑血管重返强韧，自然就能预防健忘与痴呆。

4. 有利于中老年人延年益寿

随着生活水平的提高和平均寿命的延长，中老年人口比例逐年增加，中老年人的心血管疾病和与肥胖有关的一系列疾病越来越多，他们的健康更加引起人们的关注。虽然人的衰老、死亡是不可抗拒的，但是推迟衰老、延年益寿却是可以争取的，正确的健身运动可以使人延年益寿。

中老年人都应积极参加体育锻炼，但是体育运动不仅能健身，也能伤身。参加运动要掌握科学的方法，既要了解运动性质，又要适合自身的能力。每个人的体质千差万别，工作生活环境也不一样，进行适宜自己的运动锻炼才能达到效果。因此，中老年人的运动必须因人、因地、因时而异。

网球是最适合中老年人的一项运动。和其他的运动项目相比，网球运动具有强度可大可小、节奏可高可低、对抗性相对较弱的特点，中老年人完全可以承受。并且，打网球多在露天环境中进行，空气清新宜人，人们的心情自然轻松、愉快，很容易消除中老年人的疲倦之感，心情会变得年轻起来。所以，网球运动对中老年人来说是非常有益的。

（二）健心价值

在网球比赛中，人们通过进攻防守，控制与反控制，斗智又斗勇，锤炼个人的意志品质和心理素质，有利于培养拼搏进取的作风和胜不骄败不馁的道德风尚；有利于提高克服各种困难的勇气；有利于培养人们诚实公正的思想作风和光明正大的良好品德。

经常参加网球运动的训练和比赛，就可学会很多控制自己情绪和调节自身心理的手段与方法，如连续失误时，应考虑如何使自己尽快冷静下来，给自己足够的勇气和信心，不到最后一分决不放弃；比分落后时会思考如何保持沉着、不气馁；比分领先时就会考虑要戒骄戒躁、一鼓作气拿下比赛；比分处于胶着状态时要增强进攻不手软的自信心。这些意志品质的锻炼对于网球参加者而言都是很好的生活财富。

（三）教育价值

网球运动是一种文明、礼貌、高雅的网球文化礼仪，是一项绅士运动。它要求参与者在参与网球运动的过程中自觉践行网球运动的行为规范，自觉遵循网球运动的礼仪要求。

网球运动是一项非常讲究团结协作精神的运动项目。打网球能够培养人们团结协作的精神。在教练与球员之间、团体赛与队友之间、双打搭档之间都要有默契的配合。而这种默契就来自每个球员所具有的团队协作精神。特别是在双打比赛中，想要做到配合默契，就要始终尊重和鼓励伙伴。在失误丢分后，一定要勇于承担责任。这种协作精神将大大加强集体的凝聚力和战斗力，对取得比赛的胜利具有非常重要的意义。如郑洁和晏紫获得澳网女双冠军，除了技战术好外，还与她们相处 16 年的团结和睦相处以及配合默契是分不开的。

网球文化还能培养人的诚实守信的优秀品质。业余活动中的网球比赛大多是在无裁判的制度下进行的，这就要求参与者一定要做到诚实守信，自觉遵守网球比赛规则。诚信品质的体现应该贯穿在整个网球活动的过程，而网球运动也是最能体现一个人诚信品质的体育活动之一。

网球运动是一项技术性很强的体育项目，对于初学者而言，很难在偌大的网球场内控制住球，许多人在刚接触网球时经常出现碰不到球或者将球打飞的情形。网球的魅力是无穷的。但是想完全掌握这项体育运动，又不是一件简单的事，这就要求初学者认真学习网球的基本技术，向教练、球友多多请教，勤学苦练，方能在球场上一展英姿。

(四)观赏价值

由于网球运动的技术千变万化，使小球运动有很高的观赏性，进攻时似狂风暴雨、势如破竹；防守时的绵绵细雨、固若金汤，一切都在展示着小球运动的力与美，使观赏者像吟读一首动人的诗，浏览一幅悦目的画，令人心旷神怡，流连忘返。当运动员在竞技或比赛过程中，以自己的能力、才智、战术、风格在创造美、表现美时，能使观众欣赏到他们精湛的技艺和顽强的精神，从中受到情感的陶冶。

小球运动不仅能供人娱乐观赏，而且在亲身参加活动时还有直接体验娱乐欢快的价值。小球运动作为一种娱乐运动，参与者在球的对击过程中，通过不停地移动和身体姿势的变化，努力把球击到对方的场地。每当击球者击出一个好球或赢得一个球时，都能使自己兴奋并达到一种成功的喜悦。同时，球有快慢、轻重、高低、远近、狠巧、飘转等变化，使运动本身充满了丰富的乐趣。

网球运动是一种绅士运动，观众与运动员应互相尊重，观众在观赏比赛时应注意以下几点。

(1)比赛期间，只有当运动员交换场区、局间或盘间休息时，才能在观众席进行短暂的走动或离场。

(2)观看比赛时应尽量避免带会发出声音的物件，如哨子等。比赛过程中，应关闭手机或将手机置于震动状态。

(3)当球处于“活球”时，应保持安静状态，不可大声喧哗。

(4)当一分决出胜负后，观众才能给予掌声鼓励。

(五)经济价值

各种巡回赛、卫星赛及大师赛吸引无数的球迷、电视观众和众多的赞助商。职业球员们的广告代理商们的广告大战充斥了整个赛场，激烈程度有时不亚于场上激烈的比赛。网球明星的一年的出场费、比赛奖金、广告费少则几百万，多则上千万美金。美国的阿加西、桑普拉斯的个人资产都有好几个亿。俄罗斯的美少女库娃虽说世界排名不高，但她的年收入达到1 200多万美金。

网球场已成为世界各知名体育厂商争夺的战场，运动员身着各赞助厂商所提供的服装、球拍在场上奔跑，就像在 T 型舞台表演的模特。每年各大公开赛的广告收入、门票收入、赞助费、电视转播收入等都会给承办方带来非常丰厚的经济效益。

第三节　网球运动的重要赛事

一、四大网球公开赛

四大网球公开赛是所有的国际网球赛事中历史最悠久和影响力最大的比赛，按照每年举办的时间先后，依次为澳大利亚网球公开赛、法国网球公开赛、温布尔登网球公开赛和美国网球公开赛。四大网球公开赛的详细情况见表 9-1。

表 9-1　四大网球公开赛的详细情况

四大网球公开赛	地　点	比赛月份	起始时间		场　地
			男	女	
澳大利亚网球公开赛	墨尔本	1—2 月	1905 年	1922 年	人工塑胶场
法国网球公开赛	巴黎奥太伊	5—6 月	1891 年	1897 年	红土场
温布尔登网球公开赛	伦敦温布尔登	6—7 月	1877 年	1884 年	草地
美国网球公开赛	纽约林山	8—9 月	1881 年	1887 年	人工塑胶场

四大网球公开赛设有男、女单打，男、女双打和男女混合双打共 5 个项目。赛制采用淘汰制，男子比赛五盘三胜制，女子则采用三盘两胜制。如果一名运动员在一年内同时获得四大网球公开赛的冠军，即被称为夺得了“大满贯”。夺取“大满贯”是网球运动员获得的最高荣誉。美国著名的网球运动员 J. D. 巴奇于 1938 年成为世界上第一个夺得“大满贯”殊荣的运动员。他以凶猛的发球、闪电般的网前截击、强力的后场抽球和精准的落点形成了能攻善守的全面型打法。另外，澳大利亚姑娘玛格丽特·蕾特也是“大满贯”的得主，她自 1960—1973 年共获得过 25 次冠军，长期称雄于国际女子网坛。20 世纪 70 年代，美国运动员劳埃德以 50 场连胜的战绩登上了世界网坛顶峰成为“网球女皇”，雄踞世界女子网坛达 7 年之久。20 世纪 80 年代，网球运动在世界范围内的普及程度不断提高，各种网球比赛也愈演愈激烈。自 20 世纪 90 年

代，一人长期称霸世界网坛的局面一去不复返了。目前，世界网坛呈现出新秀如雨后春笋、老将群星璀璨的局面。

(一)澳大利亚网球公开赛(AUSTRALIAN OPEN)

澳大利亚网球公开赛在每年的1—2月份进行，是一年中四大公开赛最先开始的赛事，但是其创建时间却是四大公开赛中最晚的。男子比赛于1905年创建，女子比赛于1922年创建。比赛赛场在澳大利亚的第二大城市墨尔本市网球中心。由于比赛期间时值当地盛夏，气候酷热而使比赛场地温度高达60℃。采用硬地网球场，打法全面的选手可以占到一定的优势。它不仅有利于底线抽击，也适合发球上网，既适于打上旋球和下旋球，也适合吊高球和放短球。所以，比赛场地在1988年由初创时草地网球场改为硬地网球场。2014年，澳大利亚网球公开赛男子单打由瑞士选手斯坦尼斯拉斯·瓦林卡摘得冠军，女子单打由中国选手李娜摘得冠军。表9-2为澳大利亚网球公开赛冠军榜(1990—2014年)。

表9-2　澳大利亚网球公开赛冠军榜(1990—2014年)

年　份	男单冠军	女单冠军
1990	伦德尔	格拉芙
1991	贝克尔	塞莱斯
1992	考瑞尔	塞莱斯
1993	考瑞尔	塞莱斯
1994	桑普拉斯	格拉芙
1995	阿加西	皮尔斯
1996	贝克尔	塞莱斯
1997	桑普拉斯	辛吉斯
1998	科达	辛吉斯
1999	卡费尔尼科夫	辛吉斯
2000	阿加西	达文波特
2001	阿加西	卡普里亚蒂
2002	约翰森	卡普里亚蒂
2003	阿加西	小威廉姆斯
2004	费德勒	海宁
2005	萨芬	小威廉姆斯
2006	费德勒	毛瑞斯莫
2007	费德勒	小威廉姆斯
2008	德约科维奇	莎拉波娃

（续表）

年　份	男单冠军	女单冠军
2009	纳达尔	小威廉姆斯
2010	费德勒	小威廉姆斯
2011	德约科维奇	克里斯特尔斯
2012	德约科维奇	阿扎伦卡
2013	德约科维奇	阿扎伦卡
2014	瓦林卡	李娜

(二)法国网球公开赛(FRENCH OPEN)

1891年法国网球公开赛诞生，比赛时间通常在每年的5—6月，比赛地点为罗兰·加洛斯球场。法网开始只限于本国人参加，1925年以后对外开放，成为公开赛。法国网球公开赛在过去的一百多年中，除了因两次世界大战被迫停赛11年外，其余均是每年举行一届。法国公开赛采用的是红土场地。规定每场比赛采用五盘三胜淘汰制，所以一场比赛打上4个小时是司空见惯的。在这样的球场上，花这么长的时间打一场比赛，对球员技术和毅力有着较高的要求。2014年法国网球公开赛是2014年年度第二项大满贯赛事，也是唯一一项在红土场举行的大满贯赛事。本届赛事是赛会第113届赛事，于5月25日到6月8日之间在法国罗兰·加洛斯球场举行。表9-3为法国网球公开赛冠军榜(1990—2014年)。

表9-3　法国网球公开赛冠军榜(1990—2014年)

年　份	男单冠军	女单冠军
1990	戈梅兹	塞莱斯
1991	库里埃	塞莱斯
1992	库里埃	塞莱斯
1993	布鲁格拉	格拉芙
1994	布鲁格拉	桑切斯
1995	穆斯特	格拉芙
1996	卡费尔尼科夫	格拉芙
1997	库尔滕	马约莉
1998	莫亚	桑切斯·维卡里奥
1999	阿加西	格拉芙
2000	库尔滕	皮尔斯
2001	库尔滕	卡普里亚蒂

（续表）

年　份	男单冠军	女单冠军
2002	科斯塔	小威廉姆斯
2003	费德勒	海宁
2004	高迪奥	米斯金娜
2005	纳达尔	海宁
2006	纳达尔	海宁
2007	库尔滕	海宁
2008	纳达尔	伊万诺维奇
2009	费德勒	库兹涅佐娃
2010	纳达尔	斯齐亚沃尼
2011	纳达尔	李娜
2012	纳达尔	莎拉波娃
2013	纳达尔	小威廉姆斯
2014	纳达尔	莎拉波娃

(三)温布尔登网球公开赛(WIMBLEDON OPEN)

温布尔登网球公开赛是四大网球公开赛中最古老、最享有声誉的一项，是现代网球的发源地。温网的前身为“全英网球锦标赛”，1877年由全英俱乐部和英国草地网球协会创办。首届比赛只设男子单打，冠军奖杯叫“挑战杯”，后来增设女子及双打项目，并于1905年正式成为公开赛。温网开始时只限于英国人比赛，到1905年才第一次由一个外国女选手在此夺冠，而男子非英籍选手夺冠是在1907年，到1924年开始设立种子选手参赛。1968年，国际网联同意职业选手参加该项比赛，同时组织者还募集巨额奖金，吸引全世界一流选手来参加该项比赛。2014年温布尔登网球公开赛在伦敦举行。表9-4为温布尔登网球公开赛冠军榜(1990—2014年)。

表9-4　温布尔登网球公开赛冠军榜(1990—2014年)

年　份	男单冠军	女单冠军
1990	艾德伯格	纳芙娜蒂诺娃
1991	斯特斯	格拉芙
1992	阿加西	格拉芙
1993	桑普拉斯	格拉芙
1994	桑普拉斯	玛汀内斯
1995	桑普拉斯	格拉芙

（续表）

年　份	男单冠军	女单冠军
1996	克拉杰塞克	格拉芙
1997	桑普拉斯	辛吉斯
1998	桑普拉斯	诺沃特娜
1999	桑普拉斯	达文波特
2000	桑普拉斯	大威廉姆斯
2001	伊万尼塞维奇	大威廉姆斯
2002	休伊特	小威廉姆斯
2003	费德勒	小威廉姆斯
2004	费德勒	莎拉波娃
2005	费德勒	大威廉姆斯
2006	费德勒	毛瑞斯莫
2007	费德勒	大威廉姆斯
2008	纳达尔	大威廉姆斯
2009	费德勒	小威廉姆斯
2010	纳达尔	小威廉姆斯
2011	德约科维奇	科维托娃
2012	费德勒	小威廉姆斯
2013	穆雷	巴托丽
2014	德约科维奇	科维托娃

（四）美国网球公开赛（US OPEN）

美国网球公开赛开始名为“全美冠军赛”，1968 年被列为四大公开赛之一，它是仅次于温布尔登公开赛的有很大影响的国际赛事。首届美国网球公开赛于 1881 年在纽约的罗得岛纽波特港举行，于 1887 年开始设立女子项目，赛事每年一次，通常在 8 月底到 9 月初举行，是一年中四大公开赛中的最后一项重大赛事，场地为塑胶硬地。2014 年美国网球公开赛是 2014 年赛季最后一项大满贯赛事，也是美网诞生以来第 134 届赛事。本届赛事于美国纽约法拉盛公园举行。表 9-5 为美国网球公开赛冠军榜（1990—2014 年）。

表 9-5 美国网球公开赛冠军榜(1990—2014 年)

年　份	男单冠军	女单冠军
1990	桑普拉斯	萨巴蒂尼
1991	埃德博格	塞莱斯
1992	埃德博格	塞莱斯
1993	桑普拉斯	格拉芙
1994	阿加西	桑切斯
1995	桑普拉斯	格拉芙
1996	桑普拉斯	格拉芙
1997	拉夫特	辛吉斯
1998	拉夫特	达文波特
1999	阿加西	小威廉姆斯
2000	萨芬	大威廉姆斯
2001	休伊特	大威廉姆斯
2002	桑普拉斯	小威廉姆斯
2003	罗迪克	海宁
2004	费德勒	库兹涅佐娃
2005	费德勒	克里斯特尔斯
2006	费德勒	莎拉波娃
2007	费德勒	库兹涅佐娃
2008	费德勒	小威廉姆斯
2009	德尔波特罗	克里斯特尔斯
2010	纳达尔	克里斯特尔斯
2011	德约科维奇	斯托瑟
2012	穆雷	小威廉姆斯
2013	纳达文	小威廉姆斯
2014	西里奇	小威廉姆斯

二、大师杯系列赛

大师杯系列赛(MASTER SERIES)又叫“超九赛事”,是 ATP 比赛中除四大公开赛之外的重要赛事。下面简单介绍其中的若干赛事。

(一)爱立信公开赛

爱立信公开赛是ATP的九项大师系列赛之一，也是WTA的顶级皇冠赛事，因其高额的奖金和强大的阵容，素有“第五大满贯”的美称。此项赛事以前称为利普顿锦标赛，由布奇霍尔兹创立。第1届公开赛的比赛场地选在距北部迈阿密50英里的德尔瑞海滩度假地的拉维尔国际网球场。第二年比赛场地移至波卡·拉顿(Boca Raton)，1987年将迈阿密定为固定的比赛场所。如今，该项比赛已经成为具备国际一流水平的网球赛事，现称为爱立信公开赛，在网球界形成新的传统。现在这个为期两周的赛事已成为展示国际网球水平的重要比赛。其奖金丰厚，吸引来自世界各地的网坛精英们在这里一决高下，各大媒体也格外关注此次比赛。爱立信公开赛的强大球星阵容仅次于大满贯赛事。2014年爱立信公开赛男单冠军是塞尔维亚球员德约科维奇，女单冠军为美国球员小威廉姆斯。

(二)巴黎网球公开赛

1986年，巴黎贝什公开赛创建，这便是巴黎网球公开赛的前身，现在正式被命名为网球大师系列赛——巴黎站比赛，比赛的时间定于每年的11月中旬，比赛地点是在巴黎的巴来斯体育场。比赛的体育场现在已经成为法国运动的象征。为了迎接网球大师赛的举行，巴来斯体育场还特意更换了场地表面的颜色，重新更新过的比赛场地表面颜色是紫罗兰色，四周衬以蓝色，使得观众在视觉上更加舒适。2014年，法国网球公井赛男子单打冠军为西班牙球员拉菲尔·纳达尔，女子单打冠军为俄罗斯球员莎拉波娃。

(三)汉堡网球公开赛

19世纪，在德国汉堡就举行了汉堡网球公开赛，因此它也是世界上最古老的网球赛事之一，在网球历史上仅次于温布尔登网球公开赛(1877年)、美国网球公开赛(1881年)和法国网球公开赛(1891年)。2014年汉堡网球公开赛男子单打冠军由阿根廷选手莱昂纳多·迈尔摘得。

(四)蒙特卡洛公开赛

1897年蒙特卡洛公开赛创立，1928年成立俱乐部，是参加ATP冠军挑战赛的必要比赛。赛事总奖金接近300万美元，丰厚的奖金和巨大的荣耀吸引了无数优秀球员参加。2014年，蒙特卡洛公开赛在摩纳哥举行，斯坦尼斯拉斯·瓦林卡获得单打冠军。

(五)印第安维尔斯网球大师赛

印第安维尔斯网球大师赛是世界重要的精英赛事之一。印第安纳维尔斯大师赛是每年网球日程上的重要日子，能够在这里获得比赛胜利，对球员的排名和个人经历来说都具有举足轻重的意义，其球馆是世界最大的私人网球馆。

除了上述的系列赛外，还有罗马大师赛、加拿大公开赛、辛辛那提公开赛、马德里大师赛等。

三、ATP、WTA 年终总决赛

(一)ATP 年终总决赛

ATP 大师杯的前身是 ATP 锦标赛，由国际网联和大满贯委员会联合主办，是 ATP 巡回赛的总决赛，只有年终排名世界前 8 位的球手才获得参赛资格。从 2000 年开始，上一年度的冠军可直接参赛。首届比赛于 1970 年在东京举行，获得首届冠军的是美国选手斯坦・史密斯。后来比赛每年一度，先后在巴黎、巴塞罗那、波士顿、墨尔本、斯德哥尔摩和休斯敦举行。从 1977 年起，比赛定点在美国纽约举办。1990 年，比赛易地到德国举行。1990—1995 年在法兰克福，1996—2000 年在汉诺威；2001 年起，比赛地又发生了改变，先后在休斯敦、上海、伦敦举办，2014 年 ATP 年终总决赛在英国伦敦进行，德约科维奇获得冠军。在 21 世纪进行的比赛中，瑞士天王费德勒表现出色，先后五次夺得冠军。现在比赛改名为“ATP 大师杯”。

(二)WTA 年终总决赛

WTA 冠军锦标赛是每年一度的世界女子网球年终总决赛，年终世界排名前 16 位的单打选手和前 8 位的双打配对选手自动获得参赛资格。首届赛事始于 1972 年，由世界排名前 8 位的选手参赛，奖金为 10 万美元，创造了当时女子赛事奖金额的最高纪录。2001 年，其奖金总额提高到 300 万美元。2014 年 WTA 年终总决赛在新加坡举行，小威廉姆斯获得女子单打冠军。

ATP 与 WTA

ATP 是职业网球联合会(Association of Tennis Professionals)的简称，其目标是保护男子职业网球运动员的利益，成立于 1972 年 9 月。职业网球联合会的行政办公地在英国伦敦。联合会的美洲总部则在美国佛罗里达州，欧洲总部设在摩纳哥，ATP 国际(包含了亚洲、非洲以及大洋洲)的总部设在澳大利亚悉尼。

WTA 是国际女子网球协会(Women's Tennis Association)的简称，是女子职业网球的最高管理机构。WTA 由比利・简・金创办，成立于 1973 年，目的是保护女子职业网球运动员的利益。国际女子网球协会总部位于美国佛罗里达州圣彼德斯堡，欧洲总部设在英国伦敦，亚太地区总部设在中国北京。

四、国际团体赛

(一)戴维斯杯男子团体赛(DAVIS CUP)

美国哈佛大学的青年学生 Dwight Filley Davis 始创了世界男子网球团体赛，因此称为戴维斯杯男子团体赛，它是代表一个国家整体水平的比赛。第 1 届比赛于 1900 年在美国波士顿举行。2014 年戴维斯杯男子团体赛由瑞士队夺冠。现在，每年报名参加戴维斯杯赛的国家众多，已成为体育竞赛中规模最大的年度赛事之一。

(二)联合会杯女子团体赛(FEDERTION CUP)

1963 年，为庆祝国际网联成立 50 周年，联合会杯网球赛得以创办，它是每年一度的世界女子网球团体赛，和戴维斯杯赛齐名，是各国网球整体实力的大检阅。联合会杯赛每年举行一次，第 1 届联合会杯比赛是在伦敦的女子俱乐部进行的，共有 16 支代表队参加。随着女子网球运动的不断普及，参加联合会杯赛的国家也在慢慢地增多。2014 年联合会杯女子团体赛由捷克队摘得冠军。

五、奥运会网球赛

网球运动在奥运会赛场的历史比较曲折。1896 年的第 1 届奥运会中，网球就是正式比赛项目，但在 1924 年，由于国际网联和奥委会在“业余选手”上的分歧而退出奥运会。1984 年，网球被奥运会列为表演项目，于 1988 年成为正式比赛项目。但奥运会比赛没有优厚的奖金奖励和职业运动员所要的电脑排名积分，对优秀球员的吸引力不大，因此影响比赛的观赏性和竞技水平。2012 年伦敦奥运会网球男子单打冠军为英国选手莫里，女子单打冠军为美国队员小威廉姆斯。

六、中国网球公开赛(China Open)

2004 年 9 月 10 日到 26 日，首届中国网球公开赛在北京网球中心举行。比赛设男子、女子、青少年及常青组，已经得到世界职业网球协会(ATP)巡回赛认可。首届比赛举办期间，中央电视台每天有长达 7 小时的网球直播和超过 150 小时的转播时段，比世界上任何其他网球赛事的本土转播时段都要多。中国网球公开赛众星云集，参加首届 China Open 的男子选手除名将萨芬、莫亚、斯里查潘外，还有前法网冠军费雷罗、2002 年温网亚军纳尔班迪安、德国的舒特勒、摩洛哥老将阿诺伊等人，女子选手有俄国的美少女莎拉波娃、萨芬娜和美国的小威廉姆斯等好手。赛事组织者的愿望是把 China Open 打造成为世界网坛的“第五大满贯”。首届中网男女桂冠分别被俄罗斯的萨芬和美国的小威廉姆斯获得。2014 年中国网球公开赛男单决赛由塞尔维亚选手德约科维奇夺冠，女单决赛由俄罗斯选手莎拉波娃夺冠。

第十章　网球运动的基本技术

学海导航

网球运动的基本技术是在网球运动的战术基础，是学习网球运动必须掌握的基本运动技能，也是网球运动训练的重要组成部分。正确认识网球技术基本理论、准确掌握网球技术方法，对于提高网球运动技能和运动水平具有重要意义。本章对网球运动的基本技术进行介绍，涉及网球运动技术的基本理论，以及握拍法、发球与接发球、击球和步法等内容。通过学习本章，读者应掌握网球的相关技术，提高网球运动水平。

第一节　网球技术基本理论

一、网球技术的含义

网球运动技术是在网球规则允许的条件下，运动员采用的各种合理的击球动作和为完成击球动作所必不可少的其他配合动作的总称，它包括主要技术和辅助技术两大部分。

网球运动的主要技术是指运动员在使用某种技术击球时，达到某种战术目的所采取的技术动作。在网球运动的技术构成中，主要技术占主体地位，起着主导作用。

网球运动的辅助技术是指支持主要技术环节发挥作用的技术动作，其目的是使主要技术能更充分地发挥作用。它是除主要技术之外的所有技术。在网球运动的技术构成中，辅助技术环节是主要技术环节的有利补充，影响主要技术的具体执行。

二、球的旋转

(一)球旋转的原因

运动学研究表明,在网球运动中,运动员挥拍击球时作用力不通过球心,球就会产生旋转。如果击球时作用力通过球心,球只产生平动而不会转动。但在实际运用中,运动员每击一球,作用力或多或少都会偏离球心。因此,几乎所有的球都或多或少带有一定程度的旋转。

(二)球的基本旋转轴

网球运动本身是一个无固定旋转轴的物体,但当它旋转起来时,就自然产生了旋转轴。球旋转的种类很多,其旋转轴也是多变的。

1. 左右轴(横轴)

网球的左右轴是通过球心与网球飞行方向垂直的轴。若球的上半部绕此轴向前旋转,即为上旋球。若球的上半部绕此轴向后旋转,即为下旋球(图 10-1)。

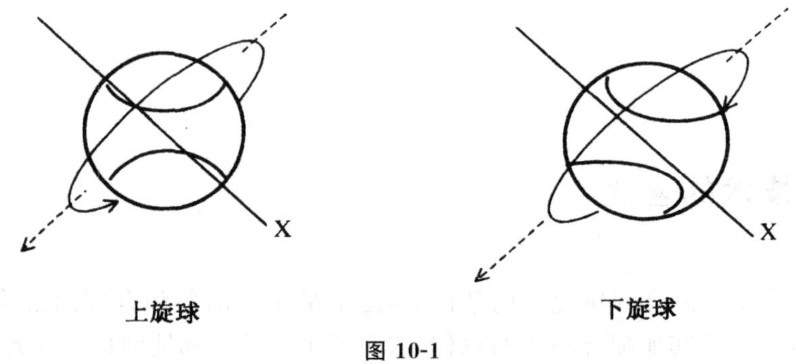

图 10-1

2. 上下轴(竖轴)

网球的上下轴是通过球心与地面相垂直的轴。球绕此轴旋转为侧旋球。根据击球者的方位,击球时以球拍触球的某一点为基准,向左旋转为左侧旋球;向右旋转为右侧旋球(图 10-2)。

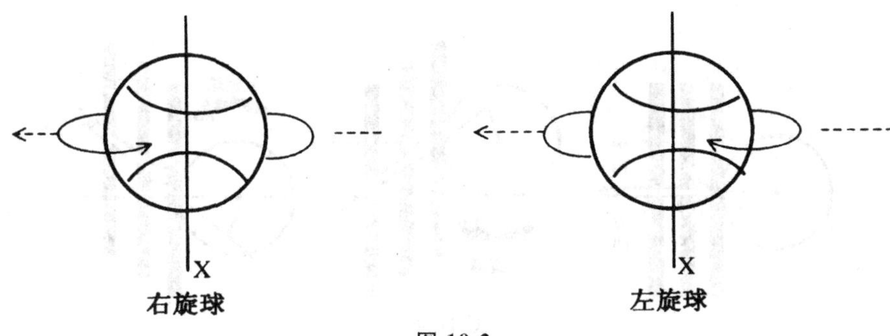

图 10-2

3. 矢状轴(前后轴)

网球的矢状轴是通过球心与球的飞行方向相平行的轴。球绕此轴按顺时针方向旋转为顺旋球,球绕此轴按逆时针方向旋转为逆旋球(图 10-3)。在运动实践中,单纯地按横轴、竖轴、矢状轴转动的球是很少见的,大多数的上下旋球都带有侧旋性质。侧旋球也都带有上下旋的性质,如侧上旋球和侧下旋球。

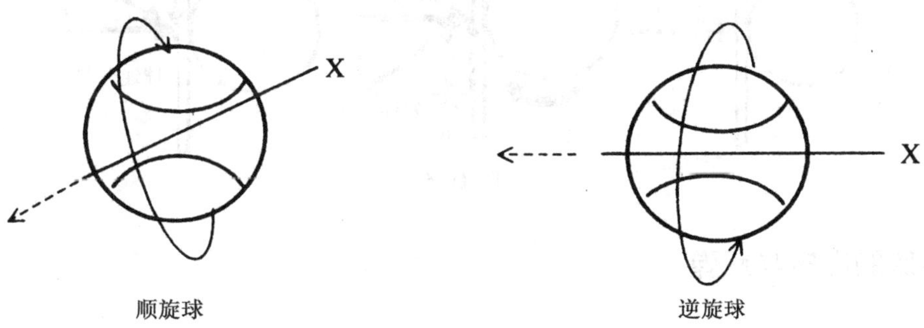

图 10-3

(三)球的旋转与速率

现代网球技术内容丰富、变化多样,在比赛中,运动员只凭单一技术就获得比赛的胜利几乎是不可能的。运动员击出的球都独具自己的特点,主要通过球的旋转与飞行速率表现出来。击出的球要想带有特定的旋转与飞行速率,就必须要以特定的挥拍方向与速率来击打球,以使球产生不同的旋转(图 10-4)。通常来讲,挥拍方向与击出球旋转存在着以下关系。一方面,挥拍方向决定了击出球的旋转。当挥拍方向通过球心时,击出球并没有产生明显的旋转;而当挥拍方向没有通过球心时,则会使球产生旋转。另一方面,挥拍方向和挥拍速率共同决定了击出球的飞行速率。当挥拍方向通过球心时,挥拍速率是决定击出球飞行速率的唯一因素;而当挥拍方向不通过球心时,挥拍所产生的能量则主要分为两个部分:一是水平分量;二是垂直分量。因此,网球运动员在击无旋转球时,要提高击出球的速度只需要提高挥拍速率即可;而在击旋转球时,可使挥拍向前或加快挥拍的速率,从而提高击球的速度。

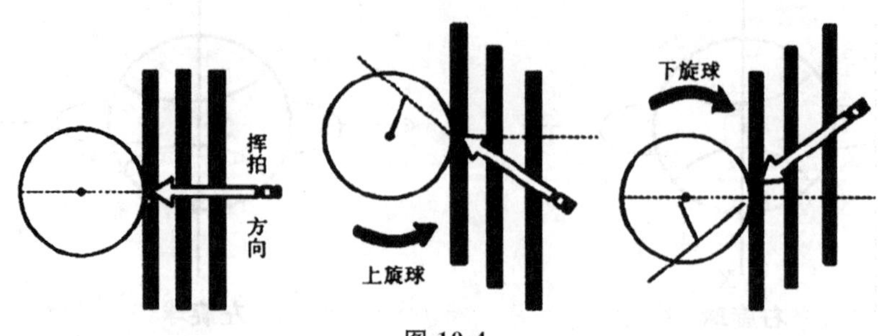

图 10-4

在网球运动中，运动员对球速的控制是以固定的握拍方式、击球步法以及球触及球拍的位置为基础的，也就是说，如果握拍方式、击球步法、触球球拍位置不同，那么相同的挥拍速率和方向也会使击出球产生的速率不同(图 10-5)。

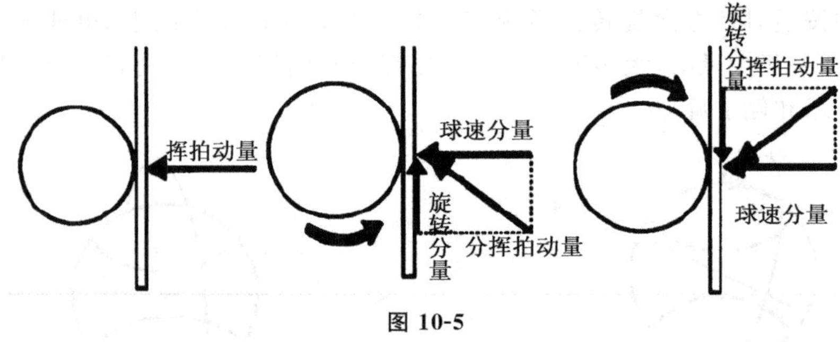

图 10-5

(四)球的旋转与反弹

对于球本身来讲，从球被击出到落地，网球本身的旋转、速率和反弹的角度均会发生明显的改变。在场地材料相同的情况下，当球以相同速率和落地角度接触场地表面并产生反弹后，不同旋转的球具有不同的特点。首先，上旋球表现为反弹后上旋更为强烈，反弹角度比落地角度略小，反弹后向前的速率加快。其次，下旋球表现为反弹后呈上旋，反弹角度比落地角度大，反弹后的飞行速率比落地前低。最后，无旋转球表现为反弹后上旋，反弹角度受到场地摩擦力及软硬度的限制；反弹后的飞行速率要比落地前低。

(五)球的飞行轨迹

在网球运动中，决定击出球飞行轨迹的主要因素有飞行方向、飞行速率、球的旋转、空气阻力以及地心引力等。除了空气阻力和地心引力外，其他因素都是可控的，而球的旋转是决定击出球飞行距离的唯一因素。

三、旋转球的特性

依据流体力学原理，在球以相同的角度和速率飞离球拍的情况下，不同旋转的球具有不同的特点及规律。一般来说，对于无旋转球，当球以无旋转飞行时，球仅受到与飞行方向相反的空气阻力的影响，因而飞行距离要比理想的抛物线和下旋球短。

这里重点介绍旋转球的种类及其特性。

（一）上旋球

上旋球是绕横轴（左右轴）向前旋转的。球在旋转时，带动球体周围的空气一起旋转。当球向前飞行时，球体上沿旋转的气流受到迎面空气的阻力，因而降低流速；而球体下沿的气流与迎面空气阻力的方向相同，因而加快了流速。这样上旋球的上沿空气压强大，下沿压强小（图 10-6）。因此，在相同条件下的上旋球比不转球的飞行弧线要陡一些，就是说下落速度比不转球要快，上旋越强则越能显示出来。

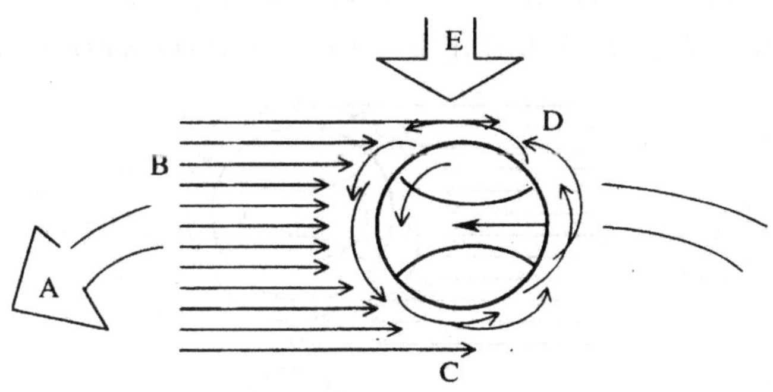

A. 飞行弧线　B. 对面来的气流　C. 流速加快
D. 球体周围空气　E. 高的压强

图 10-6

在运动过程中，由于上旋球落地后球体会给地面一个向后的摩擦力，加上球体本身的重力合成对地面的作用力是向后下方的，地面给球的作用力是向前上方的。因此，上旋球有一定的前冲力。上旋越强，球给地面向后的摩擦力就越大，地面给球向前的作用力也越大，故加转上旋球表现出来的前冲力也大。现在流行的正、反手拉上旋球就是充分利用这个道理，使球更具有威力。一个极强的上旋球在空中飞行时，如果下落速度很快，即使在打出较高弧线的情况下，也很少会造成出界现象，这样也可以避免由于击球弧线高而打出界外。上旋球着地后表现出很强的冲击力，这种力对于还击来球的对手来说具有很大的威胁性。上旋球与不转球比较，其反弹角小（图 10-7）。

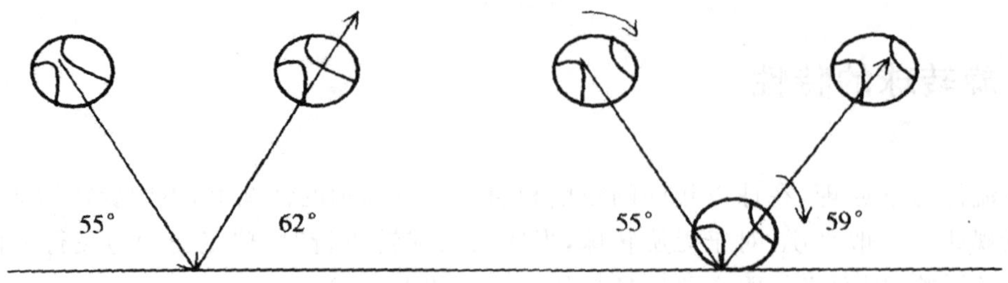

若不转球入射角为 55°，侧反弹角为 62°　　若上旋球入射角为 55°，侧反弹角为 59°

图 10-7

(二)下旋球

下旋球绕横轴(左右轴)向后旋转，与上旋球相反。当球向前飞行时，球体下沿空气流速慢，压强大；球体上沿空气流速快，压强小，于是空气给球体一个浮举力。因此，在相同条件下，下旋球飞行弧线比不转球要平直一些，下落速度也比不转球要慢些，下旋越强则越能显示出来(图 10-8)。下旋球落地后，与上旋球相反，反弹较高，而前冲力弱。如果下旋很强，而球本身前进推动力小，即地面给予球的向后反作用力大于前进力时，球落地后则出现回跳现象。

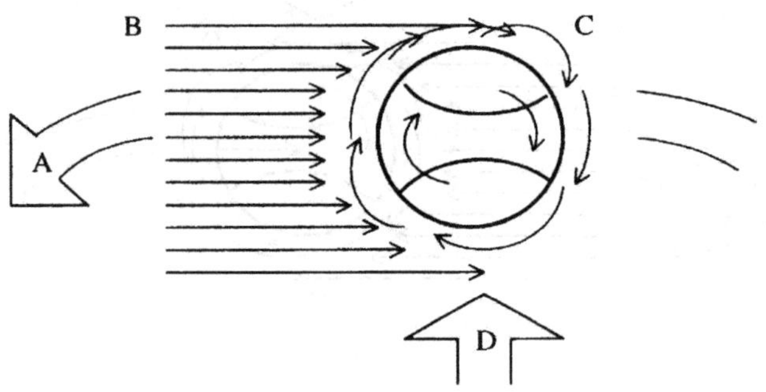

A. 飞行弧线　B. 对面来的气流

C. 球体周围的气流　D. 高的压强

图 10-8

由于下旋球是用削击方法打出来的，当对手在底线时，用下旋球放出轻而浅、角度大的球是颇具威力的。用下旋球接发球可减弱对手击球的速度。另外，在底线用反手打下旋球在防守上也有积极的作用，它能在强大压力下控制住球，并将球送至底线深处。球速减慢有时也会打乱对手击球的节奏。

(三)侧旋球

网球运动中的侧旋球包括左侧旋球和右侧旋球两种。

根据绕上下轴旋转的道理，左侧旋转球旋转飞行时，球体左侧转着的气流受到迎面空气的阻力，因而流速慢；而球体右侧的气流与迎面空气阻力的方向相同，因而流速加快。左侧旋球的左侧空气压强大，右侧压强小(图 10-9)。因此，左侧旋球的飞行弧线向右偏拐；而右侧旋球的飞行弧线正好与左侧旋球相反，向左偏拐(图 10-10)。侧旋球落地后不因左右侧旋而变化其对地面的作用力，所以落地后其飞行弧线按照原来的方向顺势继续偏拐。

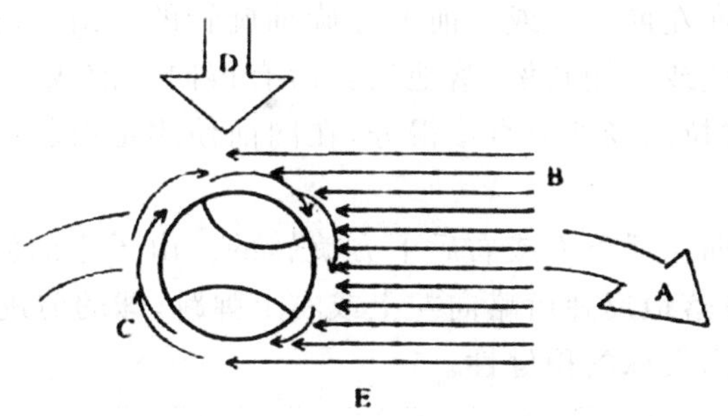

A. 飞行弧线　B. 迎面来的气流　C. 球体周围的气流　D. 高的压强　E. 流速加快

图 10-9

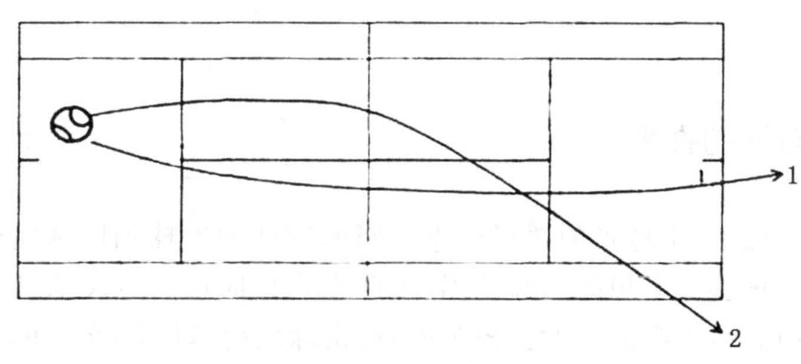

1 右侧旋　2 左侧旋

图 10-10

(四)顺、逆旋球

网球运动的顺旋球落地后给球一个向左的摩擦力，地面也给球一个向右的反作用力，球反弹后向右侧拐转。逆旋球则相反，球给地面的摩擦力是向右的，因此球反弹后向左拐转(图 10-11)。

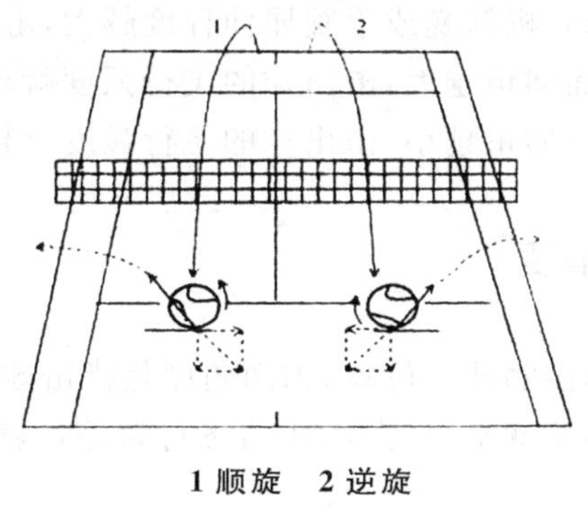

1 顺旋　2 逆旋

图 10-11

(五)侧上、下旋球

在网球运动中,侧上、下旋球是绕一个斜偏轴旋转的。

侧上旋球是绕斜偏轴向左前上方或右前上方旋轴旋转的。由于它具有侧上旋的性质,因而在飞行过程中球略向左侧或右侧斜偏,落地反弹后有偏向左前或右前的前冲力。侧上旋球用于发球,可以使接球者被拉出场外或直接得分,在网前使用也有较好的效果,底线拉上旋球有时也可略带侧旋性。

侧下旋球是绕斜偏轴向左后下方或右后下方旋转的。由于它的侧下旋性质,飞行期间的弧线偏向左侧或右侧,在球落地反弹后略向左上或右上弹跳,球的前进力小,速度减慢,跳得略高。采用发侧下旋球可提高发球的稳健性。

三、击球特点

(一)击球点与球的性能

对于网球运动员而言,击球点的选择会直接影响网球的发球和回球质量的好坏。但由于在预定的击球点上击球会与理想的击球不同,因此在击球时应注意灵活处理。如当击球点过高时,要非常讲究握拍法,否则击球就会较为困难;击球之前球员须降低重心;击上旋球时须加大力量;当击球点较低时,为了避免击球下网,拍面要适当地打开,避免与地面垂直。

(二)击球点与挥拍方向

一般来说,击球点的位置决定击球瞬间的挥拍方向。因此在网球运动中,为了更好地控制击出球的方向,运动员应熟悉击球挥拍的如下规律。

(1)挥拍方向越朝左、击球时机越早或手腕屈伸的程度越大,击出球的飞行方向就越偏左。

(2)挥拍方向越向右、击球时机越晚或手腕屈伸程度越大,击出球的飞行方向就越偏右。

(3)挥拍方向越朝上或拍面仰角越大,击出球的飞行弧度就越高。

(4)挥拍方向越超前或拍面仰角越小,击出球的飞行弧度就越平。

(三)击球部位与拍面角度

击球部位是指击球时球拍接触球的位置,拍面角度是指击球时拍面与地面所形成的角度。击球时,拍面角度不同,触球部位就不同,击出球的飞行轨迹也就不同。拍面角度与击球部位之间的关系具体如下。

(1)拍面前倾,即拍面与地面的夹角小于90°时,击球部位为球的后中上部。

(2)拍面后仰,即拍面与地面的夹角大于90°时,击球部位为球的后中下部。

四、击球技术的动作结构

网球击球的技术动作是多种多样的,尽管方法要领各有不同,但在击球动作的结构方面却有共同的规律。击球动作一般由如下4个部分构成。

(一)后引球拍

后引球拍动作具体是指把球拍拉向身后,准备击球的动作。这个动作除握拍需要用力外,身体其他部位应保持放松,肌肉不要过于紧张,特别是肩部。从自然放松状态转向集中全力于球拍触球的一瞬间,这种发力方法所获得的击球效果最佳,这和鞭打的动作极其相似。要注意球拍不能拉得太后,应伴随身体扭转的动作将球拍后引。后引球拍可采用直接向后引拍、小回环引拍和大回环引拍(即拍头由上向后,再向下画一圆弧)。

值得注意的是,现代的网球技术以争取速度为主,若球拍向后摆动过大,势必影响向前挥拍击球的速度。后摆的大小应根据击球需要灵活掌握。

(二)向前挥拍

向前挥拍的动作是指把引向身后的球拍,从后向前挥动去迎击来球的动作。该动作比较简单,很容易掌握。

(三)球拍触球

球拍触球动作是指球拍击中来球的瞬间的动作过程。为了克制来球的撞击力,应牢牢固定球拍击球时的拍面,这时如果球拍的角度稍有变化,使拍面晃动,就会引起较大的误差。初学者由于击球瞬间球拍握得不牢,经常会出现击球不稳或击球失误现象,应引起重视。使还击的球旋转,也是在向前挥拍与触球这段过程中形成的。球拍从后下向前上挥动,还击的球具有上旋性质;球拍从后上向前下挥动,还击的球具有下旋性质;向侧上挥拍,使还击的球具有侧上旋性质;向侧下挥拍,使还击的球具有侧下旋性质。球拍触球时,拍面所指的方向决定击球路线,拍面角度决定触球部位,并直接影响动作的准确性。这两个环节是决定击球方向和落点的关键。

(四)随球挥拍

随球挥拍是指球拍击球后有一段随球前挥的动作。这一动作有利于增大击球的力量,更好地控制球,并在击球的结束阶段保证击球动作的准确性、协调性和完整性,该动作也称为随挥。

第二节　握拍法

一、握拍术语

采用什么样的握拍方法是初学者接触网球运动的第一个问题，在学习握拍之前，必须先明确以下关于握拍的基本术语，为正确的握拍奠定基础。

(1)"V"形虎口：握拍受大拇指自然分开与食指在虎口处形成的"V"字夹角(图 10-12)。

(2)小鱼际：手掌根所在部位(图 10-13)。

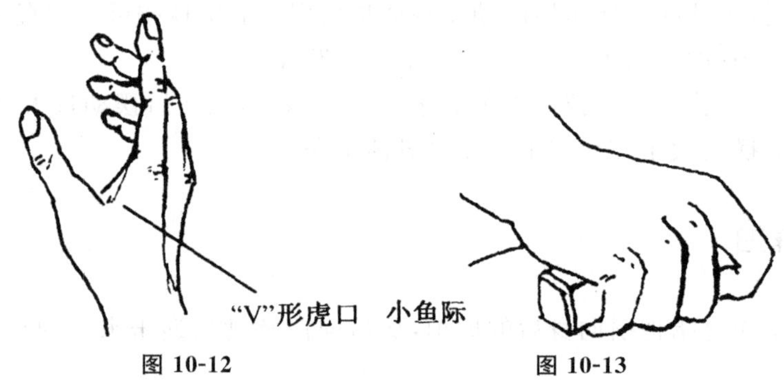

图 10-12　　图 10-13

(3)5 条线：球拍拍面垂直于地面，从左向右将拍柄分成 1、2、3、4、5 五条线(图 10-14)。

(4)8 个面：上平面、下平面、左垂直面、右垂直面、左上斜面、右上斜面、左下斜面、右下斜面(图 10-15)。

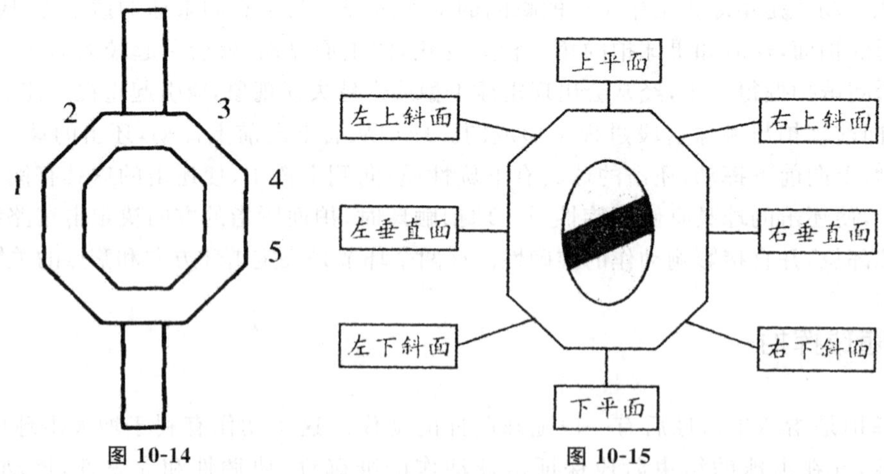

图 10-14　　图 10-15

二、握拍方法

网球的基本握拍法有东方式、西方式、大陆式、双手握拍法四种，各种握拍法都有优点和缺点。

(一)东方式握拍法

1. 东方式正手握拍法

拍面与地面垂直，手握拍柄好像与人握手一样。准确地说，用握拍手的虎口对正拍柄右上侧棱，手掌根与拍柄右斜面紧贴，拇指垫握住拍柄的左垂直面，食指稍离中指压住拍柄右垂直面，五指握紧拍柄(图 10-16)。

2. 东方式反手握拍法

从正手握拍法把手向左转动 90°(或拍柄向右转动 90°)，虎口对正拍柄左侧棱面上，即用手掌根压住拍柄的左上斜面，拇指直贴在拍柄的左垂直面上，食指压住拍柄右上斜面(图 10-17)。

(二)西方式握拍法

西方式握拍法的正反手击球都使用网拍同一个面。用这种握法，在打反弹球时，正手能打出强劲的上旋球，反手多打斜球。特别适合打跳球和齐腰高球，但对截击球和低球，特别是反手近网球，极不方便(图 10-18)。

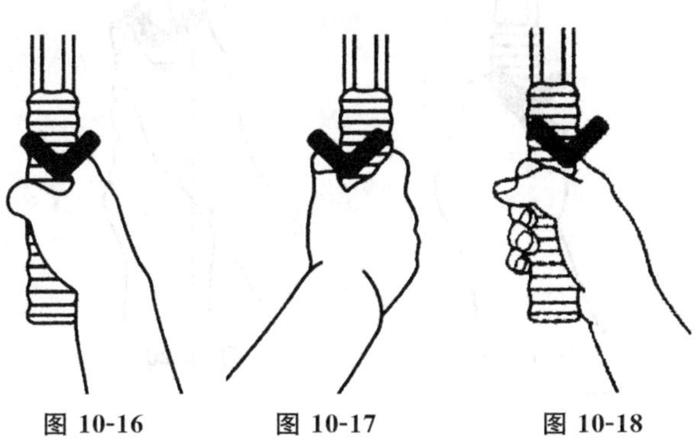

图 10-16　　图 10-17　　图 10-18

1. 西方式正手握拍法

拍面与地面平行，用手从拍上面抓住拍柄，手掌根贴在拍柄右下斜面，拇指和食指都不前伸，拇指压在拍柄上部小平面，食指下关节握住拍柄的右下斜面。

2. 西方式反手握拍法

虎口“V”字形向右转动，对准拍柄右垂直面，掌根贴往右下斜面。与拍柄底部齐平。拍面翻转，采用与正拍击球时相同的拍面击球。

(三)大陆式握拍法

虎口对准拍柄上面棱面正中间，手掌根抵住拍柄上部的小平面，拇指直伸围住拍柄，食指紧贴拍柄右上斜面，无名指和小指都紧贴拍柄，大陆式握拍法对正、反手击球都无须变换握拍，而始终如一。将球拍侧立，从上而下握拍，犹如手握铁锤柄(图 10-19)。

(四)双手握拍法

1. 双手正手握拍法

右手为东方式握拍法，握在拍柄的后(上)方；左手为东方式反手握拍法，握住拍柄的前(下)方。

2. 双手反手握拍法

双手反手握拍法即右手以反手东方式握法；左手以正手东方式握法，左手紧贴右手上方(图 10-20)。初学者打网球时，由于力量小，握不紧拍，也挥不动拍或反手存在一些毛病，因此适合使用双手反手握拍法击反手球。

图 10-19

图 10-20

知识拓展

网球肘

网球肘是一种运动性疾病，通常是指前臂伸肌肌腱在抓握对象(如网球拍)时收缩、紧张，过多使用这些肌肉会造成这些肌肉起点的肌腱变性、退化和撕裂现象。

在网球运动中，形成网球肘的病因主要包括击网球时技术不正确、网球拍大小不合适或网拍线张力不合适等。

网球肘是过劳性综合征的典型例子。网球、羽毛球运动员较常见，家庭主妇、砖瓦工、木工等长期反复用力做肘部活动者也易患此病。

第三节　步法

良好的步法是发挥基本技术的基础。步法移动是运动员在网球训练和比赛中正确击球的基本前提。网球运动中，来球的落点在不断地变化，要想准确地反击，就要靠灵活、正确的步法移动到合适的击球位置。因此，步法是网球运动技术中最重要的基本功之一。

一、基本移动步法

(一)滑步

面对球网两脚向左或向右平行移动。向左移动时，蹬右脚，再蹬左脚，两脚腾空后，先右后左，依次迅速落地；向右移动时，动作相同，但方向相反(图 10-21)。

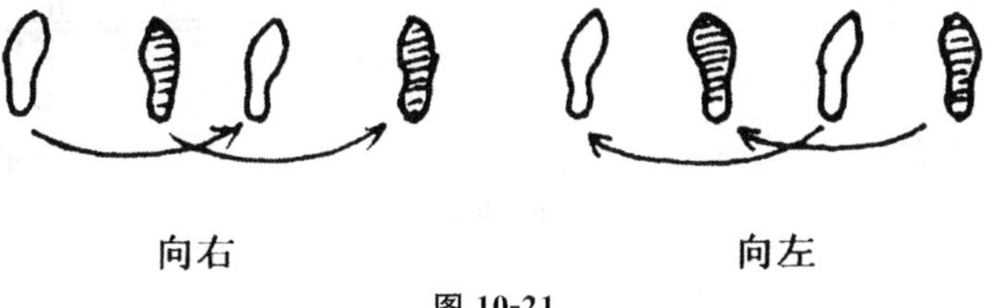

图 10-21

(二)交叉步

在底线正反手击球中经常使用。向右移动时,两脚掌向右转动,左脚先向右前方跨一步,交叉于右脚前,同时向右转体迈右脚,再迈左脚。向左移动时,方法与向右移动时相同,但方向相反(图 10-22)。

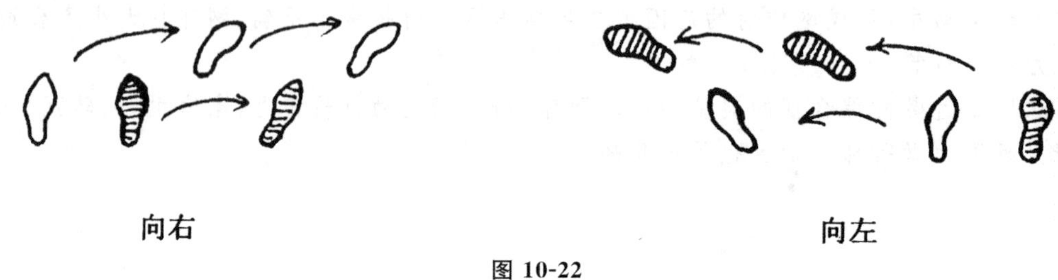

图 10-22

(三)跨踏步

在准备接发球的瞬间或随球上网击球和发球上网后准备再次击球之前采用的步法,是在对方击球瞬间完成的,它能确保身体向正确的来球方向运动。两脚左右交换支撑跳动或向前快速运动时,突然的一个急停,双脚同时以前脚掌着地,与肩同宽,脚跟稍提起,上体稍前倾,重心在双脚之间的偏前处(图 10-23)。

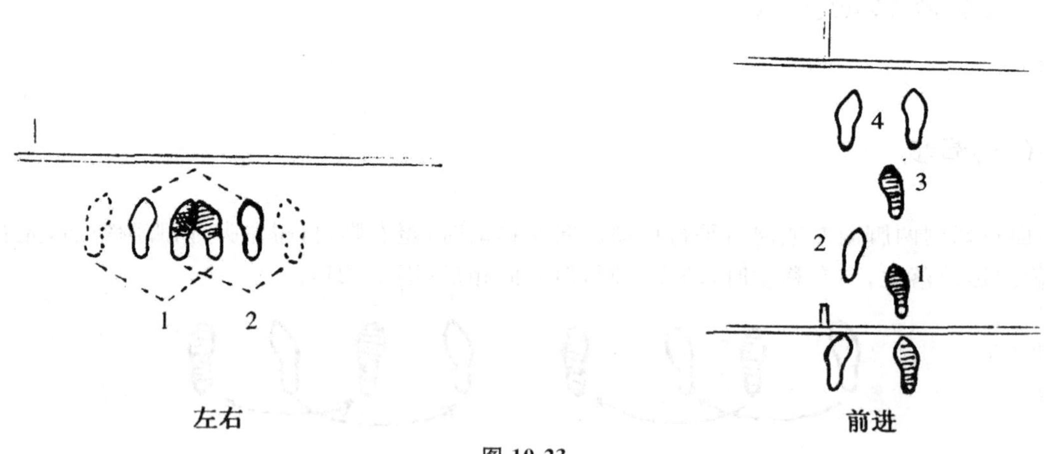

图 10-23

二、正手击球步法

(一)正手击球关闭式步法

(1)原地正手“关闭式”击球步法:以前脚掌为轴,身体右转,左脚向右前方 45°跨步,侧身肩对球网形成击球步法(图 10-24)。

(2)跑动正手“关闭式”步法:左脚随转体向右侧跨出,然后是右—左—右—左地向击球方向移动,最后一步左脚向侧前方 45°跨出击球(图 10-25)。

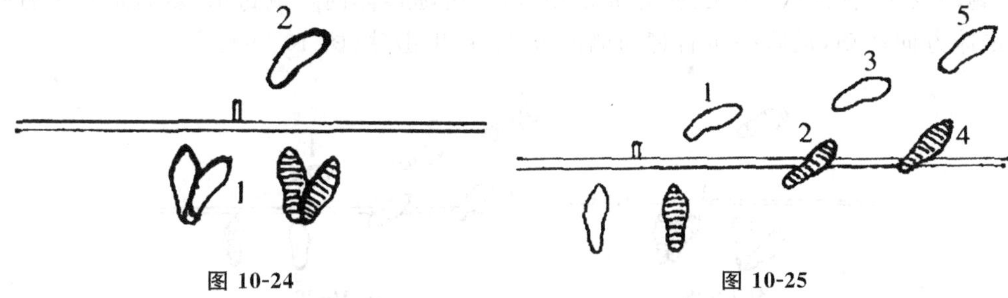

图 10-24　　图 10-25

(3)前进正手“关闭式”步法:左脚先启动向前跑进,然后右脚跟进向击球点移动,最后一步左脚向右前方跨步,转体击球。

(4)后退正手“关闭式”步法:右脚先后退,左脚随同后退,右脚随身体右转,落地与底线平行。左脚跟随向右,落在右脚内侧前方约同肩宽,击球时以右脚为轴,击球后重心前移到左脚。

(二)正手击球开放式步法

(1)原地正手“开放式”击球步法:以前脚掌为轴,直接向右转髋、转肩形成击球步法(图 10-26)。

(2)跑动正手“开放式”步法:左脚随转体向右侧跨出,然后是右—左—右地向击球方向移动,最后一步右脚横跨转体击球(图 10-27)。

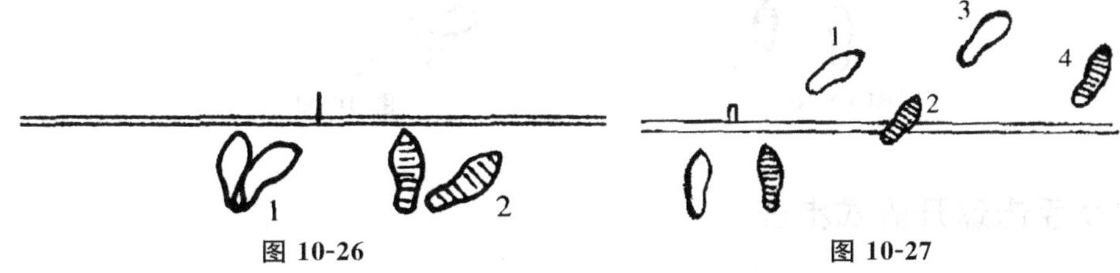

图 10-26　　图 10-27

(3)前进正手“开放式”步法:左脚先启动向前跑进,然后右脚跟进向击球点移动,最后右脚横跨一步击球。

(4)后退正手“开放式”步法：右脚先后退，左脚随同后退，右脚向右横跨一步，转髋转肩击球。

三、反手击球步法

(一)反手击球关闭式步法

(1)原地反手“关闭式”击球步法：做好准备姿势，以脚前掌为轴，身体左转，右脚向侧前方45°跨步形成击球步法(图 10-28)。

(2)跑动反手“关闭式”步法：做好准备姿势，右脚随转体向左侧跨出，然后是左—右—左—右地向击球方向移动，最后一步右脚向侧前方 45°跨出击球(图 10-29)。

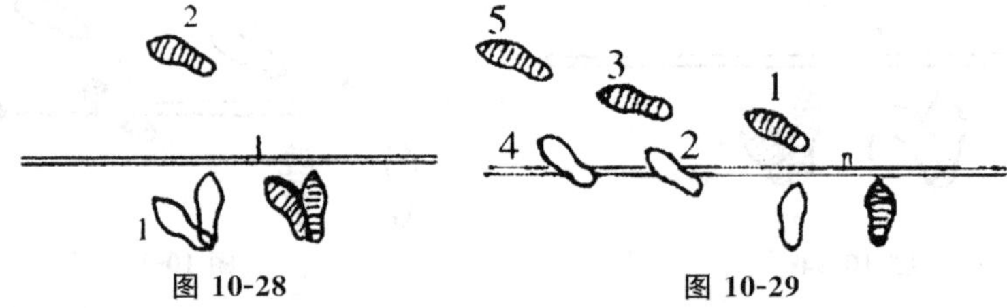

图 10-28　　图 10-29

(3)前进反手“关闭式”步法：做好准备姿势，右脚先启动向前跑进，然后左脚跟进向击球点移动，最后一步右脚向左前方跨步，转体击球(图 10-30)。

(4)后退反手“关闭式”步法：做好准备姿势，左脚先后退，右脚随同后退，左脚随身体左转，落地与底线平行。右脚跟随向左，落在左脚内侧前方约同肩宽，击球时以左脚为轴，击球后重心前移到右脚(图 10-31)。

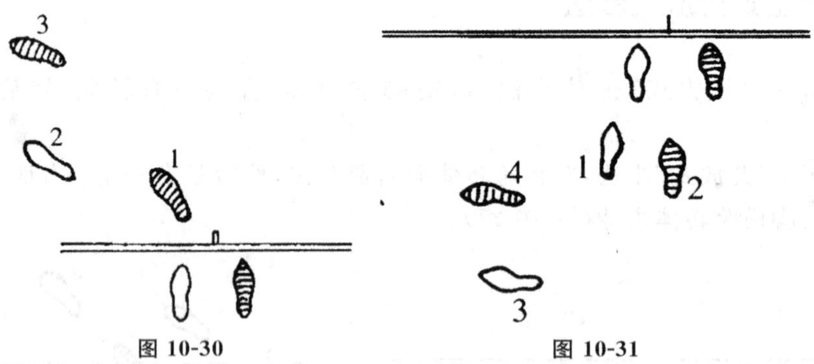

图 10-30　　图 10-31

(二)反手击球开放式步法

以原地反手“开放式”击球步法为例，做好准备姿势，以脚前掌为轴，直接向左转髋、转体形成击球步法(图 10-32)。

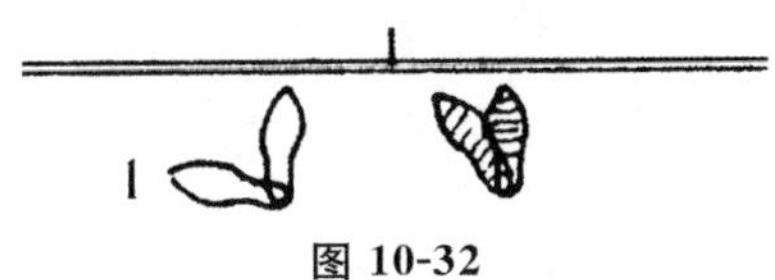

图 10-32

四、截击球步法

(一)正手截击球步法

(1)正手一步截击步法:由基本站立姿势开始,右脚随转体蹬地,左脚向侧前方跨步击球(图 10-33)。

(2)正手抢上截击步法:由基本站立姿势开始,双脚同时向右侧做侧滑步,然后右脚蹬地,左脚向侧前方跨步击球(图 10-34)。

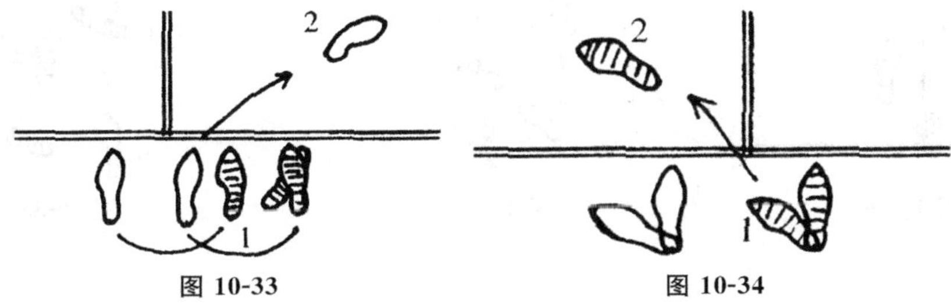

图 10-33　　图 10-34

(二)反手截击球步法

(1)反手一步截击步法:由基本站立姿势开始,左脚随转体蹬地,右脚向左侧前方跨步击球(图 10-35)。

(2)反手抢上截击步法:由基本站立姿势开始,双脚同时向左侧做侧滑步,然后左脚蹬地,右脚向侧前方跨步击球。

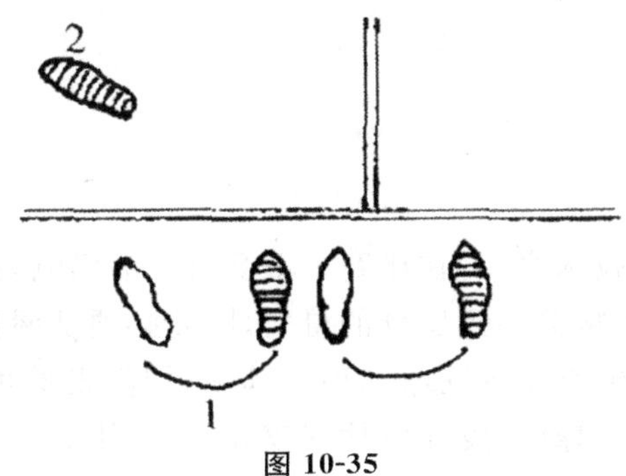

图 10-35

五、高压球步法

(1)原地高压球步法:右脚随侧身转体向后退一步与底线平行,左脚向右平移半步,脚尖稍向内扣,重心落在右腿上(图 10-36)。

(2)向后侧滑步高压球步法:身体右转同时右脚后撤一步,侧身对网,左脚蹬地,右脚向后连续做侧滑步移动到击球位置,重心落在右腿上(图 10-37)。

(3)向后交叉步跳起高压球步法:身体右转向后退右脚,而后左脚从右脚前交叉向后退一步,再退右脚(若已到位可起跳高压击球),左脚再交叉后退,右脚再后退一步并起跳在空中高压击球。击球结束后,左脚先落地,右脚再向前落地(图 10-38)。

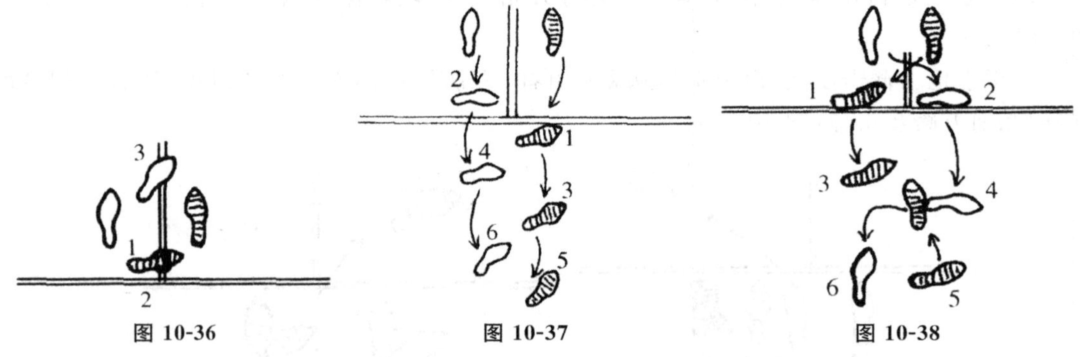

图 10-36　　图 10-37　　图 10-38

第四节　发球与接发球技术

一、发球技术

(一)发球技术分析

发球技术是网球的基本技术之一,在比赛中不受对方的影响,是网球比赛中唯一由自己掌握的重要技术,发球的好坏直接关系到比分的得失,因此必须掌握良好的发球技术。发球技术一般分为平击发球、切削发球和旋转发球三种。其中,切削发球可以用于第一发球和第二发球,它带有侧旋,以曲线进入发球区,发球成功率较高,并且使对方右手握拍的接球者拉出场外(右区),造成对方回球困难。但速度往往较慢。平击发球几乎没有旋转,球差不多笔直地下去，力量大，往往贴着网才能进入场内，在绝大多数场地上球反弹较低，一般用于第一发球，但失误率较高。旋转发球综合了侧旋和上旋的特点，球高高地过网后，急速地落进发球区，在大多数场地上球落地后反弹很高，但较难掌握。

1. 平击发球

右手持拍，侧对球网站立，前脚与端线约成45°指向右侧网柱，身体重心放于左脚，左手托住球拍的拍颈，手臂放松，稍微弯曲并保持在胸部的高度。双臂同时稍下放，在其最低点抛球手臂与击球手臂分开，但以不同的速度向上摆动；在眼睛的高度将球抛出，击球臂向后、向下、向上引拍，身体重心移至右腿上；当手臂伸展到最高点时，身体重心放于左腿，髋关节前移以降低身体重心；左腿支撑身体向前、向上运动。击球肩膀转向前面，前臂旋内，充分向前、向上伸展击球臂，在最高点击球，击球时拍面几乎垂直地面。击球后右前臂继续向外转动，球拍随挥至身体的左侧，左臂在体前协调配合做相反运动（图10-39）。

图10-39

2. 切削发球

网球运动中，切削发球是一种以左侧旋转（略带下旋）为主的发球法，是由球的右上往左下切削发球。该发球不但球速快，威胁大，而且容易提高发球命中率。在发球时把球抛到右侧斜上方，球拍快速从右侧方至左下方挥动。击球部位在球的中部偏右侧，使球产生右侧旋转。

3. 旋转发球

以上旋发球为例，上旋发球时，球在空中有强烈的上侧或伴有侧旋，落地后弹跳比平击发球要反弹较高，给对方造成一定的困难，发球时要尽量隐蔽，看上去像是在发平击球或切削球。旋转发球的抛球比平击球和切削球抛得更靠近身体。为了得到所需要的旋转，球拍应向上并翻越过球，这就需要与切削球和平击球发球有不同的击球位置与明显的扣腕动作。

（二）发球技术训练

（1）徒手挥拍模仿练习。

（2）抛球练习。

(3)自抛球对墙发球练习。

(4)发球区对网多球发球练习。

二、接发球技术

(一)接发球技术分析

网球运动的接发球技术是指还击对方发球的技术,接发球的好坏将直接影响运动员在比赛中能否掌握比赛的主动权。接发球时,运动员应根据自己的习惯来决定握拍法。当球一离开对方的球拍时,就应该决定是否要转变球拍。向后小拉拍时改换握拍法要做到迅速及时,才能还击好来球。

1. 握拍方法

运动员可根据自己的握拍习惯选择相应的握拍方法。和平时练习或比赛中正手击球的机会远多于反手击球不同的是,接发球中,大多数发球员都会将球发向接球员的反手,除非接球员反手击球明显优于正手击球,因此采用东方式反握方式握拍为宜。如果对手打来正手球,从反握换成正握也比较容易。

需要注意的是,在接发球时,握拍、引拍、前挥要保持松动,但从网拍接触球前的一刹那要紧紧握住网拍,特别是拇指、食指和无名指要用力抓拍,加之手腕固定保证拍面稳定,即使不能有力还击,也可用牢固的拍面顶住来球或以合适的拍面角度控制还击方向。

2. 基本站位

一般位于端线附近,在有效发球最大角度的分角线上或略偏于反手位置,接近于单打边线处,前后的位置应根据对手发球方式和力量大小来确定,力求在接发球时能前移击球。

需要注意的是,网球运动中第一发球和第二发球的接发球位置是不同的。一发接球一般站在底线后稍远的地方,而二发接球则相对较近一些,可以在场地内。判断清楚来球后,迅速转动完成引拍动作,握紧球拍,手腕固定,主动迎前顶击来球,尽量加长球拍触球的时间。对于较弱的发球,应抓住时机,以先发制人。不论来球快慢,接发球者眼睛必须盯住来球,击球后应立刻移动到自己场地的中央,准备下一次的接发球。

3. 准备姿势

两脚平行站位,比肩略宽,右手持拍者一般右脚稍前,两膝微屈,上体稍前倾,脚跟提起,将球拍置于体前(图 10-40)。当对方抛球时,重心上升,两脚快速交替跳动,在对手球拍触球的一瞬间做一个小"跨踏步"以达到快速起动的目的。

图 10-40

4. 击球方法

在网球训练或比赛中，击球时应根据来球情况合理还击球，不同球的处理具体如下。

(1)接发平网高度的来球：用正常的打法还击，球与拍面接触的一刹那要准确控制拍面角度，针对对手站位情况确定球的飞进方向与落点。

(2)接发带有较大的下旋或侧旋的球：弹跳得低而浅，迅速上步，以后仰些的拍面积极地向前推出并加以削切，使球既有速度又能落地后弹起较低或变向。

(3)接发高过肩的球：积极上步，立足于早打。击球时锁住肩关节，固定手腕，身体重心明显下压，借助于转体，手臂大力挥击。

(4)接发过头又不足为高压球：击球时切忌下压，要向高处挥击，似乎是要将球打向对手的挡网，然而由于拍子的走向在体前，击球后拍面趋于关闭式。击球时注意不要使拍面过早关闭，也不要将球击向发球区。

5. 落点控制

落点是运动员在还击球之前要观察对方行动时必须考虑的问题，选择好接发球落点，以便于控制对手发球后的抢攻。还击球之前要观察对方的行动，对自己的回球路线和落点要有所考虑。

6. 随挥动作

击球后，球拍应先跟着球出去，然后做充分的随挥动作。一般来说，不要限制击球后的跟进动作，尽量加长球拍接触球的时间，球拍应先跟着球出去，然后做充分的随挥动作。一般情况下后摆动作小，随挥也小，后摆动作大，随挥也大。随挥动作结束后快速移动到自己场地中央，准备迎击下一次来球。

(二)接发球技术练习

(1)底线附近无球情况下做接发球跑动、挥拍练习。

(2)分组进行发接对抗，激发学练的积极性。

(3)反复练习准备姿势和接一发球的站位、接二发球的站位。

(4)多球练习。初学者可以先练习按固定位置的球速较慢的发球，然后再增加发球的力量速度；随着接发球技术水平的提高，应练习接各种变化的发球。

(5)与发球员配合的接发球练习。由一至两名练习者发球，结合实战，进行接发球练习。

(6)多人轮流发球，要求接发球者把球回击到指定的区域内。

第五节　击球技术

一、基本击球技术

(一)基本击球技术分析

网球运动的击球技术分正手击球和反手击球两种。其中，正手击球是网球技术中最基本的击球方法，是初学者最先学习的击球技术。正手击球的击球有力、速度快。对初学者来说，网球最重要的是先把球打过网并且要落在球场内，而正手击球恰恰容易做到这一点。反手击球是网球基本技术中最常见的击球方法，初学者一般是先学习正手击球后再学反手，当正手有了一定的基础后，再学反手比较容易，反手击球动作技术有些与正手基本相似。

1. 正手击球

以右手握拍为例，左肩对网，左脚与底线约成45°角，右脚与底线平行，左臂屈肘前伸，协助保持身体平衡。当右手引拍到两肩在一条直线上的时候，拍头向上略高于手腕，拍面要保持平放，拍头指向身体后面。击球时，应以肩关节为轴，手腕要关闭(不要动)，用大臂挥动，带动小臂、手腕及球拍。球拍面在整个击打过程中应保持与地面垂直或者略开一点。球拍从后引开始到向前挥击，应是一个完整动作。当球拍击中球的瞬间，应该是球拍的“甜点”(网球拍的中点)击在球体水平轴的后部。球拍与球撞击后，整个击球动作并没有结束，而应该是继续向前充分随挥，拍子的打势要结束在左肩的后上方(图10-41)。

2. 反手击球

(1)单手反手击球

以右手握拍为例，从准备姿势开始，以左脚为轴，向左转肩转髋，同时右脚跨出一步，使两脚与肩同宽，身体右侧对球网，重心移至左脚上。转肩同时左手转动拍颈使右手成东方式反手

图 10-41

握拍,并带动球拍后引与身体平行,击球肘贴近身体,左手轻持拍颈,拍头略低于来球。击球时,身体重心移至右脚,左手放开拍颈,以右脚为轴向右转髋转肩,带动右手臂由下向前上挥拍,击球中部偏下,击球点在右脚侧前方。击球后球拍随惯性继续挥至右肩上方,并迅速恢复成准备姿势,随时回击下一次来球(图 10-42)。

图 10-42

(2)双手反手击球

右脚在前,身体右侧朝向来球方向。判断准来球是飞向反手方向后,双手握球拍向左后方摆动,右臂伸展较大,左臂弯曲。在迎球过程中,挥臂与转体动作配合,使球拍由低向高挥动,击球点在右脚侧前方,拍面垂直,接触球的中部。击球后双手随势挥至右侧头部高度,身体重心移向右脚。击球后迅速还原以备下次击球。

(二)基本击球技术训练

(1)徒手模仿动作:集体听口令原地做分解的慢动作,然后做完整动作。

(2)无球挥拍练习:集体原地挥拍练习、移动后挥拍练习。

(3)抗阻力挥拍练习:两人一组,一人挥拍做动作,另一人在其体后抓住拍头,使其体会腰部发力击球。

(4)击固定球练习:由分解动作逐渐过渡到完整的击球动作。

(5)击抛球练习:学生分组练习,一人抛球,其余人击球,循环击一定数量的球。

二、挑高球技术

(一)挑高球技术分析

挑高球是网球运动中进攻和防守中常用的技术方法。进攻性挑高球采用突然袭击方式,将球挑到使对方难以到位救球,从而得分。防守性挑高球的弧线很高,常从这边端线放到另一边端线附近。

1. 进攻性挑高球

进攻性挑高球又称为上旋挑高球,技术难度大,一般只由高水平选手使用。通过放网前短球,或是使对手误以为要打"穿越球",将对手引诱到网前,或利用对方随球上网,待球的质量不高时,再挑高球。

击进攻性挑高球时,采用西方式握拍法,击球前拍头低于来球,击球时抖动手腕,产生很大的摩擦力,使球剧烈向前旋转。基本技术同打落地球相似,区别在于要拍面上仰,击球瞬间迅速向前上方提拉,使球产生强烈的上旋,越过对方至底线或者是对手无法回球的角度上。挑高球时,注意隐蔽自己的意图,后摆是应顺着球向后收拍,使击球点靠后。击球前要保持正确的姿势,像打落地球那样击球,同时要注意肩部不要过于用力,以免造成动作变形。击球后迅速做好下次击球准备。

2. 防守性挑高球

在网球运动中,当跑到离球场很远的地方接一个非常被动的球时,势必要使用防守性挑高球。挑高球的基本技术同正反手击球相似,只是拍面上仰,击球的后下部,并带有向上送球的动作。实际比赛中,可根据具体情况打出上旋球、下旋球和不旋转的高球。

击防守性挑高球时,注视来球,在跑向球时使球拍后摆,直到球拍后摆指向身后的挡网,击球动作与普通的正手相同,使对手不知道你是抽球还是挑高球。击球时,拍面要打得更开些,击球的下部,手腕绷紧,球拍与球接触时间要长一些,拍和手向前上方送出,眼睛始终盯住球,尽量往高处和深处打。球拍顺着球飞行路线向上做随挥动作,动作在身体前面高处结束。然后迅速跑回到场地的有利位置,调整站位,恢复到合适的击球位置,以备下次击球。

(二)挑高球技术训练

(1)两人一组,来回挑高球,直到其中一个失误。然后在挑高球做得比较好并获得经验时,就可以开始打射出角度小的挑高球。

(2)陪练员网前截击,陪练员站在对场的网前,抽一个球过去,陪练员打一个截击球过来,然后挑高球过去，不管球落在场地何处，都要挑高球过去。如果截击过来的球允许有足够的时间打上旋挑高球，就尽量打。

(3)打防守性挑高球。陪练员抛球，陪练员取一桶球，不断地将球抛到学练者的两侧，学练者在跑动中瞄准一个目标挑高球，用斜线或直线挑高球瞄准不同场区。陪练员发球到学练者的正手，然后是反手，使学练者来回移动。

(4)改善击球感。让陪练员抛过来的球在身边弹起，在身体附近练习挑高球，这样不会有太多的身体移动，容易处于平衡。没有击球感的人在挑高球时通常是失去平衡而完全用身体打球，没有真正控制球拍头。应多练习以培养正确的球感。

三、放小球技术

(一)放小球技术分析

放小球又称“触击球”“放短球”“吊小球”，是网球比赛中一种不用力的击球。在网球运动中，放小球不仅仅是为了得分，还是为了调动对方在场上的移动。放小球多使球轻轻地越过球网，在离网附近处落地且跳得很低，造成对方因准备不足来不及到位回击。此外，也可用来迫使不善于网前击球的对手因上网而受困。放短球时，要求多用手腕动作，带有削击。正反手都可以放短球。放短球时，用轻微的切削动作使球下旋并减速，球轻轻地过网，在对方前区落下后跳得很低。

放小球技术可以分为正手放小球和反手放小球两种技术方法，具体如下。

1. 正手放小球

准备姿势及引拍动作同正反手击球动作技术基本一致，击球前一定要“伪装”好，不要过早地暴露击球的意图。采用击打落地球的握拍方法，或用大陆式的握法来增加旋转，向后高引拍，比截击球的引拍动作要大。当球拍向前挥动时，握拍要放松，拍的底边在前面，直接向前下方挥拍，保持拍头高于手腕。当球拍接触到球时，打开拍面准备击球，用球拍的底边切球，使球产生向后的旋转，击球后，保持放松握拍。随着球和拍的渐渐分离，球拍继续前挥，高于球网，拍面对准击球方向，不持拍的手协助保持平衡。

2. 反手放小球

准备姿势、引拍动作及注意事项同正手放小球，采用反手旋转球的方法握拍，转肩，向后高引拍，眼睛注视来球。用球拍的下边缘摩擦球的下部，向前挥拍，保持拍面打开，使球过网，向前随挥球拍，在身体的远端触球，击球点向前一些，保持拍面的方向，同时头部稳定，另一侧肩向后，拍头对准击球方向，使用不持拍的手协助保持平衡。

(二)放小球技术训练

(1)离墙距离3米左右,分别用正反手削送球上墙,等球落地一次后再轻削送球上墙。

(2)离墙距离6米左右,分别用正反手削送球上墙,等球落地两次后再轻削送球上墙。

(3)一次对墙抽击练习,一次对墙放短球练习。

(4)同伴在底线多球喂送,在网前(或中场)放小球练习。

(5)底线正反手抽击球对练,练习中突然放小球。

四、截击球技术

(一)截击球技术分析

截击球技术是网球运动网前技术中的一种攻击性击球方法,是攻击性打法的重要内容。良好的网球截击技术是优秀网球运动员必须具备的,比赛中常用在发球上网或正反手击球后上网截击。在网球比赛中,谁能控制住网前球,谁就掌握了场上的主动权,谁就能控制整个局面。截击球回球速度快,力量重,威胁大,特点在于缩短击球距离,扩大击球角度,加快回球速度,因此,截击球是网球比赛中重要的得分手段和进攻性打法。

1. 正手截击球

右手持拍,站在网前2～3米的位置,准备姿势与一般击球基本相同,但球拍要举得高一些,大约与眼部同高。截击时后摆动作要小,击球点保持在身体前方,拍触球瞬间手腕固定,用力握紧球拍,略加向前推击的动作。截击较近的球左脚跨出一小步,截击较远的球跨出一大步(图10-43)。

图 10-43

2. 反手截击球

积极移动，准备姿势同正手截击球。击球点比正手截击球靠前一些，及早跨出右脚，重心置于右脚。击球时手腕固定，用力紧握球拍，拍面稍前倾，触球中上部。击球后右臂伸展，向前下方压送（图 10-44）。

图 10-44

3. 截击低球

击球前，先降低身体重心，屈膝至球的适当高度，否则仅靠垂下拍头击球，就会以无力的手腕动作将球向上勾起。在采用前弓步击球时，有时膝盖可触及地面，拍头略低于手腕，拍面开放些，在身体前面击球，击球时最好加上旋或侧旋，尽量把球打在深处，以迫使对手向上击球，击球后做短促的随挥动作。

4. 截击高球

以正手击球为例，击球时有一定后摆，触球前要握紧球拍，手腕绷紧并朝上，击球时球拍对准球，重心向前，然后用简短的随挥动作，对着球推击向前下方送出，准备下一次回击。反手截击高球时，扶拍手帮助球拍向后摆，球拍后摆幅度不要太大，拍头朝上，目视球，击球挥拍时扶拍手放开，触球刹那手腕绷紧，球拍从高到低向前下击球，击球后做好随挥动作。

5. 中场截击

站在发球线中点附近。在腰部以下的部位击球，注意精确的击球点和拍面的角度，当来球力量较小时，应加大后摆引拍动作和前摆力量，以加大回球力量，尽量回击到对方深区的空当，以便于及时占据网前的有利位置。击球后的跟进动作随着球的行进路线要稍长些，但不能太长，否则会影响下一段击球的准备动作。

6. 近网截击

站在中线发球线前 1～1.5 米，一般站在位于对方破网的直线和斜线之间所形成夹角的平分线上。判断清楚对方来球的球速、球离网高及球的角度后，迅速起动调整位置。如来球快而平，球拍面应稍开，击球中下部，手腕紧固，以短促的动作向前向下顶撞来球。如来球快而高，并略带上旋，拍面应竖起垂直，击球中部，以短促的动作向下、向前顶撞来球。近网反拍截击球时，前期准备动作与近网正拍截击动作相同，重心向前，后摆动作小，根据来球高低，调整后摆位置高低及击球部位。以肩关节为轴，由上向下或由后向前顶撞击球，手腕紧固，以前臂发力控制落点。击球时右脚跨出，重心在后脚上，随击动作短小有力(图 10-45)。

图 10-45

7. 近身截击

准确判断来球，把球拍迅速放在身体前面，并使反拍面向前。击球时，手腕绷紧，拍面在身体正前方挡击来球。受动作限制，近身截击不好加力，多以防御为主。但如要加力截击，身体应向左转，没有后摆动作，直接把球击出。击球后随击动作要小，并迅速回到原来的位置，准备截击下一板球(图 10-46)。

图 10-46

(二)截击球技术训练

(1)无球状态下挥拍动作练习。
(2)两人对面击球。
(3)上网练习。

五、高压球技术

(一)高压球技术分析

网球运动的高压球技术是指将对方挑过来的高球自上而下扣压到对方场区，又称为扣杀或猛扣。高压球打得好不好，取决于能否尽早进入有利的扣球区域。一旦对手在挑高球，应马上侧身向右，抬起头注视高高飞来的球，做跳跃式垫步后退，重心放在前脚掌上。移动身体的同时，右手举起球拍，并以左手指向飞来的球，眼睛始终盯住来球，做好击球准备。根据对方挑高球落点的深浅，采取猛力的扣杀和落点准的打法，能使高压球更具有威胁。常见的高压球技术主要包括以下几种。

1. 凌空高压球

在网球训练或比赛中，当对方的高球挑得较低并且富有进攻性时，要快速侧身后退，身体应朝着球飞行路线左边让开一些，这样就能在右肩上方击球，而不是在头顶上击球，同时，要早一点举拍，眼睛注视来球，另一手对着球，这样做不仅能保持身体的平衡，而且能容易调整场上位置。球拍的后摆动作要简短，拉过肩，垂下拍头，同时翘起手腕，不需要把球拍下垂到很深的搔背状，但要抬起肘部，以最快的速度出击，转肩，整个手臂伸直。当球拍接近球时，做扣腕动作，收腹、挥臂使球拍前挥通过手腕的扣击使拍头加速。击球后，高压球的随挥动作就像平击发球一样，扣腕动作要继续，并让球拍绕过身体，使它在结束时位于身体的左侧并指着身后的挡网。

2. 落地高压球

在网球训练或比赛中，当对方挑的来球太高时，可等球落地后弹起来再打高压球。因为这种球直线下落，受自由落体加速度的影响，要确定击球点十分困难，打凌空高压球难度较大。但这种球因挑得较高，有充足的时间后撤，球落地后前冲少，弹跳平稳，落地后再打较为容易，这样既可以增加打高压球的把握和信心，又能较好地控制球的落点。打落地高压球的动作要领和凌空高压球一样，需要一边侧身跑位，一边用小的垫步快速调整，同时高举球拍准备扣杀。击球点的位置和发球一样，在身体的前上方，双脚蹬地，充分伸展手臂，于腕击球时做“旋内”的扣腕动作，争取最高点击球。击球瞬间，手臂、手腕和球拍在一条直线上，身体稍向前倾。击球后扣腕动作继续，手臂顺势向下完成随挥动作。

3. 跳起高压球

一般来讲，跳起高压球的动作比前两种高压球难度都大，其目的是不让球从头上方漏过去而失去主动进攻得分的机会，并能从高处增加击球的力量和角度。该技术的动作必须协调，如果先跳起再挥拍,会使身体失去平衡,甚至造成跌倒受伤。当对方击球后,应准确判断来球,当来球较高、较深时,快速侧身滑步或交叉步向后退,同时持拍手直接后引向上举起球拍。到达击球位置时,一般以与持拍手同一侧的脚蹬地起跳同时挥拍,击球应尽量在最高点,利用手腕旋内扣腕动作将球压入对方场地。落地时异侧的脚先着地、缓冲,挥拍击球时双脚在空中有个前后换位的动作,以在转体发力后保持身体平衡。击球后迅速还原,以做好下一次击球准备。

(二)高压球技术训练

(1)徒手练习:用手接住同伴的来球,体会身体与球的位置关系。

(2)击球练习:击同伴不同方向的喂球,击球后手臂自然挥下,并做出高压球的完整动作。

(3)持拍击球点练习:将球拍的长度加入击球点的位置中,好像用延长的手臂击球,体会击球点的准确位置。

(4)完整的动作练习:反复做完整的击球动作,体会身体侧转、球拍后摆幅度、脚步移动变化、随挥动作等。

六、反弹球技术

(一)反弹球技术分析

在网球运动中,反弹球技术是运动员在球刚弹起来时立即击球的方法。这种球的击法是在对方来球从场地刚刚跳起还未跳至最高点之前立即用小臂带一点手腕动作,把球反弹到对方场区。运动员在上网或被动来不及后退击球,又来不及上前截击时,多半使用这种击法。打反弹球的难点是正确判断球的落点和反弹角度。击反弹球技术的动作具体如下。

看准来球,积极移动到位,尽早接近球。击球时,眼睛盯住球,手腕与前臂紧固,拍面略开,上步并身体前倾,感觉好像要用身体去撞来球一样。向前跨步同时引拍,引拍动作简短,拍子由下向上做反弹球,动作干净利落,击球后应迅速回位。当判断来球需要打反弹球时,迅速下蹲,降低重心。如正拍反弹球,应转体右脚向前做跨步,右腿弯曲;反拍反弹球侧相反,此时身体前倾,同时必须保持身体平衡,后摆动作视球过来的球速及准备时间的快慢而定,一般在转体时已完成后摆动作。随挥动作不宜太长,能引导出球方向即可。击球后要迅速做好下次击球的准备。

(二)反弹球技术训练

击反弹球,需要把更多的注意力集中在击球时机上,同时做到以下几点。

(1)反弹球时眼睛看球。

(2)后摆稍微缩短,降低重心并保持低重心击球。

(3)击球时,拍面几乎平对球;击球后,随挥动作要做充分。

因此,在训练过程中,可以通过分解动作的形式练习反弹球技术。同时,注意击球技术动作的连贯性训练。

知识拓展

网球运动礼仪

(1)“尊重网球场上的一切人与物”,这是打网球者最起码的行为准则,它包括尊重对手、观众、工作人员、服务人员,包括尊重球网、网柱、球拍、球等。

(2)运动员在赛前练球热身过程中,有义务为对方的练习提供帮助,任何有意妨碍对方练习的做法都是有失风度的。

(3)球场上不要踢球,网球是用拍子打的,不是用脚踢的。

(4)网球场上应该听从裁判的判决。裁判员与球员之间常因界内界外的问题发生分歧,这时候球员应尽量保持情绪上的稳定,如有球印的话可向裁判指出,没有的话,应服从裁判。

(5)如果打出一记幸运球,球擦网后改变方向和速度,落在对方场内,一般对手接不住,要说声“sorry”或举拍示意。

(6)对方就位后再发球,发球时应先看一看对方是否已做好了接球的准备,待对方做好接球准备后再发球。

第十一章　网球运动的基本战术

学海导航

要想在几乎同等水平的网球比赛中获得最终的胜利，单单凭借出色的技术远远不够。适当地将技术经过合理组合并运用到适当的时机中，以获得最大化发挥自身的优势和最大化限制对方的优势的效果，这就是网球运动战术的作用。本章就重点从基本理论和单双打战术等方面入手，对网球运动的基本战术进行说明介绍。

第一节　网球战术基本理论

一、网球战术的概念

网球战术是运动员在网球比赛中为战胜对手或为表现出期望的比赛结果而采取的计谋和行动。狭义的网球战术主要是指在比赛中根据对方的打法类型及技术特点，采用各种技术的原则和方法。广义的网球战术主要是指技术、意志、智能和素质等在比赛中有针对性地综合运用。

网球战术是每个网球运动员的各种竞技能力得以在比赛中全面发挥出来的条件。运动员在比赛中，根据自己和对手的具体情况，正确而又有目的地把自己所掌握的各种技术有意识地组合起来，最大限度地发挥自己的各种竞技能力，克敌制胜。另外，合理、正确地运用战术可以在争取比赛胜利的过程中有效地减少体能的消耗。

二、网球战术的基本原则

(一)战术目标的明确性

战术意味着设计一套现实的比赛方案,对自己做出正确的评价和学会分析将要遇到的对手。它能使自己进步更快,获得更大的成功,得到更多的乐趣。在网球比赛前,运动员既要对自己的技术情况做到心中有数,还要通过观察分析,了解对手整体作战情况,客观地摸清对手的基本打法类型、技术和战术运用的特点、特长技术、体能状况、心理素质等,然后有针对性地制定出自己切实可行的战术方案,做到知己知彼,明确比赛目标。

(二)战术态度的积极性

网球战术的选择和制定必须体现积极主动的指导思想。在比赛中,力争积极主动,打出气势,以控制比赛的程度和节奏。一旦拿定主意,就坚决地打下去。比分领先时要做到胜不骄,乘胜追进;在打相持球和处理关键球时决不手软;落后时不气馁,敢打敢拼,大胆贯彻自己的战术意识,顽强拼搏到比赛的最后一刻。

(三)战术节奏的平衡性

网球比赛的节奏渗透于网球攻守的战术之中,进攻的节奏是通过进攻的速度快慢和强度变化交替灵活地运用来体现的。防守的节奏是通过延缓对方的进攻速度和增加对方进攻的难度来体现的,掌握节奏极为复杂,极具艺术性,它与比赛经验、临场应变能力、观察和判断场上形势、捕捉战机等的关系十分密切。掌握和控制好攻守的节奏是在网球比赛中获得主动权的重要手段。

网球运动中,任何进攻战术都是为了创造机会直接得分,攻守平衡不仅要求在战术指导思想上要有清楚的认识,在战术打法上也要有充分的体现,更重要的是在个人的能力上要具备全面的攻防能力,既有进攻能力,又有出色的防守功力。任何防守战术都是为了阻止对方获得得分机会或让对方出现失误而失分。实践证明,片面强调进攻或防守都不可能实现网球比赛预期的结果。

(四)战术应用的灵活性

机动灵活、随机应变是网球战术的基本原则之一。网球运动员在赛前根据自己的特点,精心设计并熟练掌握几套进攻、防守战术的打法是非常必要的。运动员在比赛中打得不顺时,可采用备用战术,以对付场上的多种变化,力争克敌制胜。

当自己的战术被对手适应时，应力求改变，用变线、深浅的结合，打空当来调动对方，使其左右前后奔跑。用打身后球来打乱对方的步法；用组合击球拉开空当等战术增大对方击球难度；在交换发球场地时对比赛进行分析，以决定何时改变战术等。总之，运动员要根据赛场上的不同变化，灵活机动，随机应变，才能做到克敌制胜，取得比赛最后的胜利。

（五）战术目的的利己性

优秀的网球运动员都有自己独特的打法和风格，不管哪一层次的运动员，也都有其长处与不足。在比赛中，运动员首先拿出自己的特长技战术，发挥自己的长处，从而使对方暴露出弱点。如有的运动员较难处理高而深的球，而有的运动员正手或反手击球经常出现一边比另一边差；采用正手、反手、再正手的顺序打对方，如对方不失误，可采用反手、正手、再正手的攻击方法，结果却能使对手出现接球失误；当与擅长底线技术的运动员比赛时，就要想方设法不让他留在底线；当与发球上网型选手对峙时，则要限制他上网进攻，尽量不让对手发挥他的长处等。

现代网球比赛，从某种角度上来说，就是在比谁能发挥自己的长处，避免自己的短处。因此，在比赛中要有耐心，仔细地观察。若能真正抓住对方的弱点，寻找对方易出现失误的规律，扬长避短，就可以掌握比赛的主动权。

（六）战术制定的创新性

首先，网球场都建在室外，在室外进行比赛时，天气状况有时候是很难保证的。当天空艳阳高照时，就应该考虑是正对阳光还是背朝太阳；当有风时，就得考虑是顺风还是逆风。不同的情况下应该采取不同的打法，比赛中要根据当时的自然环境制定相应的战术。

其次，网球比赛情况千变万化，对手也会采用针对性的防守或进攻战术打乱部署，使预定的战术套路难以实施。因此，必须鼓励和提倡运动员在坚决执行预定攻守计划的同时，充分发挥自己的创造性，提高合理运用战术的能力。根据赛场情况的变化适时改变既有战术进行比赛，是在激烈竞争中攻击对手的重要法宝。当今网坛高手云集，技战术发展突飞猛进。运动员在比赛中如能懂得战术并能巧妙地加以运用，就能在同等水平的比赛中占据主动地位。

（七）战术技术的结合性

战术与技术的合理组合运用是现代网球战术的重要特征之一。在网球比赛中，战术只能是作为一种比赛取胜的手段，而不是比赛取胜的绝对条件。网球战术必须同网球技术的运用密切相连。

不同的网球技术在具体运用时会达到不同的效果。当制定好战术打法以后，就必须选择与之相适应的技术动作。也只有具备了较出色的技术时，才能够充分地实施自己的战术意图，取得比赛胜利。

知识拓展

穿过配合与夹击配合口诀

掩护临近一刹那，及时提醒主动辙。
看准时机突然动，封堵围守边角区。
让给同伴中间过，以便防守各自人。
积极限制持球人，但忌急于去抢球。
以免无谓去犯规，创造抢断或违例。

三、制定网球战术的依据

(一)根据环境制定战术

1. 根据风向制定网球战术

网球比赛中遇到顺风和逆风时，所采取的战术有很大的区别。

处在顺风一侧的场地比赛时，首先要时刻记住顺风击球会使球速加快，这时击球不应太发力，应该增加球的旋转，防止球出界；其次，顺风打球时，有机会一定要积极上网，因为网前击球比底线击球受风的影响少，且对手所处逆风击回的球的球速度会较慢，这对网前截击特别有利。再次，顺风比赛，底线相持时，尽管稳稳当当地把球打向对手的场地即可，大可不必速战速决。因为，对手要付出更多的努力才能打出和你一样的球速，所以只要稳扎稳打即可。

处在逆风一侧的场地比赛时，运动员可以放开全力击球，不必担心球会被打出界。当对手上网时，尽可能地挑高球，球要挑得深，一般情况下由于逆风的阻力，球往往会落在场内。一旦挑高球成功，再及时随球上网截击，就会很轻松地取得一分。

2. 根据阳光制定网球战术

一般来说，所有网球场都应是按南北朝向修建的，在网球比赛中总是有一方的运动员是朝着太阳的，正对太阳一方的运动员在发球时，应该轻微改变自己的发球站位，或者抛球时应略低于正常高度。如果对手在挑边时选择了发球，那么接发球方应该尽可能选择正对太阳一边接发球，这样在交换场地后就可以背朝太阳发球。

背朝太阳时，要记住向哪个方向挑高球，一旦对手上网，可以随时挑高球。

对着太阳时，不要轻易上网，如果上网了，对方挑高球时，可以打落地高压，但尽量不要让对手觉察。

3. 根据气温制定网球战术

夏天比赛，气温高，体力消耗大，比赛中往往考验的是队员的心理和意志。当参赛者感觉到热时，对方也是如此，所以比赛时要尽可能地调动对手，让对手前后、左右地奔跑以尽快地消耗其体力。当对方的体力消耗殆尽，心理防线也会就此垮掉，获胜的机会也就相应地增加。

冬天比赛，要充分做好准备活动，避免运动创伤的发生。挑边时，不妨先选择接发球，因为天冷气温低，开始时，身体各关节较僵硬，还未进入最佳状态，发球质量难以保证，对接发球一方较为有利。

当然，外界比赛环境会对战术的选择和制定产生很大的影响，但这些因素都不是绝对的，网球比赛归根结底还是运动员综合素质的较量，所以在平时的训练中，一定要加强各方面的训练。

4. 根据场地制定网球战术

（1）慢速场地（沙地）

在慢速场地上进行训练或比赛时，击球多用上旋；发球时发上旋球或有角度的高挑球，而不仅仅追求大力发球；结合采用高球和上旋球，然后击半高球上网；不要攻击所有的短球，而是取得主动，将球击向对手身后；防守时变换打法；采用令对手疲劳的战术，因为慢速场地能让选手救起多数险球。

（2）中速场地（室内场地、硬地）

在中速场地上进行训练或比赛时，要善于使用各种类型的旋转，如上旋和半高球；发球时使用各种旋转和力量；结合采用不同旋转和不同高度的击球；攻击短球时击向对手身后，随球上网高空截击，采用满场飞的打法，截击空当。

（3）快速场地（草地场地）

在快速场地上进行训练或比赛时，应更多地使用削球和平击；发球时发侧旋的小角度球，而不仅仅追求大力发球；结合采用打高球，用非常小的引拍动作击球，然后移动至场内上网；攻击所有短球要凶狠，上网并提前封住落点；采用低弹球的战略。

（二）根据场区制定战术

1. 前场区网球战术

前场区又称为拦网区，是网球场中最具进攻性的区域。

拦网区不会给一名选手任何的选择，在网前的移动通常是侧向和向前的，在这里必须完成向前的动作和进攻行动，即将球打死并且充分展示出攻击性和权威性。

2. 中场区网球战术

中场区域是网球场地中最重要也最难掌握的地域，给选手的战术选择较多，若对手的回球弹落在这一区域内，则可以采取以下措施：当来球弹跳很低时，可以向前跑动打一个随球上网；当来球弹跳较高时，可打一个正手或反手的击球结束这一分；试着放小球。

在中场区通常所要做的就是利用打一个正手或反手击球结束该分向对手施加压力，这种情况越多越好。这种做法将自然地消除很多侧向和向后的动作，保持向前的动作，使对手充分感觉到己方的自信心和权威性。

3. 后场区网球战术

后场区是基础击球区，要求耐心、计划、视野与深度。

后场区域为网球基础击球区，因为通常运动员制定的如何取胜每一分球的计划都在这一区域。在后场区需要有耐心及侧身移动灵活性、击球角度及准确性，为最终所要完成的向前移动或给对方致命一击做好准备。

（三）根据比分制定战术

在网球比赛中，运动员要善于根据比分适时改变自己的作战战术，变被动为主动。具体来讲，根据比分制定网球战术主要从以下几方面做起。

（1）比赛开始时，采用动作的攻击（让对手疲于奔跑）。发挥自己的优点，打高成功率的球，让对手奔跑。开始的目标就是：先拿到 30 分，因为先拿到 30 分的球员有 80％的赢球几率，即使这一局没拿下来，对手也可能会随着比赛的进行而觉得疲劳不堪。

（2）比分领先时，应做球技的攻击（攻击对手的弱点）。做球技的攻击需要控制和信心，球技的攻击会使对手的弱点在落后的压力下更加脆弱，而使自己的获胜几率大大增加。

（3）比分持平时，若打得好，采用球技的攻击；若打不好，则采取动作的攻击。如果比分为 30－all 或 deuce，要注意这种局面是怎么形成的。如果是连输前两球，局势有所转弱，因此应该采用较保守的打法，增加对攻的次数并使对手奔跑；如果赢了前两球而且很有信心，那么就使用那份信心做较具攻击性的打法。此时对手的气势正在转弱，他的弱点将更加脆弱。然而，也不要太过于大胆，因为若输了这一球，就变成使对手掌握局末点的优势。

（4）比分落后时，采用动作的攻击，这样可以限制非受迫性失误的产生，维持击球的继续并令对手跑动，击垮对手的体能，即使这一局输了，也要让对手疲惫不堪。另外，它还能使己方心智集中，逐渐调整比赛状态。

第二节　单打战术

一、发球战术的教学

发球是网球运动中最具有攻击性的战术，它完全与对手的实力无关，不受对方任何影响而只按照自己的情况击球。要想在比赛中取胜，首先要控制住发球这一回合的竞争。

网球规则规定，发球队员可以站在端线以外，边线与中心线之间的区域内，任何一个他认为有利于自己发球的位置上发球。根据发球击球种类不同，其所选取位置及瞄准的目标有微妙的变化。单打发球所站的位置以站在中线附近处为最基本前提。

网球单打比赛取位于离中心线近的位置，是因为一整片场地需要一个人来防守，无论对方将球接回到本方何处，在中心线上起动去追球、还击都是最合理的。此外，还要根据自己发哪种类型的球来考虑所取位置，比较容易掌握比赛的主动权。

(一)发平击球

战术要领：球抛的位置及击球点在身体的右前方，用力蹬地，让身体充分伸展，利用手腕力量在最高点用力击球。

1. 平分发球区(右区)发平击球

以右手持拍者为例，站在靠近中心处，所瞄准的目标也是中心线。从这个位置上发球，球飞行距离最短，球可以从球网最低处通过，保证发球的成功率较高，有效地打到发球区后，使得对手后撤。

2. 占先发球区(左区)发平击球

以右手持拍者为例，取位于中心线附近，瞄准的目标也是中心线。与平分时一样，发球可以从网子最低的位置上通过，此时球虽然是发到对手的正手，但是从中心方向接回的球很难打出角度，有利于自己防守。

(二)发切削球

战术要领：球抛的位置及击球点比发平击球都稍稍靠右一点，击球时好像是从球的右侧向左沿水平轴横切球一样，使之产生旋转。

1. 平分发球区（右区）发切削球

以右手持拍者为例，站在离中心线标志向右边线方向横跨一步的位置上发球，瞄准的目标是边线。这样所发的切削球落地弹起后则飞向场外（从发球者看是向左侧飞），对手被迫追出场地外接球。

2. 占先发球区（左区）发切削球

以右手持拍者为例，站在靠近中心线的位置上，瞄准边线发球。球弹起后向左飞。对方接发球时难度较大。

（三）发旋转球

战术要领：抛球比发平击球稍稍靠左一点，击球也稍在左侧。此时在稍稍低一些的位置上触球，击球时好像是从左下向右上搓擦似的将球击出去，使球产生旋转。

1. 平分发球区（右区）发旋转球

以右手持拍者为例，站在靠近中心线的位置上，瞄准对方的中心线。旋转发球落在对方场地后弹起是向后右侧高高地飞去（从发球方看是向右）；而对于接球者来说，球已弹到其反手侧。

2. 占先发球区（左区）发旋转球

以右手持拍者为例，站在距中心线一步远，瞄准的目标是边线。旋转球落地后弹起时直逼对手后侧，而且由于发球有角度，可迫使对方追出场外去接球。

二、接发球战术的教学

接发球与发球相比，属于被动的战术。因此，为取得比赛胜利，首先要控制好发球的环节，其次要控制好与对手进行对攻竞争的一关，也就是夺取主动权的有效接发球环节。

接好发球，第一要判断出对手所擅长的发球类型；第二要根据不同打法的选手来采取有效的接发球策略。在第一局比赛中，清楚地判断对方的发球属于哪种类型，了解发球存在的缺陷等。每个网球选手的发球都不一样，有自己的动作特征，对于发球的球速、球落地后反弹性能、球的旋转以及总体上的准确性等都要有一定的了解，然后根据情况制定相应的策略。

(一)接平击球

接高速度的平击球时,一般应站在底线稍后、中线与边线之间正中的位置上。采用这种取位,无论来球是正手还是反手都可以对付。接平击球战术训练如下。

(1)对于没有横向变化的快速平击球,可站在稍稍靠后的位置上较安全地接球。首先要考虑设法将对手逼到底线附近,而不是一心想打出快速的大力球。沉着冷静地打深球应作为首选的打法。

(2)针对底线型的发球者,当对方的平击球速度很快时,不必做大的挥拍动作,应及时将球拍面对准来球,利用发球的速度将球接回对方,甚至可以不必挥拍,只将拍面对准球即可。由于很难考虑回击到对方哪个区域,只注意争取把球打得越深越好。

(3)针对上网型的发球者,利用对方的球速将球打到其脚下是接这种球的上策。注意沉着地挥拍,接起发球之后必定有不少有利于自己的机会(以发平击球为主的上网型选手为数不多,为给发球以速度,上网取得好的截击位置比较困难。而接球一方首先注意的是要把球击到对方的脚下)。接球时应注意掌握力量和方向,得分与失分往往就在一瞬间。

(二)接切削球

由于切削发球落地后会拐方向,从接发球这一侧来说,是向右侧拐去,宜用正手来防守。接切削球战术训练如下。

(1)对于接落地后弹起向右方向拐弯的切削球,当对方从平分区(右区)发来球时,防守应靠向边线取位;当对方在占先区(左区)发球时,应稍稍靠中线取位。

(2)接向边线方向拐弯的切削球,最理想的是打对角线球。因为自己接球时已经成为追出场外的情形,如果回击一般线路球,本方已构成的空当给对方造成很好的进攻机会,只有打大斜角才有时间调整身体的姿势。

(3)针对底线型的发球者,当对方的切削球很强劲时,球弹起后外旋很厉害,因此接这种球时,应及早向前踏步迎截,在球尚未有大的方向改变之前击球,并且尽可能打深的对角线球,这样可以赢得时间,即使自己跑到场外接球也有时间回到已成为空当的场地,并有时间调整因跑动接球而失去平衡的身体姿势。

(4)针对上网型的发球者,接向边线拐向的切削球,往往比预想的还要(向边线方向)靠外(假定对方在一区(右区)发球)。这时,为了还回原来的位置,打大对角线球就十分关键,如果能打出压底对角线球则更好,可以为打穿越球创造条件。一般而言,只要能打深的对角线球,对手回击的球就很难有攻击性。

(三)接旋转球

网球比赛中,旋转发球落地后,从接发球者一侧来说,球是向左侧又高又远地弹起,接旋转球的对策是稍稍站在靠前的位置上,注意在球弹起之前踏进,采用反手接球。接旋转球战术训练如下。

(1)在平分时可稍稍靠中间一些取位;当占先时,可靠近边线站位。此外,如果技术较好,可站在底线里瞬间击打往高弹起的球。

(2)当对方的旋转球又高又远时,因为击球点越高越难打,所以尽可能向前踏步,在球尚未弹高之前击球。如果不能抓住这个时机,在球下落的时候再击也可以。发旋转球的人大多数会上网,因此,接发球务必要朝他脚下攻击,阻止对方上网截击。

(3)针对底线型的发球者,对于弹得又高又远的旋转球,如果不能及时在球弹起前接球,给对方造成攻击机会的可能性会比较高。

(4)针对上网型的发球者,其发来的球有横向的变化,而且落地后弹得又高又远。当旋转很强时,其在空中的滞留时间相对更多,发球者有更多的时间从容上网截击,因此接这种球会比较困难。但如果反手侧以双手接,发到反手侧的球弹起得即使很高,也刚好可以用双手在高点猛烈地抽击。

三、底线战术的教学

底线型打法是指以底线正、反手击球为基础组织的战术。它的指导思想必须是用速度、旋转、落点的变化来创造进攻机会。

(一)对攻战术

对攻战术(两面攻战术)是利用底线正、反拍抽击球所具有的强大的连续进攻能力,配合速度和落点变化与对方展开阵地战,力争首先调动对手,进而争取主动,达到攻击对手和控制对方的目的。具体如下。

(1)用正反拍强有力地抽击球,连续打向对方的弱点,压制对方。

(2)用正反拍的有力击球调动对方大角度跑动,寻找机会进攻得分。

(3)以正反拍抽击球的速度、力量攻击对手的弱点,用速度压制对手。

(4)底线两个角度调动对手,接着连续打重复落点,寻找机会变线。

(二)拉攻战术

拉攻战术是底线型打法中比较普遍的一种战术。它是以底线正、反手拉上旋球,或正手拉上旋,反手切削球,迫使对方左右移动,寻找空当,给其致命一击。具体如下。

(1)正、反手拉强力上旋至对方底线两边大角深处,不给对方上网及底线起拍反击的机会,寻找时机突击。

(2)正、反手拉上旋球时,加拉正、反手小斜线,使对方增加跑动距离并出现低质量的回球,伺机进攻。

(3)逼近对方反手深区,伺机突然改变为正手打法。

(三)侧身攻战术

侧身攻战术是底线战术的一项主要进攻手段。它利用强有力的正拍抽击球,配合良好的判断和步法移动,在三分之二的场地上用正拍对对方施加有力的攻击。具体如下。

(1)连续用正拍对对手进攻,创造机会得分。

(2)用正拍进攻,调动对方移动,反手控制落点,伺机正手突击进攻对方。

(3)用正拍进攻,连续打出重复落点。

(4)全场逼攻对手的反手位,压制对手,然后突击边线正拍。

(四)紧逼战术

紧逼战术是以其快节奏对对方进行攻击的一种重要手段,也是当今世界上优秀选手常用的一种进攻战术。具体如下。

(1)从接发球时就紧逼向前进攻,给对手造成一定的心理压力,使其发球失误。

(2)连续逼攻对手的反手位,突击正拍,伺机上网。

(3)紧逼对手底线的两个角,使其被动或回球失误,伺机上网进攻。

(五)防守反击战术

防守反击战术是底线型打法的重要组成部分,是在执行防守反击战术时,利用良好的底线控制球的能力,发挥判断准、反应快、步法灵、体力好、击球准确的特点,调动对方,以达到在防守中寻找机会进行反击目的的网球战术。

(1)在网球比赛中,当对手采用底线紧逼进攻战术时,可采用底线正、反手上旋球至对方两个底脚深处,不给对于进攻的机会,伺机反攻。

(2)在对手采用发上战术时,接发球可采用迎上借力击球,把球打到对方脚下或两边小角度,然后准备下一拍动作,争取反击得分。

(3)在对方运用随球上网战术时,这一拍应加快击球的节奏,首选对方空当,如果打空当有难度,应把球打向对手的身体,使对手截不出质量高的球,为下一拍穿越创造机会,进而反击,争取得分。

四、网前战术的教学

在比赛的过程中,为了提高能力,在必要时要主动上网击球,采取上网打法。网前战术主要包括网前截击、发球上网、接发球上网、随球上网等。

(一)网前截击战术

网前截击球的基本站位应该是取位与对手可能回球的范围之内的正中间。首先根据自己的进攻路线和球的深度来预测对手返回来球的可能范围，然后朝着这个范围的正中央移动取位。为了能做到正确取位，最重要的是确认自己所击出的球应落在对方场中的位置，接着是看清楚对手的跑动位置和击球姿势，并由此来预测对方回球的情况来决定自己的站位。网前截击球主要从以下几方面入手。

1. 明确截击前一拍球的攻击性

截击前的那一拍球是否具有一定的攻击性，攻击的是否是对手的弱点，能否破坏对方身体的姿势平衡，都是截击是否成功的关键。如果这一拍攻击能按自己的战术意图实施攻击，那么就会对对手的回球有个正确的预判，移动上网就有了方向性。比如上网前这一拍打向对手的反手侧或把球打深，使对手打不出高质量的回球，就为下一拍的截击打下了成功的基础，所以一定要重视截击的前一拍球的攻击性。

2. 缩小防守范围

网前战术强调尽可能地靠近球网，主要有两个原因。首先，截击时封网的角度小，使截击的攻击性增强且成功率高；其次，加快了比赛的节奏，不给对方喘息的机会，造成其失误。

通常情况下，如果上网及时快速，那么对手可能回球的范围会变窄；相反，底线相持时，对方可能回球的范围对自己防守范围来说就会变宽。截击时，越靠近球网对对手的压迫就会越大，有利于掌握比赛的主动性。

3. 截击取位时靠近有球一侧

一般的，随球上网应是朝着自己击球的方向跑进，然后在对方可能回球的范围的正中间处做一个垫步，两脚分开，身体重心落在两脚之间，成准备姿势(拍子尽量前伸)，随时准备出拍截击。此时虽然站到了基本位置上，但如果对手向一边移动，自己也一定要相应地随着变化，向对手所移的方向移动。

因此，截取前所取的基本位置不一定就是最后的截击位置，还要根据场上的具体情况、对手的打法和习惯等，在预判的基础上，再从自己所在的基本位置上移动到最佳位置上截击对方的球。

(二)发球上网战术

发球上网是上网型打法者利用发球的力量、旋转、角度进行主动进攻，先发制人，然后上网抢攻的一项主要战术，是上网型打法者在比赛中的主要得分手段。

发球上网的战术思想是通过发球给对手压迫或把对手调动起来，使对手回球质量下降，在对手回球质量不高的情况下，积极上网进行截击，因此，要想使发球截击有效地组合在一起成功得分，首先要控制好发球。具体如下。

1. 右区发上旋球上网

动作方法：右区发球用第一发球，平击或强力上旋，目标是对方的右区的内角，然后上网，冲至发球线中线，判断来球，截击至对方底线正、反手深区，再随中场截击靠近球网，准备近网截击得分(图 11-1)。

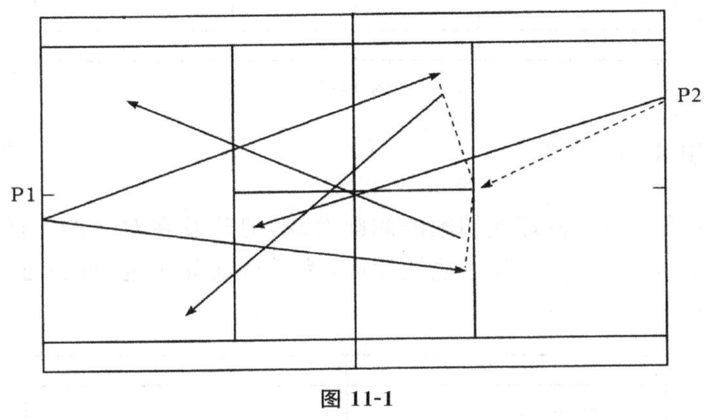

图 11-1

2. 右区发侧旋球上网

动作方法：右区发球用第一发球的力量，发切削的侧旋球，目标是对方发球区右区外角，然后上网、冲至发球中线偏左，主要封住对手的正手直线球，将球截至对方反手空当区域(图 11-2)。

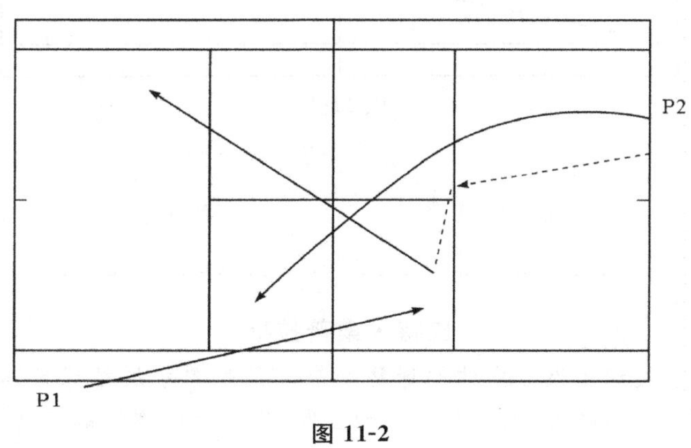

图 11-2

3. 左区发上旋球上网

动作方法：左区发球用第一发球力量发上旋球，目标是对方发球区左区外角，然后上网，接着冲至发球线偏右，主要封对方反手直线球，将球截至对方的正手区域(图 11-3)。

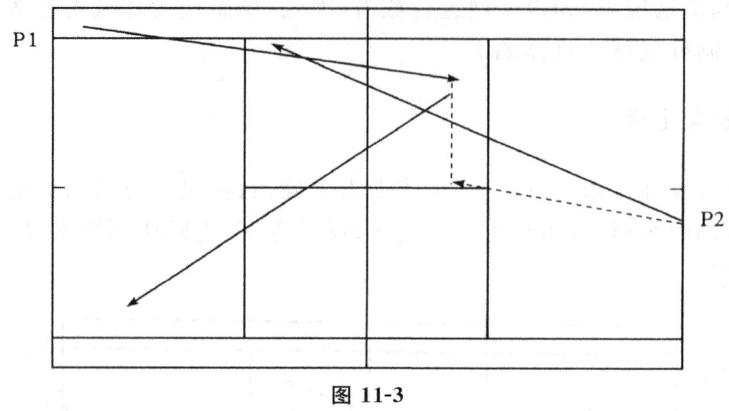

图 11-3

4. 左区法侧旋球上网

动作方法：左区采用平击发球或切削的侧旋发球，把球发在对方的左区内角，然后上网到中场处，判断来球，截击至对方正、反手底线深区，然后再随球跟进，准备近网截击以拿下这一分（图 11-4）。

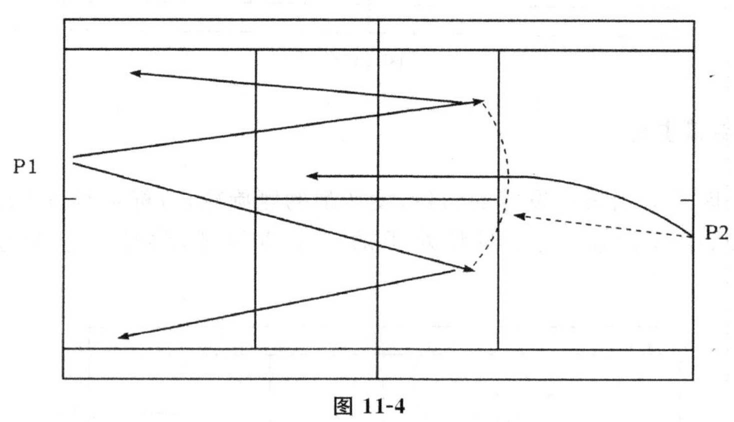

图 11-4

知识拓展

皮特·桑普拉斯

桑普拉斯是一名以发球上网为主的网球运动员。他是单手反拍球员，特点是具有良好的发球和保发（不被打破发球局）能力，无论是一发和二发，他的发球都能够保持一定速度。令人难以置信的是，他的二发威力与一发相同，这源自于他无比的自信心和实力。所以，他的外号叫手枪皮特或是子弹皮特。草地和硬地等快速场地是他最擅长比赛的场地，相对而言，红土球场是他最不擅长的比赛场地，他的 64 个巡回赛冠军中只有 3 个是在红土球场上夺得的（1992 年奥地利 Kitzbühel、1994 年罗马和 1998 年亚特兰大），这是由于他擅长的发球上网在红土球场很容易被穿越，在红土球场举行的法网亦成为他唯一未曾获得过男单冠军的重要大赛。

(三)接发球上网战术

接发球上网战术应用的前提是确立积极主动的思想，采取抢先进入场内，接发球上网型打法应积极利用快速多变的各种手段来接发球，尤其是接对方的第二发球，抢攻上网或推切上网，以便充分发挥自己上网型打法的特点。

1. 接右区(平分区)二发上网战术

动作方法：

(1)接右区外角二发时，可用正手抽击或推切球，回击直线上网(图 11-5)。

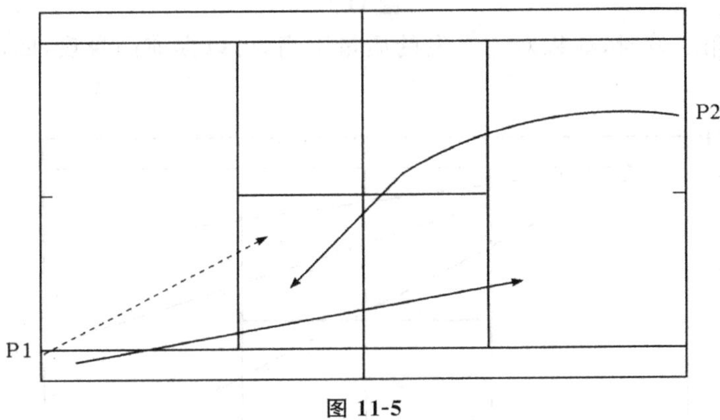

图 11-5

(2)当对手把右区二发发在内角时，可用反拍抽击或推切回击直线球，打对方的反手上网(图 11-6)。

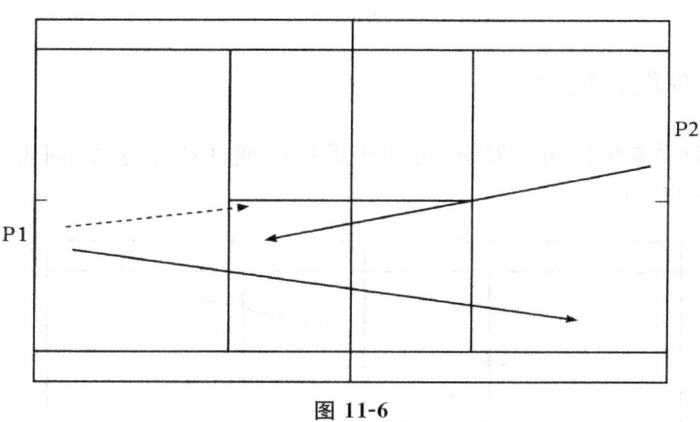

图 11-6

2. 接左区(占先区)二发上网战术

动作方法：

(1)接左区外角二发时，根据对方技术情况，利用反手抽击或推切球，回击对方的弱点上网。一般以打直线上网为佳，一是距离短，对方准备时间仓促；二是上网后容易封住对方回球角度(图 11-7),压制对方。

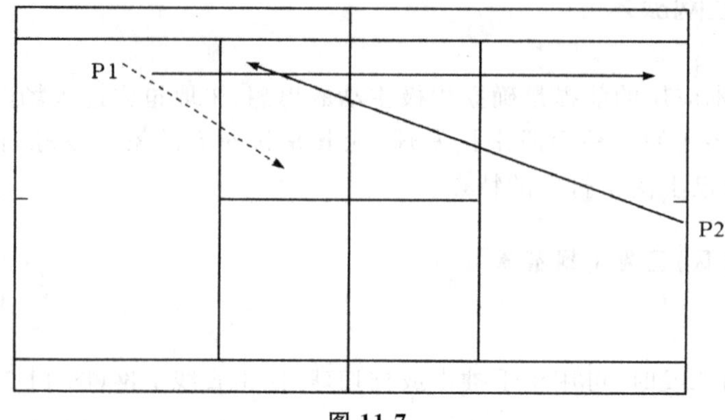

图 11-7

(2)接左区外角二发时,如果对方二发的质量不高,可以提前侧身攻,回击对方的斜线或直线上网(图 11-8)。

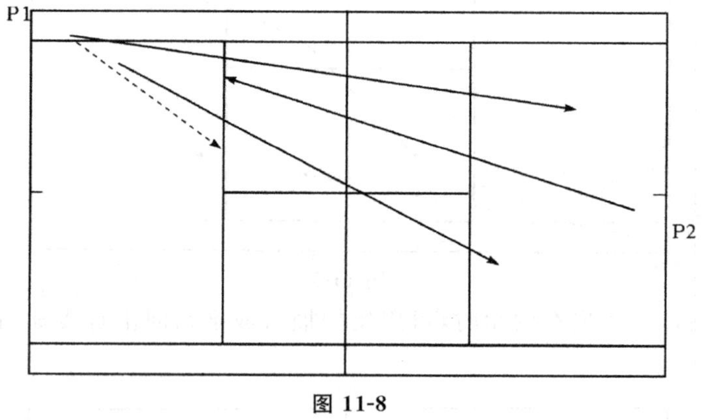

图 11-8

3. 接对手左区内角二发战术

动作方法:接对手左区内角二发时,可用正手抽击或推切球方式,回击对方的左右两点上网,尽量打深球(图 11-9)。

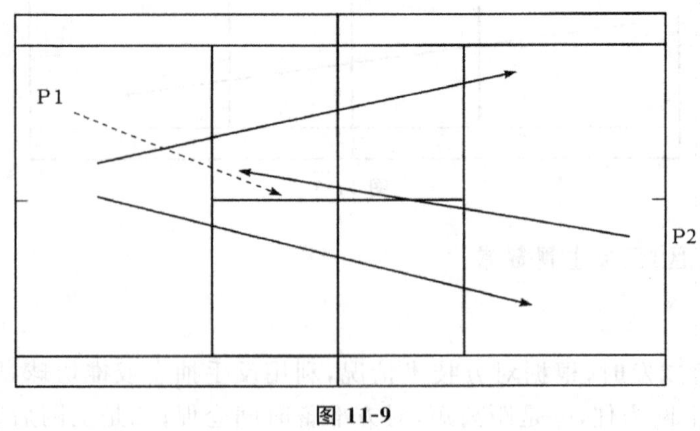

图 11-9

4. 用削球接发球后上网战术

动作方法：用削球接发球然后上网时，应先用反手打一个落点较深的前进直线球，调动对方后，上网抢攻，然后将对方的回球截击到另一侧空当处。要使这一战术成功，重要的不是用快削来接发球，而是尽量将回球打深，并选取恰当的截击位置。

(四)随球上网战术

随球上网战术是利用双方在底线对攻相持时或对方接发球时，出现质量不高的中场球(在发球线附近的球)，此时果断地用正、反手抽击或削球，然后随球上网的一种战术。随球上网战术是网球比赛中重要的得分手段。

对于不善于发球上网截击且底线能力较强的选手而言，底线相持，当出现机会后随球冲跑上网然后进行截击也是一种比较好的战术，打这种球的关键是，上网之前这一拍一定要对对手有一定的压迫性，或是打大角度，使对手移动救球破坏其身体平衡，这样就为截击创造了机会。随球上网应该注意以下几点。

(1)随球上网要果断，步法启动快，多采取迎上高点击球。

(2)随击球的成功率要高，质量要好，以便为网前进攻得分创造有利条件。

(3)随击球的打法要善于不断变化，如平击、上旋、下旋、推切等要交替使用，用来破坏对手的击球节奏。

(4)根据随击球的斜线或直线落点，人随球动，贴近动作迅速，尽量网前封网。

第三节　双打战术

一、双打发球局战术的教学

一般来说，在网球双打比赛中，赛前主裁判让双方抽签选择发球权和场区，如果我方抽中，应选择发球权。双打的发球局中，通常发球技术好的为第一发球员。而在每次发球时发好第一发球是最为重要的，高质量的第一发球可破坏或造成对方低质量的接发球，高质量的一发还可直接带动网前及抢网战术的运用。网球双打发球局战术包括发球上网、发球上网抢网、澳大利亚式等战术形式。

(一)双打发球局的站位

发球局的站位的指导思想是"以我为主、以攻为主",即在双打发球局中应从有利于发球局的战术意图出发来决定两人的位置,通过比赛观察对方技战术情况再做调整。具体站位如下。

1. 常规(异侧前后)站位

(1)右区发球的站位

如图 11-10 所示,发球员 A 应站在底线右侧中点与双打边线的中间或略偏右 20～30 厘米的位置上,同伴 B 站在左侧网前距网 2～3 米、距左侧双打边线和发球区中线之间的位置上(B 的站位以保护边区为主兼顾中路为原则)。这样的发球局阵势给对方 C 的感觉是:网前的 B 已摆好抢网进攻的架势。接好发球的同时,尽量避开 B 的抢攻。

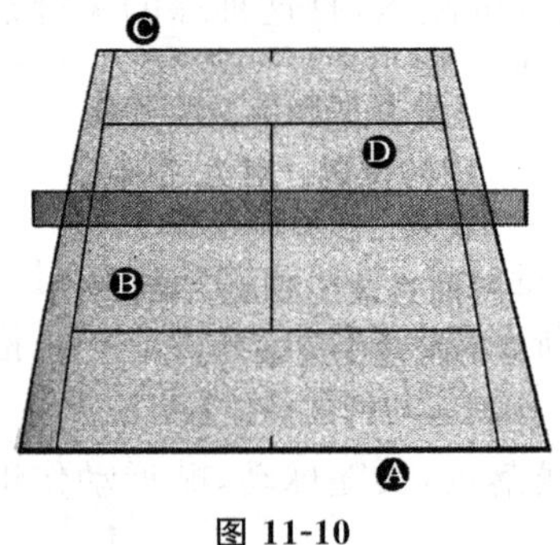

图 11-10

在选择右区发球站位时,发球员 A 的站位应注意以下几方面。

①为了在发球后上网占据右区半场进攻有利位置,发球员 A 可与同伴 B 在网前封住接发球的角度在网前进攻。

②发球时,发球员 A 应与网前同伴 B 保持合理的距离,即使战术变化需要抢网交叉换位,发球员 A 向左前方跑动距离也比较适中。

③发球员 A 的站位应使发球落点有更灵活的选择余地,既可以用大力侧上旋发球将球发至边区外角拉开对方,也可以变化落点攻击对方中路内角。总之,在双打战术中,应充分变换发球的落点。

(2)左区发球的站位

如图 11-11 所示,发球员 A 在左区双打边线与中点之间略偏左的位置。这样的站位可以更有利地发出拉开对方的外角球,因为大多数的右手持拍者从左区向对方的发球区外角发球时需要从站位上调整,即使在站位上向左多调整一些也不会影响发向对方中区内角的球。同伴 B 在网前右区,站在距网 2～3 米、距中线与右侧双打边线之间,以确保右侧不被直线穿越为主兼顾中路,同时与发球员 A 在网前默契配合。

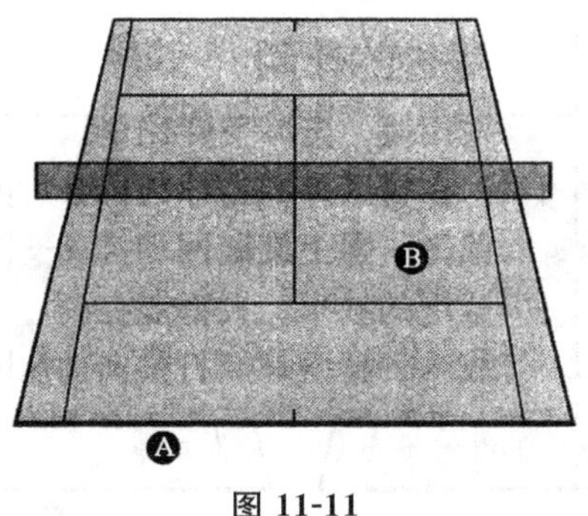

图 11-11

2. 非常规(同侧前后)站位

(1)右区发球(澳式双打)的站位

如图 11-12 所示,在右区发球时发现接球员 C 擅长回击小斜线球,因为接回的球特别斜,不但网前同伴 B 无法抢截,发球员 A 冲上网后也很难处理,很容易造成网前的被动,这时应和队友调整为同侧站位的方法(图 11-13)。

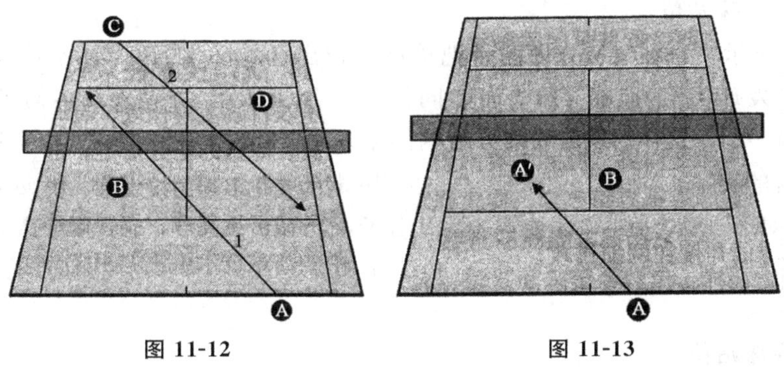

图 11-12　　图 11-13

图 11-13 中运动员站位的变化,就给对方一个信号——“斜线接发球行不通,请改接直线”。发球员 A 为便于上网封住左半区,应站在接近中点的右侧底线后发球后冲至 A′处,与网前同伴 B 共同组织网前的进攻。B 在网前站位以封住 C 回击的斜线为主并适当地向中区调整,与发球后上网的 A 在网前截击对方的来球。

因这种同侧站位首先在擅长双打的澳大利亚使用,所以又叫澳式双打站位。这种站位会使对方小斜线接发球无用武之地,迫使接球方改打直线球。

值得注意的是,这种同侧站位必须有平时的训练基础和默契的配合才能使用,否则不仅对方运动员看着别扭,我方运动员也会产生不适应感。

(2)左区发球的站位

如图 11-14 所示,如果发现对方 D 在左区接发球擅长打破网小斜线,使我方上网进攻受阻,网前同伴 B 很难抢到,而且 A 上网后也很难处理前场的低斜球,此时应改为左区的同侧站位以封堵小斜线的接发球。如图 11-15 所示,B 换网前站位于左侧与 A 同在左场区,发球员 A 在底线后向右移至中点附近,以利于发球后上网封住右半场区回击对方的接发球。这样的发球站位迫使 D 打出直线为主的回击。站位变换的目的就在于造成对方不适应,进而出现接发球质量下降或失误。

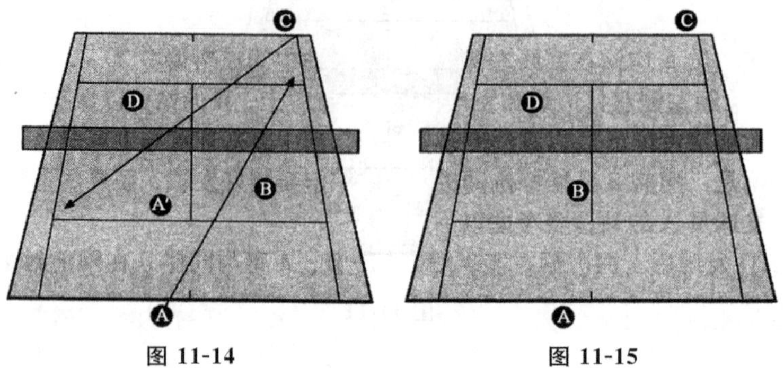

图 11-14　　图 11-15

在网球双打比赛中，以上右区与左区的非常规站位要根据场上的实际情况慎重使用，避免战术配合适得其反。

(3)特殊的站位

在网球双打比赛中，为了达到战术目的或扰乱、迷惑对方，无论是发球员或他的网前同伴，都有许多特殊的站位方法。

①发球员的特殊站位

如图 11-16 所示，发球员 A 的目的是把接球员拉出场外回击，把发球站位向外侧延伸接近单打边线，因此，发球员 A 的站位需要网前同伴的配合，因为他稍一疏忽容易被对方直线接发球破网。发球员 A 上网也应防范小斜线破网的来球，对方在边线外侧回击球的角度极大。这样站位的发球目的在于拉开对方可攻击中路空当得分，但 B 与 A 因距离较远，全交叉换位抢网难度太大，且对方回击球的面积大、落点变化多，不宜用得过多。发球员 A 的向外站，必然引起接发球员注意防范外角落点。为了迷惑对方，以此站位同样可以发对方的内角，令对方防不胜防。

②同伴的特殊站位

如图 11-17 所示，网前的同伴 B 向外侧站，接球员 C 不敢打直线，但 A 发球后 B 迅速向中路抢截，这种站位的变化可以很好地干扰与影响接发球员的接发球。

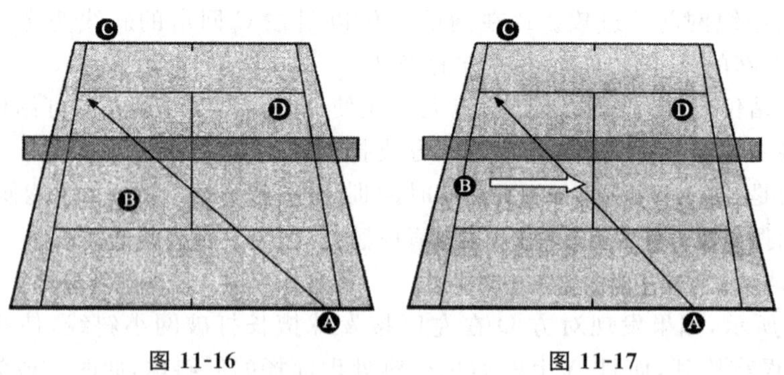

图 11-16　　图 11-17

(二)发球局战术的要点

双打和单打在技术上没有区别,但从战术的角度上讲就截然不同了。单打中,选手希望在第一次发球时就直接得分,而双打则考虑如何提高一发的成功率。如何让自己的同伴感到对方的回球比较容易接才是双打的关键。

1. 提高一发成功率

在网球双打比赛中,一发球的力量应限制到单打比赛发球力量的80%,应该重视对球的落点的控制。

如果为直接得分而使出全力发球,发球的成功率就会下降,截击空中球的同伴即使想抢打也捕捉不到战机。另外,在二发时容易遭到对方接球选手的攻击而处于不利的位置。

2. 攻击对方反手侧

之所以要将第一次发球打到对方接球选手的反手侧,是因为这样接球选手的移动就会受到限制,从而造成接回的球不到位。此时截击空中球的同伴就可以抢到机会击球了。若把球发到对方的正手位,希望截击空中球的同伴一定要注意留心直线球,可以做些假动作,找准机会抢击球。

3. 变换发球位置

如果在发球时,预感到自己的发球可能有利于对方回球或容易让对方抓住机会,就往左右稍微移动一下发球的位置。位置的变动会导致接球的选手无法及时地做动作。但在变换位置前,一定要通知自己的同伴。

4. 采用"澳大利亚式"站位

采用"澳大利亚式"站位,主要是为了弥补同伴反手弱的缺陷,这样就可以在双打中防止由于同伴的反手缺陷而让对手有机可乘。发球时,发球队员与自己的同伴同时站在场地的一侧,发完球后再根据各自的分工进行攻防。如轮到占先区(左区)发球时,发球员和自己的同伴同时站在场地的左侧,这样可以防止由于同伴的反手弱而被对手偷袭反手成功。发球员发完球后一定要向平分区(右区)移动,防止对手打空当。

5. 变化发球方法

发球变化是网球双打比赛中赢得发球局的重要法宝之一,所以在双打中要不断地变化发球方法,即将各种不同的发球灵活地加以交替使用。如果能在每次发球上变换速度、旋转和落点,对方将无法正确判断发球方的打法而做出相应的接发球准备。因此,不断地变换发球方法能使对方在接发球时变得束手无策。

(三)发球局的双上网战术

1. 接发球方站位一后一前

如图 11-18 所示,发球员 A 发球上网至 A′处处理低截击球(包括反弹球)以斜线深区为主,即回击给接球员,落点深可以争取更多的上网时间,而且对方破网距离远又不易打出角度;当两人都站到网前有利的位置,对方反击破网很被动;如果接发球质量不高,即使 B 没有抢截,发球员 A 快速冲至近网可大角度扑击或直接攻击 C 得分。

2. 接发球方站位都在底线

在接发球方感到压力后,如果接发球员同伴 D 也退至底线,这表明对方在接发球局不准备争夺网前,因此要坚决运用双上网战术。具体如下。

(1)观察对方两人的破网反击能力,包括正反拍及中路来球的处理能力,集中攻击对方能力较薄弱的环节。

(2)回击短而低的球,迫使对方跑上来破网。

(3)回击中路深区球,造成对方配合上的失误,使对方破网打不出角度。对方谁接中路球则会暴露外侧的空当,快速攻击其空当(图 11-19)。

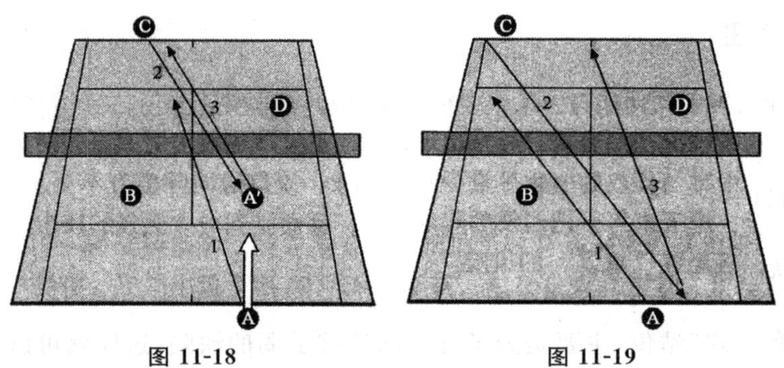

图 11-18　　图 11-19

3. 双上网时中路球的处理

当双上网略有前后时,应优先让站位前者打,因为靠网近攻击点高,杀伤力大;若两人平行站位,球距两人相等,应正拍截击抢打,使回球更有攻击力。

有必要提出的是,两人要默契配合,切忌互相看着对方。

4. 双上网时挑高球的处理

当对方双上网有压力时,往往会不断地挑起高球,目的在于缓解双上网进攻的速度与气势,对付对方挑起的高球应注意以下几点。

(1)以左右半场分工,左区由左边队员处理高球,右区高球由右边的队员负责,除非冲得过快高球过头而被迫换位。

(2)遇难度很大的深区高球时快退高跳把球推过去,然后再顺势上网,保住网前的优势,尽量不让高球过头。

(3)对付又深又高的来球不要急于一拍打死,因为对方两人防守场区,压不出角度,很难得分,要将球高压至对方薄弱环节,等待对方挑起质量不高的球时猛烈反击。

(4)对于高压球处理要果断、坚决,一定要果断扣杀,不然对方会将球挑过来。

(5)两人都能打的中路高球应提前呼应一下谁应该接球,以免抢打在一起。近网特别高的球可落地再打,这样更有把握,有较高的得分率。

(四)发球局的上网抢网战术

1. 抢网战术

抢网战术是指网前队员利用同伴发球的有力进攻在网前抢截对方接发球的战术,抢网战术的使用率和效果与双打发球局战术有着紧密的关系。

通常情况下,网前队员距网近,可以抢截高于网的来球,并打出大角度攻击力极强的截击球,得分率很高,对对方威胁大,使接发球方不仅要对付发球的攻击,还要承受抢网的巨大压力。发球员利用变化多端的发球与网前抢截的巧妙配合,破坏接发球的节奏,使接发球的质量下降,以致频频失误。

2. 抢网战术的种类

抢网战术可分为 3 种,即不换位的抢网(一般抢网)、全换位抢网与特殊站位抢网。

(1)不换位的抢网

不换位的普通抢网是在判断来球的方向后,抢到球网中央的吊带附近(有时超过吊带),抢打后仍回原侧准备。

如图 11-20 所示,在一般的抢网中,网前队员与发球员的默契配合可以抢截许多质量不高的接发球。抢截攻击的落点在接发球员同伴的脚下,如果他迫于压力退至底线防守,抢截的攻击点可打出角度或攻击中路。

(2)全换位抢网

全换位抢网即原先左区的队员换至右区,右区的队员到左区。全换位抢网需要同伴之间默契合作、坚决果断。网前的队员多在背后给发球的同伴做手势(暗号),让发球员为他的全抢网创造有利的条件。

如图 11-21 所示,发球的攻击点应该是对方不易打出角度,而且是比较薄弱的环节,发球员补位上网不但要快,还要截击准确。这种全换位抢网虽然有很大的风险,但抢截成功会让对方产生巨大的心理压力,同时可以鼓舞本方的作战士气,即使抢截失误也会达到搅乱对方接发球习惯的目的。

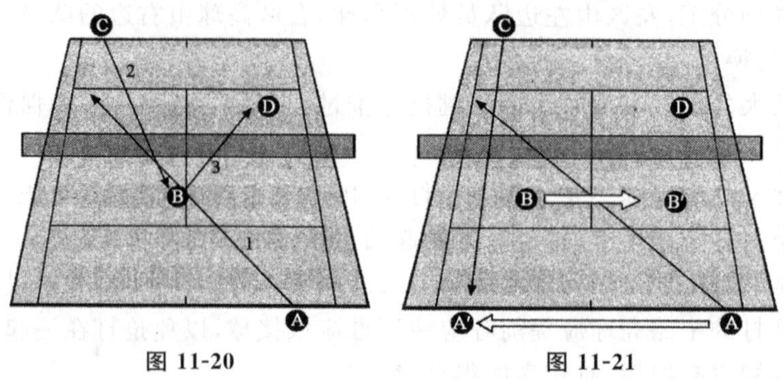

图 11-20　　图 11-21

(3)特殊站位抢网

特殊站位抢网网前队员的特殊站位虽不多用,但会起到干扰接发球的作用。

如图 11-22 所示,网前队员 B 站在发球员 A 的前方几乎挡住发球线路,但他蹲得很低,由于与发球员有默契熟练的配合并不影响发球,当球发出后,他可以像(E)向左前方封抢直线球,攻击对方 C、D 空当,发球员 A 仍向右前方上网;另一种换位抢法(F)是 B 封抢斜线,发球员 A 上左侧网前,该方法同样适用于在左区发球时与网前同伴配合使用。

(4)运用抢网战术后引起接发球的变化

①迫使对方接直线或攻击网前队员 B(图 11-23),说明对方已感到压力,企图变换接法破坏抢网战术,需要提高警惕。

②接发球方被迫挑高球,说明对方已感到网前的压力,即使高压失误也不能动摇上网进攻的信心和勇气。接发球方被迫挑起的高球多是直线高球越过网前队员的头,既可防抢又可遏制双上网的前冲速度。

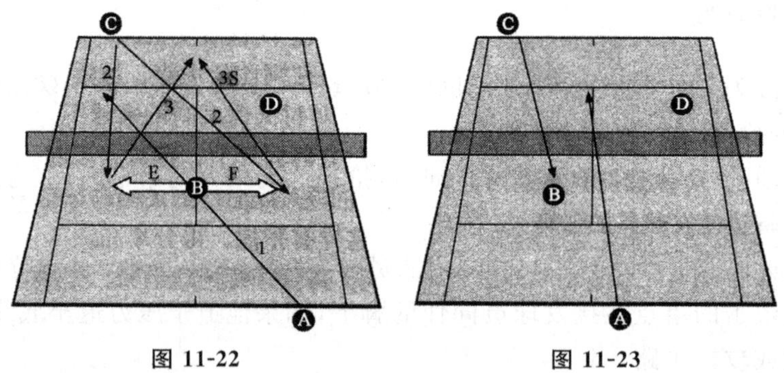

图 11-22　　图 11-23

(五)发球局的前后站位战术

发球局前后站位的战术是指发球员的同伴在网前,发球员发球后不上网,形成一前一后的阵势(图 11-24)。

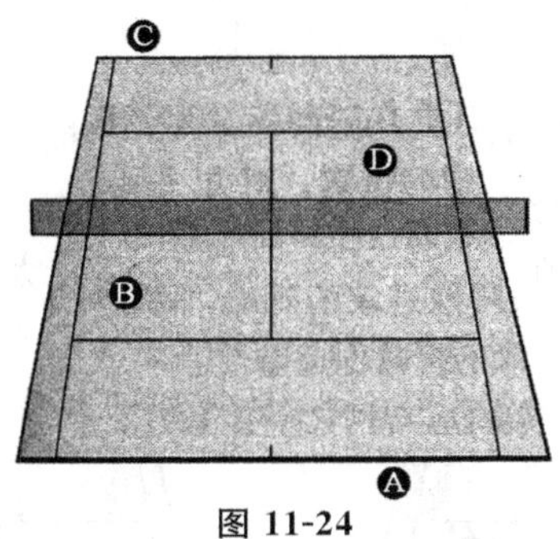

图 11-24

1. 运用发球局前后站位战术的原因

(1)体能上的原因。发球后上网有困难。

(2)发球缺乏攻击力。发球方不能为发球后上网抢攻创造条件。

(3)发球员有足够的自信。相信自己的底线技术和破网能力不比接发球方差,有能力在底线对抗并占有优势。

(4)发球后上网在中场的截击和反弹球技术差。发球方很难直接进攻对方,而且不能为近网进攻创造条件,受接发球的制约在中场经常处于被动的局面。

(5)发球方两人同时上网的后场保护能力(后退高压球的攻击力)差。表现为经常被接发球方的挑高球所困扰,发球方上网有后顾之忧。

(6)技术上的考虑。如发球方运用大力发球突袭对方后来不及上网,需要同伴全力抢网进攻;发球上网与底线结合使用破坏对方接发球的节奏;当接发球员利用轻击接球打到的脚下屡屡得手后,改为发球后伺机随击上网。

2. 发球局前后站位战术的形式

在前后站位的变化战术最基本的原则是发现对方的弱点与配合中的破绽,以己之长,攻彼之短。发球局前后站位主要有以下几种形式。

(1)左区发球后前后站位

如图 11-25 所示,当在左区发球时,发球员 A 发球后不上网,接发球员 C 接球后也不上网,接球员的同伴 D 逼近网前,A 与 C 在底线对角线对抽,B 与 D 在网前伺机抢网进攻。

如图 11-26 所示,当 A 与 C 在左区对角线对抽时,D 逼抢太凶,A 挑直线高球过 D 的头,C 向右侧追高球与 D 换位。A 与 C 直接对抽,B 与 D 在网前伺机抢网进攻。

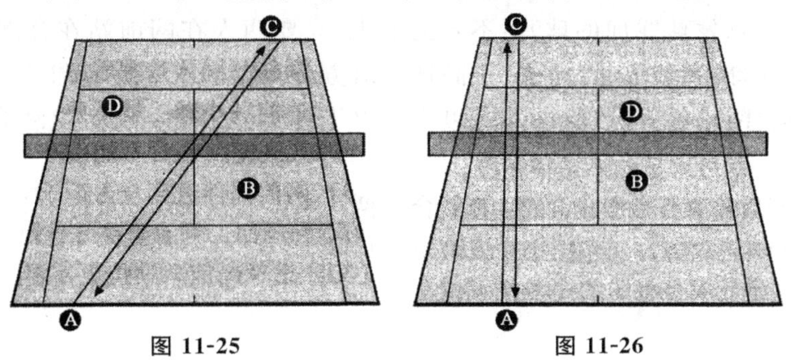

图 11-25　　图 11-26

(2)右区发球后前后站位

如图 11-27 所示,球员 A 发球后不上网,接发球员 C 接球后也不上网,接球员同伴 D 则逼至网前与 B 处于相当的位置,A 与 C 对角线抽击,B 与 D 在网前伺机抢网。

如图 11-28 所示,当 A 与 C 在右区对角抽击时 D 逼网太近又抢得很凶,A 挑直线高球过 D 的头,C 向左追高球与 D 换位。A 与 C 直线对抽,B 与 D 在一侧隔网相对,伺机抢网。

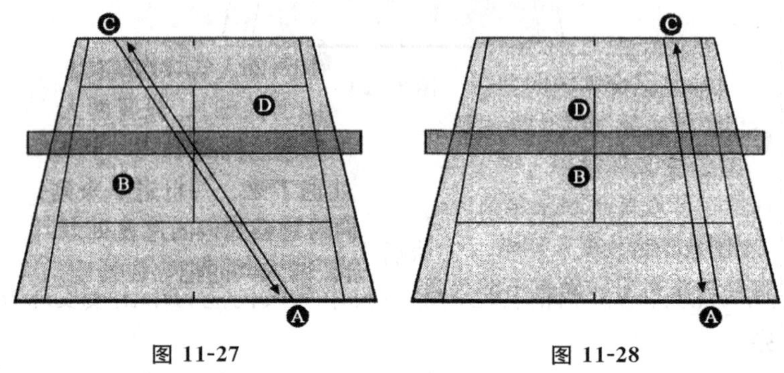

图 11-27　　图 11-28

3. 发球局前后站位战术的注意事项

(1)提高第一发球的命中率,尽量少使用第二发球,其目的在于:为网前同伴创造抢网的机会并力争主动;既节省体力又减少心理上的压力;减少对方抢攻第二次发球的机会,保护网前同伴不挨打或少受威胁;使突袭的大力发球更具有威力和良好的效果。

(2)当对方挑高球过网前同伴的头后,应与同伴快速换位,并避开对方网前把球打深,为同伴抢网创造条件。

(3)底线队员的抽击应避开对方的网前队员把球打深打准,除非对方网前的队员抢得太凶。尽量为网前同伴抢网创造条件。

(4)双打比赛中尤其是底线对攻中应慎重使用放小球,因为一旦放不好,网前同伴可能遭到攻击,同时可能把对方引到网前而形成双上网进攻。

(5)网前队员应注意保护自己半区的直线空当,若被直线穿越,同伴则无法补救。在保护直线一侧的空当基础上尽量抢网,在网前不要回头看同伴打球,抢网后切忌在中间停留。

(6)在后场挑高球时应呼唤同伴后退下来准备防守,因为高球挑不好而可能被对方高压球扣杀。一旦挑过对方网前队员的头,两人可以向前准备进攻。

(7)追前场小球(发球线前的球)后不要退下来,只要两人在网前站在合理的位置(两人既能封住对方的破网球,又能保护后场的挑高球),对方就很难破网和挑高球。

(8)网前的同伴抢网后应攻击的落点可以是以下几种:对方空当、对方网前队员的脚下、边区小斜线等。

(9)发球局前后站位需要两人默契的配合。两人共同把守住场地,把球发向外角。对方跑到场外回击时,同伴在网前应警惕对方回击直线球。

(10)当对方攻击中路时,两人可以放弃边区,集中中区防守;这样斜线回击的球的角度会更大。

4. 发球局前后站位战术的弊端

(1)减轻了接发球方心理上的压力。正如我们前面所提到的,只要接球员 C 回击球躲过网前队员 B 的抢网,接球员的同伴 D 顶上去,则双方处于对等相持的局面,发球方全无优势可言。因为双打接发球方的最大压力是接好发球和对付双上网的进攻。发球员 A 一旦不上网,接发球方的压力便减轻许多。

(2)如图 11-29 所示,如果接发球方实力较强且经验丰富,C 接球抢攻并迅速与 D 双上网反扑,逼迫 B 只好退至底线与 A 并肩防守,造成被动局面。

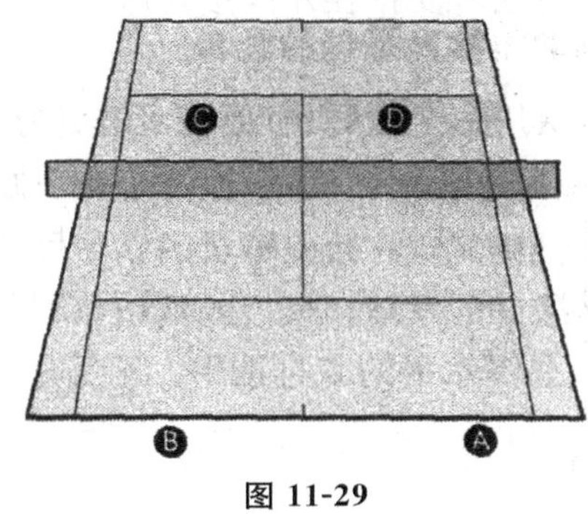

图 11-29

总之,采用何种发球局战术既要考虑战术的需要,又要从两人双打配合的实际情况出发。在实践的网球双打比赛中,应把发球局运用前后站位战术使用率降到最低的程度,多使用双上网战术。

二、双打接发球局战术的教学

在网球双打比赛中,接发球局战术运用得成功与否,取决于接发球的质量,为了变被动为主动,接发球时不能光在底线被动挨打,而是要采取主动进攻、积极上网的战术。在运用接发球局战术时,要根据对方发球及网前的攻势,提高己方接发球的质量,做到灵活机动,防止无战术意识的回击。

(一)双打接发球局的站位

1. 双打接发球站位应考虑的因素

网球双打比赛规则规定,接发球员的站位在该盘中不得更换。因此双打比赛中接发球局首先遇到的配合问题是谁站在右区接单数分的发球,谁站在左区接双数分的发球。

在双打接发球局中,安排有利的站位应考虑以下几个因素。

(1)正拍强者在右区,反拍强者在左区

即使是高水平的双打选手，正反拍比较平均，没有明显的差距，但对于对付强劲的发球时正反拍接发球的对抗能力有所不同。由于双打发球员的站位比单打靠外，发球的落点易向外侧，接发球方正拍强者多站在右区接发球，反拍强者则站在左区较有利，这样的站位除了接发球外，也便于防范网球双打比赛中经常出现的大角度的两侧来球。

(2)左区队员综合素质要高

在网球双打比赛中，左区的接发球员应该是技术全面、经验丰富、心理素质好的核心队员。因为左区除了要担负着重要的防守反击任务外，左区的接发球分占据大多数的局点、盘点和赛点(只有局内小分 4∶1、1∶4 时在左右区出现)，这都是非常重要的关键分，接发球质量的好坏直接关系到胜负，因此应把实力更强者安排在左区接发球

(3)处理中路来球

一般情况下，左区站位的队员用正手，所以由他来回击更为有利。

如果双打搭配正好是右手与左手握拍的配合，通常是右手握拍者站在右区，左手握拍者站在左区接发球。中路的来球两人都是反拍，共同防守。也有与之相反的站位，右手握拍者站在左区，左手握拍者站在右区接发球，说明他们的正反拍接发球与破网能力比较均衡，可能更加重视中区的来球。

2. 双打接发球员站位的分类

(1)左、右站位

从理论上讲，接发球方队员应站在对方可能发到的外角与内角落点连线的角分线上(发向外角的球角度越大，侧旋成分越多，往往不是一条直线而是弧线)。双打接发球员的站位左或右的位置比单打更向外侧，这样的站位增加了发球的角度，更容易发向外角拉开对方，因此接发球员应相应外移。

如图 11-30 所示，如果观察发现发球员 A 没有能力发出大角度的侧旋球，接发球员 C 可以放弃大角度的外角而往里站，可以均衡有效地在身体两侧用正反拍接发球。左区接发球员 D 的站位也是同样的原理，只是右手持拍的发球员走向外角，很难发出大角度的侧旋转，如果发球员是左手持拍就可能发出向外侧旋转的球，迫使 B 跑出场外回击，此时应向外站，以便在接发球时能做好准备。

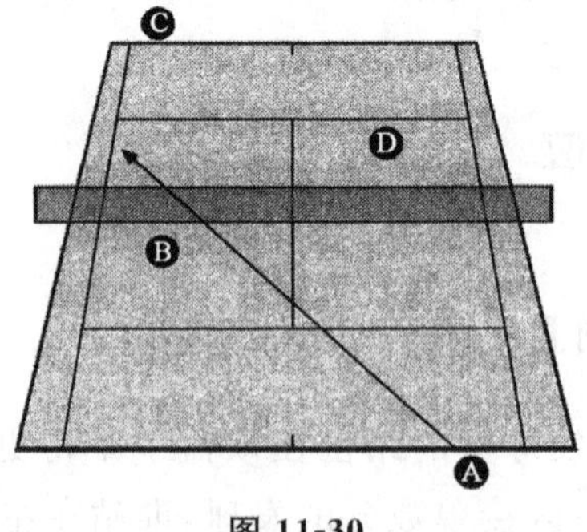

图 11-30

(2)前、后站位

网球双打比赛中，站位或前或后的合理安排应考虑以下几个因素。

①接第一发球或第二发球

一般而言,发球员的第一发球与第二发球在力量、速度与旋转上都有所不同。第一发球比第二发球力量大、速度快、旋转成分少,站位应稍后些,但不宜太后,因为向后站虽然回击时间充裕,距击球点较远,不利于还击,站位前后的角度由发球的速度与自己的判断和反应能力来决定,应很快做出调整。

发球员的第二发球的旋转增加,即使力量不减,球的飞行速度也比第一发球慢,因此站位应该稍向前。

②接大力的旋转发球

接大力的旋转发球需要站得很近,不宜站得太后,注意一定要判断好落点,在球一弹起时就立刻回击,另外,接侧旋球也不要退得太远,不然要拉开到场外很远处才能够到球。

③接攻击力不同的发球

网球双打比赛中,站位的前后与发球的攻击力有关。接强有力的发球,球速快,应适当地靠后些,以便来得及判断、反应和及时做出短捷的后摆动作;接攻击力较弱的发球时,则应向前调整站位,有利于抢攻。

3. 双打接发球局站位的形式

(1)一后一前站位(图 11-31)

一后一前站位具体是指接发球员在底线附近接球,同伴站在另一侧发球线附近准备。这种站位使发球方有压力,一旦接发球得手,站在发球线的同伴即刻冲上去抢网反攻,这是当前接发球局最常见、最积极的站位,即使接发球员被动挑起高球,同伴也来得及后退。

一前一后的站位形式多在以下几种情况下使用。

①准备抢攻(包括接发球配合抢网进攻)。

②接对方较弱的发球(多是第二发球)。

③关键分有意给发球方制造压力,在反攻的气势上压倒对方。

在网球双打比赛中,第一接发球局很重要,因为发球方占据了进攻的有利位置,强有力的发球伴随着抢网的配合,取胜把握很大。

(2)双底线站位(图 11-32)

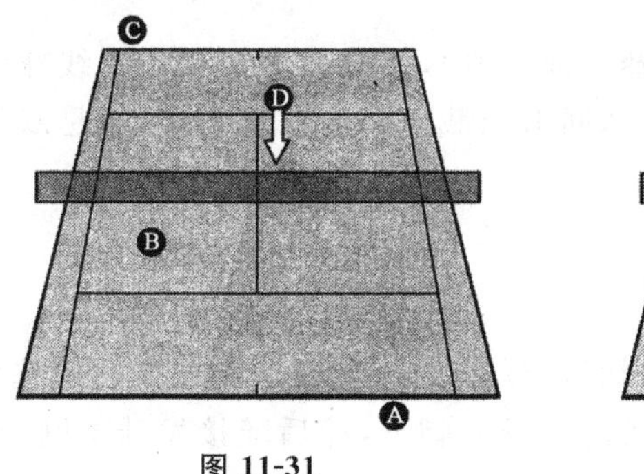

图 11-31

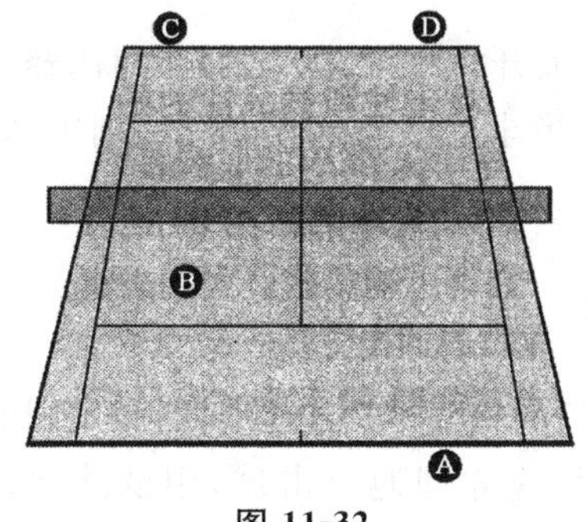

图 11-32

双底线站位具体是指接发球员接球时,同伴在另一侧准备。

双底线站位多在以下几种情况时使用：

①发球方的发球与抢网屡屡得手时，同伴退下来共同防守。

②对方的第一发球攻击力很强，接发球员接球被动时。

③对方采用同侧站位或特殊站位，接发球员不是很适应，同伴先退下来，对接发球员起到鼓舞士气的作用。

(二)双打接发球战术的要点

网球比赛双打的接发球与单打接发球是完全不一样的。由于本身处于被动位置，加上对方网前又有一名队员进行封网，因此接发球的难度就更大，要求也就更高。在高水平的双打比赛中，若能打破对方的一个发球局，往往就能取得该盘比赛的胜利。

双打接发球战术应在向前逼近，采取攻势，给对方发球者造成心理压力，为本方从被动转为主动并为上网截击创造有利条件等原则的基础上，做到以下几点。

1. 紧凑收拍

在接发球时，注意控制好球，紧凑收拍，让球落在对方的脚下，这样不仅可以迫使对方移动，而且会给对方发球造成压力。

2. 接球姿势

网球双打比赛击打的范围比单打小，所以双打中的接发球可采用半步朝前的姿势迎上去压着打，积极回击。

3. 主动进攻

接发球的方法可采用迎上压着打、迎上推切接，或接上旋球，把球接至对方发球者上网的脚下，为接发球方进攻创造条件。

4. 打直线球

在发球方展开积极的进攻之前(即比赛的前半段)，接球方可以利用直线球给对方截击造成压力。如果接球者正、反手都能打，则把球回击到截击者的反手方，这也是双打比赛中非常重要的技战术。

5. 回球点

首先，双打的接发球应有计划地向发球者进行回击，绝不能轻易打给网前选手。判断出对方发球上网后，应立即迎上击球，用低球回击至对方脚下，然后随接发球上网，将球回到对方脚下。

其次，当接球后不知道把球打向何处，最好把球打到中场，这样不会遭到有角度的截击，还可以减少主动失误的概率。同时，提醒同伴防止对方的抢攻。

(三)接发球局的双上网战术

1. 选择站位

接发球的双上网战术首先应选择好正确的基本位置，正确的位置一般应距网 2～3 米。优点在于不仅能进而且能退，能击高于球网的强有力的进攻性来球，也能迅速后撤对付对手的挑高球。同伴也应保持适当的位置，距离不宜过大，防止对方从两人的结合部位突破，进而造成己方网上的被动。

2. 准确判断

当对方发球时，接发球员要判断准确，应向前抢占网前有利位置，到底线里面还击球，然后随接发球上网。由于是向前迎击球，因此，回接球的速度比较快，能给对方发球上网截击或抢网造成很大威胁，同时对接发球员的要求也比较高，要求接发球员准确判断来球。

3. 击球回击

在接发球时，移动动作要小而快，并向前向下顶压击球，朝发球上网队员的脚下或斜线双打边线内击球。

4. 配合默契

双上网战术需要同伴之间默契配合，当对方来球在两人之间，正手击球者击球，更为有利；来球在两人之间反弹后呈斜线时，由近者迎击为佳。总之，两人要密切配合，互相照应，谁离球近谁击，谁正手方便谁击，防止互相让球，造成接发球失误。

(四)接发球局的反抢战术

接发球反抢的战术在当代高水平的网球双打比赛中经常出现，它把双打接发战术推向新水平，发球方为了摆脱困境，有时改为同侧站位，变换发球员的中场截击的路线，大胆变直线以抑制对方抢截；同时提高抢与不抢的默契程度，虚虚实实，干扰对方，给发球方在双上网的战术中施加压力。

1. 选择站位

如图 11-33 所示，这种站位对发球方具有挑战性，因为接球员 A 一旦抢攻得手，同伴 B 在网前就有可能捕捉到反攻的机会。

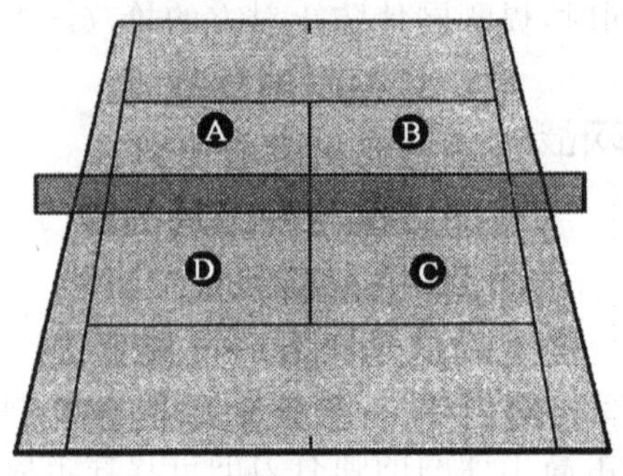

图 11-33

2. 击球要求

接发球反抢的战术最基本的要求就是避开对方的抢网。

在高水平的网球双打发球局中，不仅发球员的发球具有强劲的攻击力，而且同伴的抢网配合默契、积极，因此避开对方的抢网是提高接发球质量的首要标志。接球员不仅要准确地把球回击到对方的场区，而且要避开对方凶猛的抢网，避免使同伴在中场处于被动。

3. 回击落点

双打接发球回击的落点虽然很多，但为同伴抢网创造有利条件的接发球落点最好是在发球员冲上网时的脚下，迫使他下蹲从下向上回击（低截击或反弹球）。

将球击到发球员冲上网时脚下的还击对接发球方十分有利，这样一来，发球员不能发力进攻，球的飞行路线是从下方向过网的上方飞行，为自己的同伴创造反抢的时机。

遇到这种接发球要及时采取对策，调整上网速度，或加快抢高点进攻，或放慢节奏待球反弹高处时再迎击，尽量避开反弹球和低截击。接发球员则变化回击的深度和角度迫使上网者被动回击。

4. 反抢时机

在运用接发球反抢的战术时，掌握正确的反抢时机是掌握赛场主动权的关键。如图 11-34 所示，当接发球员 A 的回击球落在发球后冲上网的 C 队员脚下，使他被迫下蹲从下向上还击，同伴 B 迅速迎上去封住回击的来球路线并果断抢截，向对方的空当或 D 攻击，接球员 A 在 B 向右交叉抢截的同时向左补位，在网前封住场区。

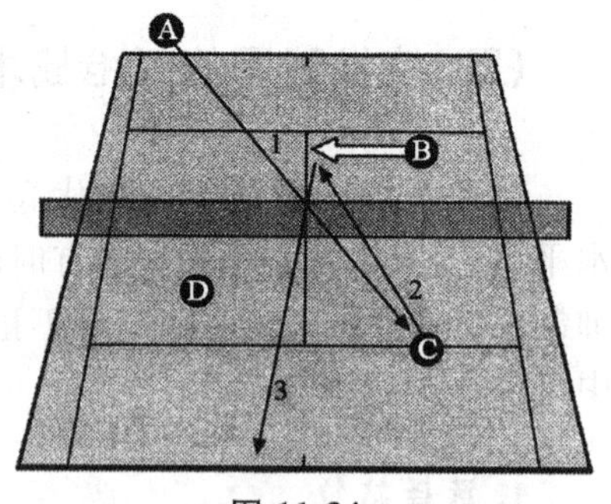

图 11-34

第十二章　网球运动的竞赛规则

学海导航

网球运动要顺利开展需要遵循一定的规则和要求。本章主要介绍网球运动的竞赛规则，包括网球运动的基本竞赛规则、网球运动的裁判方法等内容。通过学习本章，读者要对网球运动的竞赛规则与裁判方法有一个细致的了解，从而在今后的网球比赛中提高行为的规范性以及遵守规则的自觉性。

第一节　网球运动的基本规则

一、器材与装备

(一)场地

网球场可分为室外和室内，且有各种不同的球场表面，其将由经济因素所决定。例如草地网球是最基本的户外场地，但是其建立和保养费用太昂贵，所以通常由人造球场取代，它较便宜且容易保养。另外有一种在欧洲盛行的红土球场，法国公开赛即为此种球场。

1. 草地场

草地球场是历史最悠久、最具传统意味的一种场地。其特点是球落地时与地面的摩擦小，球的反弹速度快，对球员的反应、灵敏、奔跑的速度和技巧等要求非常高。因此，草地往往被看成是“攻势网球”的天下，发球上网、随球上网等各种上网强攻战术几乎都被视为在草地网球场上制胜的法宝，底线型选手则在草地网球场上难有成就。但是，由于草地球场对草的特质、规格要求极高，加之气候的限制以及保养与维护费用昂贵，很难被推广到世界各地。每年的寥寥几个草地职业网球赛事几乎都是在英伦三岛上举行，且时间集中在六七月份，温布尔登锦标赛是其中最古老也最负盛名的一项。

2. 红土场

这种场地更确切的说法是"软性球场"，其最典型的代表就是法国网球公开赛。另外，常见的各种沙地、泥地等都可称为软性场地。此种场地特点是球落地时与地面有较大的摩擦，球速较慢，球员在跑动中特别是在急停急回时会有很大的滑动余地，这就决定了球员必须具备比在其他场地上更出色的体能、奔跑和移动能力以及更顽强的意志品质。在这种场地上比赛对球员的底线相持功夫是一个极大的考验，球员一般要付出数倍的汗水及耐心在底线与对手周旋，获胜的往往不是打法凶悍的发球上网型选手，而是在底线艰苦奋斗的一方。

3. 硬地场

现代大部分的比赛都是在硬地网球球场上进行的，它也是最普通、最常见的一种场地。硬地网球场一般由水泥和沥青铺垫而成，其上涂有红、绿色塑胶面层，其表面平整、硬度高，球的弹跳非常有规律，但球的反弹速度很快。许多优秀的网球选手认为，硬地网球更具"爆发力"，而且网球比赛中硬地球场占主导地位，必须格外重视。需注意的是，硬地不如其他质地的场地弹性好，地表的反作用强而僵硬，所以容易对球员造成伤害，而且这种损害已使许多优秀的网球选手付出了很大代价。

4. 地毯场

顾名思义，这是一种"便携式"的可卷起的网球场，其表面是塑胶面层、尼龙编织面层等，一般用专门的胶水粘接于具有一定强度和硬度的沥青、水泥、混凝土底基的地面上即可，有的甚至可以直接铺展或粘接于任何有支持力的地面上，其铺卷方便、适于运输且有非常强的适应性，室内室外甚至屋顶都可采用。球的速度需视场地表面的平整度及地毯表面的粗糙程度而定。在保养上此种场地也是非常简单的，只要保持地面清洁，不破损、不积水(配有相应的排水设施)就可以了。

网球场地应该是长方形，长度为 23.77 米，单打比赛的场地宽度为 8.23 米，双打比赛场地的宽度为 10.97 米。

场地由一条挂在绳索或钢丝绳上的球网从中间处分隔开，所使用的绳索或钢丝绳附着或挂在 1.07 米高的两根网柱上。球网应充分伸展开，使之能够填满两个网柱之间的空间，其上网孔的大小以确保球不能穿过为宜。球网中心的高度应当为 0.914 米，并且用中心带向下绷紧固定，网绳或钢丝绳和球网的上端应当用一条网带包裹住，中心带和网带都应完全为白色。网绳或钢丝绳的最大直径为 0.8 厘米。中心带的最大宽度应为 5 厘米。球网每一边垂直向下的网带宽度应当在 5 厘米与 6.35 厘米之间。

双打比赛中，每侧网柱的中心应距双打场地的外沿 0.914 米。单打比赛中，如果使用单打球网，每侧网柱的中心应距单打场地的外沿 0.914 米。

如果使用双打球网，那么球网要用两根高 1.07 米的单打支柱支撑起来，每侧单打支柱的中心距单打场地的外沿 0.914 米。

网柱的边长不应超过 15 厘米或直径不应超过 15 厘米。单打支柱的边长不应超过 7.5 厘米或直径不应超过 7.5 厘米。网柱和单打支柱的上端不能超过网绳顶端以上 2.5 厘米。

球场两端的界线称为底线，两侧的界线称为边线。

在两条单打边线之间画两条距球网 6.40 米并且与球网平行的线，这两条线称为发球线。在球网每一边的发球线和球网之间的区域，被一条发球中线分成相同的两个部分称为发球区，发球中线应当和单打边线平行并且与两条边线的距离相等。

每一条底线都由一条长 10 厘米的中心标志分为相等的两部分，中心标志要被画在场地内并且和单打边线平行。发球中线和中心标志的宽度为 5 厘米。除底线的最大宽度可以为 10 厘米外，场上其他所有线的宽度均应介于 2.5 厘米和 5 厘米之间。

所有场地的测量都应以线的外沿为标准，所有场地上的线的颜色均必须相同，并且和场地的颜色有明显的区别。

（二）永久固定物

场地上的永久固定物不仅包括后挡网和侧挡网、观众、观众的座位和看台，以及所有场地周围和上方的固定物，而且还应包括处于各自规定位置的主裁判、司线员、司网裁判和球童。

在一个使用双打球网和单打支柱的场地上举行单打比赛时，网柱、单打支柱以外的球网部分属于场地上的永久固定物，而不能视其为网柱或球网的一部分。

如果活球状态下的球落在正确的场地内后弹起触到了永久固定物，则击出该球的运动员赢得该分；如果活球状态下的球在落地前触到了永久固定物，则击出该球的运动员失分。

（三）球

场上用球外部需要由纺织材料统一包裹，颜色为白色或黄色，接缝处需无缝线痕迹。用球的重量要介于 56.7～58.5 克之间。在从 254 厘米的高度向混凝土地面做自由落体运动时，反弹的高度应该介于 134.62～147.32 厘米之间。当在球上施加 8.165 千克的压力时，向内发生弹性形变应该介于 0.559～0.737 厘米之间，压缩后反弹形变的范围应该介于 0.8～1.08 厘米之间。这两种形变数据应该是以球的 3 个轴测试后得到的平均值。在每一种情况下任何两个数据之间的差异不能大于 0.076 厘米。

如果在海拔 1 219 米的高度进行比赛，就需要采用另外两种特殊用球。第一种是除弹跳高度要介于 121.92～134.62 厘米以外，还要使球的内压大于外部气压，其他方面则与上面的描述完全相同，这种球通常称为增压球；第二种球除弹跳高度要在 134.62～147.32 厘米之间外，还要使球的内压大约等于外部的气压，并且能在指定的比赛场地的海拔高度保持 60 天以上，其他方面则与上面的描述完全相同，这种球通常被称为零压球或无压球。

（四）球拍

球拍的击球面应该是平坦的，由连接在球拍框上的拍弦组成统一规则，拍弦在交叉的地方应该是相互交织或相互结合的;拍弦所组成的试样应该大体一致,中央的密度特别不能小于其他区域的密度。球拍的设计和穿弦应使球拍正反两侧在击球时性质大体保持一致。拍线上不应有附属物或突出物,除非该附属物仅仅并且非常明确的是用来限制和防止拍弦磨损、撕拉或振动的,而且它的尺寸以及位置也必须是合理的。

球拍的总长度(包括拍柄)不能超过 73.7 厘米。球拍框的总宽度不能超过 31.7 厘米。击球平面的总长度不能超过 39.4 厘米,总宽度不能超过 29.2 厘米。

球拍框,包括拍柄及弦线上,不能有任何可能从实质上改变球拍形状,或故意改变球拍纵轴方向的重力分布从而使挥拍瞬间的惯性发生变化,或者故意改变任何的物理性质从而在一分球的比赛中影响球拍性能的装置。任何能够改变或影响球拍性能的能源装置都不能装进或附着在球拍上。

在比赛期间,运动员的球拍上不能有任何可听或可视的,用于提供交流、建议和指示的装置。

二、定义

发球员:运动员/队应当分别站于球网两侧。发球员是指在开始比赛时发出第一分球的运动员。

接发球员:接发球员指准备回击发球员所发出球的运动员。接发球员可以随意站在属于他自己球网一侧的场地内或场地外的任何位置接球。

交换场地:运动员应在每一盘的第一局、第三局和随后的每一个单数局结束后交换场地。运动员还应在每一盘结束后交换场地,除非在这盘结束后双方所得的局数之和为偶数时,在这种情况下运动员在下一盘第一局结束后交换场地。在平局决胜局中,运动员应在每 6 分后交换场地。

活球:除了作出发球失误或重发的呼报之外,球从发球员击出的那一时刻开始直到该分结束都为活球。

三、基本规则

(一)计分

1. 一局的计分

(1)常规局

在一个常规局的比赛中,报分时应首先报发球运动员的比分,计分如下。

无得分——0

第一分——15

第二分——30

第三分——40

第四分——一局比赛结束

若两名运动员/队都获得了3分,则比分为“平分”。“平分”后如果一名运动员/队获得了下一分,则比分为“占先”,如果“占先”的这名运动员/队又获得了下一分,他即赢得了这一局;如果“占先”后是另一名运动员/队获得了一分,则比分仍为“平分”。一名运动员/队需要在“平分”后连续获得两分,该运动员/队才能赢得这一局。

(2)平局决胜局

在平局决胜局中,使用0、1、2、3分等来计分。首先赢得7分并净胜对手2分的运动员/队赢得这一局及这一盘。在需要时,决胜局必须继续进行,直到一方运动员/队净胜对手2分为止。

轮及应该发球的运动员在平局决胜局中首先发第一分球,随后的两分由他的对手发球(在双打比赛中,对方队中轮及应该发球的运动员进行发球)。此后,每一名运动员/队轮流连续地发两分球直到平局决胜局结束(在双打比赛中,两队应按照与该盘中相同的发球顺序轮流连续发球)。

在平局决胜局中首先发球的运动员/队应当在下一盘的第一局开始时首先接发球。

2. 一盘的计分

一盘中的计分有不同的方法。主要的计分方法是“长盘制”和“平局决胜局制”两种。比赛中两种计分方法中的任何一种都可以使用,但必须在赛前事先宣布。如果使用的是“平局决胜局制”的计分方法,还必须声明决胜盘将采用的是“平局决胜局制”还是“长盘制”。

(1)“长盘制”

先赢得6局并净胜对手两局的运动员/队才能赢得这一盘。如果需要的话,这一盘必须持续到一方运动员/队净胜两局为止。

(2)“平局决胜制”

先赢得6局并净胜对手两局的运动员/队才赢得这一盘。如果局数比分达到6∶6时,则需进行“平局决胜局”。

3. 一场的计分

一场比赛可以采用三盘两胜制,先赢得两盘的运动员/队赢得这场比赛;或采用五盘三胜制,先赢得三盘的运动员/队赢得这场比赛。

(二)场地和发球的选择

在准备活动开始前,通过掷币的方式决定获得挑选场地和比赛的第一局谁作为发球员或接发球员的权利。掷币获胜的运动员/队可以进行以下方式的选择。

(1)在比赛的第一局中,选择发球员或接发球员,在这种情况下,对手应选择在比赛的第一局所处哪一边的场地。

(2)选择在比赛的第一局所处哪一边的场地,在这种情况下,对手应选择在比赛的第一局作为发球员或接发球员。

(3)要求对手对于以上两种方法作出选择。

(三)发球

在开始发球动作前,发球员必须立即双脚站在底线后(即远离球网的那一侧),中心标志的假定延长线和边线的假定延长线之内的区域里。

然后,发球员应当用手将球向任何方向抛出并在球触地前用球拍将球击出。在球拍击到球或没有击到球的那一刻,整个发球动作即认为已经完成。对于只能使用一只手臂的运动员,可以用球拍完成抛球。

发球员应该在接发球员做好准备以后再发球。不管怎样,接发球员应当按照发球员合理的发球节奏来比赛,并且在发球员准备发球时,在合理的时间内做好接发球的准备。

1. 发球次序

在每一个常规局结束后,该局的接发球员在下一局中应该成为发球员,该局的发球员在下一局中应该成为接发球员。

双打比赛中,在每一盘第一局开始前,由先发球的那队选手决定哪一名运动员先在该局发球。同样,在第二局开始前,他们的对手也应当作出由谁在该局先发球的决定。第一局先发球的运动员的同伴在第三局发球,第二局先发球运动员的同伴在第四局发球。这个轮换次序一直延续,直到该盘比赛结束。

2. 发球的程序

在一个常规发球局中,每一局的发球员都应当从场地的右半区开始,交替站在同侧场地的两个半区后面发球。

在平局决胜局中,第一分发球应当从场地的右半区开始发出,然后交替从场地的两个半区后面发球。

发出的球应当越过球网,在接球员回击发球之前落到对角方向的发球区内。

3. 发球的脚误

在发球的整个动作过程中,发球员不可以有以下动作。

(1)通过走动或跑动来改变位置,但脚步轻微的移动是允许的。

(2)任何一只脚触及底线或场地内的地面。

(3)任何一只脚触及边线假定延长线外的地面。

(4)任何一只脚触及中心标志的假定延长线。

如果发球员违反了这些规定,就是一次“脚误”。

4. 发球失误

下列情况为一次发球失误。

(1)发球员违反了发球中的2与3。

(2)发球员试图击球时未能击中。

(3)发出的球在触地前碰到了永久固定物、单打支柱或网柱。

(4)发出的球触到了发球员或发球员的同伴，或发球员和发球员同伴所穿戴或携带的任何物品。

(四)第二次发球

如果第一次发球失误，发球员应当立即从他该次发球失误的同一半区后面的规定位置再发一次，除非发球失误的这次发球是从错误的半区发出的。

如果出现下列情况，应重新发球。

(1)发出的球触到了球网、中心带或网带后落在有效发球区内；或在球触到了球网、中心带或网带后落地前触到了接发球员或其同伴，或他们所穿的或携带的任何物品。

(2)球发出后，接发球员还没有做好准备。

在重发球时，引起重发的那次发球不被计算，发球员应重发该发球，但是不能取消重新发球前的发球失误。

除了在第二次发球时呼报重赛，是指重发该次发球外，在所有其他情况下，当呼报重赛时，这一分必须重赛。

(五)运动员失分

如果出现下列情况，运动员将失分。

(1)发球员连续两次发球失误。

(2)在活球状态下，运动员在球连续两次触地前不能将球回击过网。

(3)在活球状态下，运动员回击的球在落地前触到有效击球区外的地面或其他物体。

(4)在活球状态下，运动员回击的球在落地前触到永久固定物。

(5)接球员在球没有落地前回击发球员发出的球。

(6)运动员故意用他的球拍托带或接住处于活球状态中的球，或故意用球拍触球超过一次。

(7)在活球状态下的任何时候，运动员或他的球拍(无论球拍是否在他手中)或他穿戴或携带的任何物品触到球网、网柱/单打支柱、网绳或钢丝绳、中心带或网带，或者接触他对手场地的地面。

(8)运动员在球过网前击球。

(9)在活球状态下，除了运动员手中的球拍以外，球触及运动员的身体或他穿戴的或携带的任何物品。

(10)在活球状态下,球触到了运动员的球拍,但球拍不在他的手中。

(11)在活球状态下,运动员故意并实质性地改变了球拍的形状。

(12)双打比赛中,在一次回击球时,同队的两名运动员都触到了球。

(六)有效回击

如果是下列情况,则属于一次有效回击。

(1)球触到了球网、网柱/单打支柱、网绳或钢丝绳、中心带或网带并且越过球网上面后落到有效场地内。

(2)在活球状态下球落在有效场地内后由于旋转或被风吹回过网,该轮到击球的运动员越过网击球,将球击到有效场地内,并且没有违反运动员失分的规定。

(3)回击的球从网柱外侧,无论该球是高于还是低于球网的上部高度,即使触到网柱,只要落在有效场地内。

(4)球从单打支柱及其附属网柱之间的网绳下面穿过而又没有触及球网、网绳或网柱,并且球落在有效场地内。

(5)运动员的球拍在回击自己球网一侧内的球后随球过网,球落入有效场地内。

(6)在活球状态下,运动员击出的球碰到了停在正确场地内的另一个球。

(七)更正错误

作为一项原则,当比赛中发现一例违反网球规则的错误时,先前所有的比分都有效,发现的错误应当按照如下条款更正。

(1)在一个常规局或一个平局决胜局中,如果一名运动员从错误的半区发球,此错误一经发现就应当立即纠正,发球员要按照场上的比分从正确的半区发球。错误被发现前发球员已发生的发球失误有效。

(2)在一个常规局或一个平局决胜局中,如果出现双方的运动员场地站边错误,则此错误一经发现就应当立即被纠正,发球员要按照场上的比分从正确的一边场地发球。

(3)在常规局中如果出现运动员的发球次序错误,此错误一经发现,原先该轮及发球的运动员应当立即发球。然而,如果错误被发现前该局已经结束,则发球的次序就按照已改变的次序进行。在这种情况下,此后的所有换球必须比原先规定的局数推后一局进行。

如果发球次序错误被发现前,对手有一次发球失误,则此次发球失误无效。

在双打比赛中,如果是同队的两名运动员出现发球次序错误,则发现错误以前的一次发球失误有效。

(4)在平局决胜局中,运动员出现发球次序错误,如果此错误是在双数比分结束后被发现的,则错误一经发现就应当立即纠正。如果此错误是在单数比分结束后被发现的,则发球的次序就按照已改变的次序进行。

如果发球次序错误被发现前,对手有一次发球失误则此次发球失误无效。

在双打比赛中,如果是同队的两名运动员出现发球次序错误,则发现错误前发球员同伴的一次发球失误有效。

(5)在双打比赛的常规局或平局决胜局中，如果接发球次序出现错误，则按照已发生的错误次序继续进行，直到这一局结束。在这一盘的下一次接发球局时，这对运动员应当重新回到原先的接发球次序。

(6)赛前规定的是“长盘制”的比赛，但是如果在局数 6∶6 时错误地进行了“平局决胜局”的比赛，如果此时仅仅进行了第一分的比赛，则此错误应立即被纠正；如果错误被发现时第二分的比赛已经开始，则这盘比赛将按照“平局决胜制”继续进行。

(7)赛前规定的是“平局决胜局制”的比赛，但是如果在局数 6∶6 时错误地开始了常规局的比赛，如果此时仅仅进行了第一分的比赛，则此错误应立即纠正；如果错误被发现时第二分的比赛已经开始，则这盘比赛将按照“长盘制”继续进行，直到双方的局数达到 8∶8 时(或更高的偶数平局时)再进行“平局决胜局”的比赛。

(8)如果赛前规定决胜盘采用“平盘决胜局制”，但是在决胜盘错误地开始了“平局决胜局制”或“长盘制”的比赛，如果此时仅仅进行了第一分的比赛，则此错误应立即纠正；如果错误被发现时第二分的比赛已经开始，则这一盘比赛继续进行，直到一名运动员/队赢得 3 局由此赢得这一盘，或是到局数 2∶2 平时，再进行“平盘决胜局”的比赛。然而，如果此错误在第五局的第二分比赛开始后才被发现，则这一盘将以“平局决胜局制”继续比赛。

(9)如果没有按照正常的顺序换球，那么就要等到下一次再轮到这名运动员/队发球时，更换新球。此后的换球顺序仍然应按照原先的规定，在达到既定的换球局数后再进行。在一局比赛进行中，不能换球。

(八)连续比赛

作为一个原则，比赛从整个比赛的第一分发球开始直到结束应当连续地进行。

(1)分与分之间，最长间隔时间允许为 20 秒。运动员在单数局结束后交换场地时，最长间隔时间允许为 90 秒。

然而，在每盘的第一局结束后和在平局决胜局进行时，运动员应交换场地而没有休息，比赛应连续进行。

在每一盘结束后，最长盘间的间隔时间为 120 秒。

最长允许时间是指从上一分球结束时开始，直到下一分第一次发球时球被击出时为止。

赛事组织者可以向国际网联申请批准延长单数局结束时运动员交换场地的 90 秒间隔时间，以及盘与盘之间 120 秒的间隔时间。

(2)如果由于运动员不能控制的原因，如服装、鞋子或必要的装备(不包括球拍)损坏或需要对其进行更换时，可以允许给运动员一个合理的额外时间去解决这些问题。

(3)不能因为一名运动员要恢复体力而给其额外的休息时间。但是，当运动员出现可以治疗的伤病时，可以获得一次 3 分钟的治疗时间来处理此伤病。如果赛前已公布，限定上卫生间/更换衣服的次数也是允许的。

(4)如果赛事组织者赛前已经宣布，整场比赛允许有一次最长为 10 分钟的休息时间，这个时间可以在五盘赛制的第三盘结束之后或三盘赛制的第二盘结束之后采用。

(5)准备活动时间最长为 5 分钟,除非赛事组织者事先另有规定。

(九)指导

以任何可听到的或可看到的方式对运动员进行交流、建议或各种指示都被认为是指导。

在团体赛中,运动员可以接受坐在场上的队长的指导,这种指导可在每盘结束后的间歇和单数局结束后运动员交换场地时进行,但是在每一盘的第一局结束后和决胜局中交换场地时不能进行指导。

在其他的任何比赛期间,运动员都不能接受指导。

(十)备选计分方法

1. 一局中的计分

“无占先”计分法——这种备选的计分方法可以被使用。

在一个“无占先”局的比赛中,应先报发球运动员的比分,计分如下。

无得分——0

第一分——15

第二分——30

第三分——40

第四分——局比赛结束

如果双方运动员/队都赢得 3 分,这时的比分称为“平分”,然后要打一个决胜分。接球方将选择从场地左半区还是从右半区接发球。在双打比赛中,进行决胜分比赛时接球方的两名队员不能改变接球站位。赢得决胜分的运动员/队赢得这一局。

在混双比赛中,与发球员同性别的接球员应当接决胜分的发球。接球方的两名运动员不能改变接球站位去接决胜分的发球。

2. 一盘中的计分

(1)“短”盘制

谁先赢得四局并净胜对手两局的运动员/队赢得这一盘。如果局数比分达到 4∶4,将进行一个“平局决胜局”的比赛。

(2)七分制平盘决胜局

当比赛的盘数比分达到 1∶1,或在五盘三胜制的比赛中盘数比分达到 2∶2 时,用一个“平局决胜局”来决定比赛的胜负,这个“平局决胜局”代替最后的决胜盘。

先赢得对手 7 分并净胜 2 分的运动员/队将赢得“平盘决胜局”和整场比赛。

(3)十分制平盘决胜局

当比赛的盘数比分达到 1∶1,或在五盘三胜制的比赛中盘数比分达到 2∶2 时,用一个“平局决胜局”来决定比赛的胜负,以这个“平局决胜局”代替最后的决胜盘。

先赢得对手 10 分并净胜 2 分的运动员/队将赢得“平局决胜局”和整场比赛。

注：当采用“平盘决胜局”代替最后的决胜盘时：

原先的发球顺序继续不变。

在双打比赛中，就像每盘开始时那样，各队的发球和接发球顺序可以改变。

在“平盘决胜局”比赛开始前，应有一个120秒的盘间休息。

知识拓展

网球规则中的广告规则

网球规则中还有一个关于广告的规则，在靠近网柱并且距网柱中心内侧0.914米以内的部分球网上可以有广告，但广告的制作不应干扰运动员的视野或比赛条件。获准机构的一个标识可以放置在球网的下部，距离球网顶端至少0.51米，只要其不影响运动员的视野或比赛条件。在场地后面和侧面可以安放广告及其他标志或物体，但不能干扰运动员的视野或比赛条件。在场地界线之外的地面上可以安放广告及其他标志或物体，但不能干扰运动员的视野或比赛条件。在球场界线以内的场地表面不能有广告及其他标志或物体。

第二节　网球运动的裁判方法

一、网球裁判员的行为要求与准则

(一)行为要求

网球竞赛是推动群众性网球运动的开展，提高运动技术水平的重要手段。裁判员在竞赛工作中起着主要的组织和教育作用。他不仅对运动员的各种技术犯规以及各种不良道德行为进行判罚，而且对运动员的作风培养，技术、战术水平等方面的提高和发展都负有责任。

正如对网球运动员的专业水平及行为有高标准要求一样，对于网球裁判员的专业水平及行为表现也要有高标准的要求，具体描述如下。

1. 规则理解要求

(1)网球裁判员要熟悉网球规则和正确理解规则精神实质，对规则的概念清晰，在临场执行工作时，严格执行规则，执法要公正，判罚要准确、果断。

(2)要了解网球运动的发展趋势，使网球裁判工作能起到促进网球技战术水平不断发展和提高的作用。

2. 身体状况要求

随着网球技战术水平的迅速提高，比赛更加紧张、激烈。持续时间亦将延长，这就要求裁判员的身体状况符合如下要求。

(1)反应快、视野广。

(2)身体健康，精力旺盛。

3. 职业道德要求

(1)裁判员不能担任与其有关系的运动员比赛的执法工作，以免由于利益冲突而造成运动员对其裁决公正性的怀疑。

(2)裁判员应就运动员要求与之讨论规则的解释，合理控制运动员的行为表现。

(3)裁判员不要与运动员熟识并建立亲密关系，但这并不意味着裁判员不能与运动员下榻同一宾馆，或不能出现在运动员也参加的公开场合。

(4)裁判员不应以任何方式就赛事进行打赌。

(5)除了比赛中对喧哗观众的控制，裁判员不要在赛前、赛中、赛后与观众攀谈。

(6)除了比赛中对喧哗观众的控制，裁判员不得参加媒体的记者采访及会议(其中有关裁判工作的谈话内容会被报纸刊登或电台播放)。

(7)裁判员在任何时刻都应对运动员保持公正态度，不要采取任何有损裁判公正性或引起质疑的行动。

(8)裁判员在任何时刻都要有专业的、高尚的举止，应具有责任感。

(9)在执行任务时，要求裁判员做到严肃认真、精神饱满、精力集中、服装整洁、仪表大方。

4. 掌控比赛要求

(1)网球运动是一项高雅的绅士运动，在比赛的过程中不仅要求运动员举止文明，同时对于观众的言语、行为也要有一定的文明规范。

(2)裁判员除了保证执法的公正性以外，还要能够妥善处理比赛过程中各种意外的事故，安抚运动员和妥善处理观众不理智的言语和行动，使比赛得以顺利进行。

正式比赛应有主裁判 1 人，司网裁判 1 人，端线裁判 2 人，边线裁判 4 人，底线裁判 2 人，发球线裁判 2 人。

(二)行为准则

作为一项“绅士运动”的裁判工作人员，对于自己的专业水平及其行为表现应该有高标准的要求。

(1)裁判员提前或准时出席指定的比赛。

(2)裁判员的着装及仪态与比赛的庄重性与整体性相符和。

(3)裁判工作的当天不能在赛前饮酒。

(4)裁判员不能担任与其有关系的运动员比赛场次的工作，以免由于利益冲突而造成运动员对其裁决公正性的怀疑。

(5)裁判员应就运动员的要求而与向其解释判罚的情况。

(6)裁判员不要与运动员表示熟识并建立亲密关系。

(7)裁判员不应以任何方式就赛事进行赌博行为。

(8)除了比赛中对喧哗观众的控制，裁判员不要在赛前、赛中或赛后与观众攀谈。

(9)在比赛过程中，裁判员不得参加媒体的记者采访及会议。

(10)裁判员在任何时刻都要有专业的、高尚的举止，并对国际网联监督及裁判长、临场裁判员、赛事组织工作人员、运动员和公众给予相当的重视。

裁判员在比赛过程中始终是以声音或手势来进行裁判工作的。当裁判员对比赛中出现的各种情况做出判定之后，应立即呼报，并以手势表示所判决的结果，使运动员和观众都清楚地了解裁判员的判定和比赛进行的情况。司线员的呼报总在手势之前，一共有6种呼报：出界、发球失误、脚误、重赛、擦网或穿网、更正。呼报必须迅速而响亮，足以让裁判员、运动员及观众都能听到。在整个比赛过程中，如果只有主裁判而没有设置司线员，则主裁判对于比赛中每个球都应给以判定，尤其对于线附近的球，应该给以声音或手势来加强对该球判法的肯定；如果一场比赛既有主裁判也有司线员，主裁判则应该以相应的手势来配合司线员的判法；如果司线员出现明显的误判，主裁判应给予及时的纠正。

在网球比赛过程中，裁判员的工作状态及手势动作如下(表12-1)。

表12-1　裁判员工作状态及手势动作

判　定	执行者	动作方法
允许发球	主裁判	目视发球方。并在其击球(一发或二发)前检查接球方准备情况，之后，目光移回发球方并注意发球
出界(远边线)	主裁判	目视失误方，球出远边线，伸出食指轻微晃动，同时报出比分
出界(近边线)	主裁判	目视失误方，球出近边线，伸出拇指，同时报出比分
界内球	主裁判	目视失误方，同时伸出手掌，向下做按的动作，同时报出比分
准备姿势	司网裁判	坐在椅子上，上肢靠近球网，眼睛与耳朵贴近网带上沿，同时以手指轻触网带。目的是眼看、耳听、手触三者同时配合，使判罚更加及时、准确
擦网	司网裁判	口中及时呼报，同时上体成端坐姿势，一手上举，手心面向主裁判
准备姿势	发球线或端线裁判	身体端坐在椅子上，上体前倾，双手置于膝盖上，双眼紧盯所司之线，同时用眼睛余光留意对方场地击过来的球

（续表）

判　定	执 行 者	动作方法
界内	发球线或端线裁判	上肢前倾，双手并拢（手背向上），置于两腿之间，停留一段时间，让主裁判能够看到
界外	发球线或端线裁判	一手继续置于同侧膝盖之上，另一手臂侧向完全伸开，指出球“出界”或“失误”方向，掌心朝向主裁判，手势应在呼报之后做出，并保持足够时间使主裁判能够看到。同时，目视主裁判（硬地）或球印位置（沙土地）
更正	发球线 或端线裁判	一手继续置于同侧膝盖之上，另一手臂向上举起完全伸开，指出球“出界”或“失误”方向，掌心朝向主裁判，手势应在呼报之后做出，并保持足够时间使主裁判能够看到。同时，目视主裁判（硬地）或球印位置（沙土地）
放松姿势	站立司线裁判	身体直立，抬头挺胸，双眼目视前方。两脚开立、与肩同宽，双手置于身后位置
准备姿势	站立司线裁判	两脚开立、与肩同宽或大于两肩，双手置于双膝之上，俯身抬头，目视所司之线
出界或失误	端线裁判或司线裁判	身体如准备姿势，一手继续置于同侧膝盖之上，另一手臂侧向完全伸开，指出球“出界”或“失误”方向，掌心朝向主裁判，手势应在呼报之后做出，并保持足够时间使主裁判能够看到。同时，目视主裁判（硬地）或球印位置（沙土地）
好球	站立司线裁判	双手并拢（手背向上），与主裁判目光接触，让主裁判能够看到。在线内 1 米范围的好球，都应该做出手势
未看见	站立司线裁判	双手在面前并拢于眼下位置，停留一段时间，让主裁判能够看到

二、监督长或裁判长

网球运动竞赛中，监督长或裁判长的主要职责如下。

（1）担任现场终审仲裁的人员，对竞赛规程、竞赛准则、行为准则、《网球规则》及由此产生的且需要在现场判定的一切问题，都有解释权和处理权。

(2)赛前，安排必要的学习或召开会议，以便使全体裁判员能全面了解所适用的一切规则和程序。

(3)指定裁判组长并保证其能正确地履行职责。

(4)安排每场比赛的主裁判员和司线员。

(5)当有必要改善比赛中的裁判工作时，他可撤换主裁判员，也可撤换或轮转司线员、司网裁判员。

(6)保证每块场地、网球及网柱都能符合《网球规则》要求，并且保证每一块场地都有以下设备。

①主裁椅。主裁椅的高度应在1.82～2.44米之间，主裁椅的中心点距网柱0.914米。

若使用麦克风，必须要使用带有开关的麦克风，且必须要固定安装，不可手持。裁判椅及其周围不得安装供公共广播用的麦克风。

若在室外比赛，裁判椅应有遮阳设备。

②司线椅。发球司线员和端线司线员的座椅，应安放在其对应线的靠近挡网处或离边线3.7米处。但座椅不可垫高放置。

中线司线员和边线司线员的座椅，除另有安排外，应放在场地后面。

当有阳光时，司线员不可正对阳光。若无阳光，司线员的座椅应放在主裁判员对面。

③司网裁判员座椅。司网裁判员座椅应放在网柱边，并应尽可能地放在主裁判员对面。

④运动员座椅。运动员座椅应放在主裁判椅两侧。

⑤场上用品。每场比赛均应供应运动员饮水及其他饮料，并备好水杯、毛巾和拖布等。

⑥量具。应具备能测量网高和单打支柱的测量尺带以及其他量具。

⑦秒表、积分表等。每场比赛的主裁判员应有一块秒表、中国网球协会或国际网联的记分表和铅笔。

(7)保证赛场后的挡网、广告牌和后面的墙壁不是白色、黄色或其他浅颜色，以免干扰运动员的视线。

(8)在开赛前应决定并通知参赛者比赛的条件(如用何种网球、用球数、换球局数、地面情况、何种赛制、长盘或短盘和其他有关事项)。

(9)在运动员休息地的显著位置设置官方布告栏，并通知所有的运动员。每日赛程表应尽快地张贴于此。

任何运动员都有权从监督和裁判长处获得每天的比赛安排表。

(10)在固定的地点安排赛事时钟作为赛会裁判表，并通知所有的运动员其安置的地点。除另有规定外，手表、怀表等不能用作赛会时钟。

(11)抽签前，应从竞赛委员会处得到“外卡”选手的名单，并与竞赛委员会商讨以下事宜。

①报名参赛运动员的最后名单。

②种子排位需要的排名表。

③其他抽签需要的有关资料。

(12)进行预选赛和正选赛抽签工作。

(13)在监督和裁判长办公室及布告栏上张贴所有签到表(预选赛、正选赛、替换和幸运失败者表)，并在布告栏上适当张贴相关信息。

(14)以紧接前场的方式或限定开始时间的方式安排每日比赛。一旦制定好日程安排，就不得擅自变动。

①比赛之前。在安排第一天的比赛前，裁判长可与前一周比赛的监督或裁判长联系，以便确定仍在异地比赛的运动员到来参赛有无困难。在可能范围内，在不损害公平合理的赛程安排的条件下，裁判长在安排比赛时，对于有一定困难的运动员，可给予适当照顾。

②预选赛。单打预选赛应在正选赛开始前一天全部结束。除因天气或不可避免的因素干扰赛程外，预选赛中运动员每天最多能参加两场单打。

若在一天内赛完一轮以上的预选赛，其比赛顺序应由上至下或由下至上地按比赛抽签表秩序进行。

③正选赛。除天气或不可抗拒的因素干扰赛程外，运动员每天只能安排一场单打和一场双打。除监督或裁判长另有安排外，应安排运动员先进行单打后进行双打。

(15)当在沙地或其他松软地面上进行比赛时，应在赛前保证地面平整、场地线清楚。

(16)决定场地是否适合比赛。

(17)设置特定的地点，采用一切合理的方式，按赛程要求通知运动员上场比赛。

凡被通知上场比赛的运动员，均应准备上场比赛。在特殊情况下，由监督或裁判长决定何时通知运动员上场比赛，或裁定何时确已宣布过比赛。

(18)决定某一场比赛是否更换场地进行。

若因气候恶劣或其他无法避免的因素，导致正在进行中的比赛中断或暂停，若有必要排除运动员一天赛两场单打的可能性，或考虑有必要结束比赛，监督或裁判长无须考虑场地的地面性质和类别，可将比赛移到室内或室外场地进行。

在任何其他情况下，比赛一旦正式开始，即第一分的第一发球已经发出，则未经双方同意，比赛不可更换场地进行。双方协商时，不可进行干涉。

尽可能在该盘双数局赛完一盘后更换场地。

(19)因天气原因、光线不足或其他原因等，由监督或裁判长决定何时停赛。若因天黑停赛，则应在该盘双数局赛完或整盘结束后停赛。

(20)在比赛中，负责调查"违反行为准则"的事实，并给以恰当的处罚。对违反行为准则严重的运动员，监督或裁判长可取消其比赛资格或予以罚款；对执法中有不良行为(如故意偏袒一方)的裁判员，监督或裁判长可撤换该裁判员。

(21)在赛前与赛后，安排、护送运动员进场和退场。

(22)在比赛期间，如运动员对裁判员涉及有关规则问题的判定有异议，可提请裁判长解决，裁判长的判定就是最后的判定。比赛期间，监督或裁判长应始终在场，但监督或裁判长不可上场担任主裁判员。

(23)赛后，监督和裁判长最主要的两项工作：一是向赛会主办单位写出书面总结；二是给每位参加裁判工作的人员写出书面鉴定，并将此鉴定同总结一并上交主办单位。

三、裁判组长

裁判组长的主要职责如下。

(1)召集足够的、合格的裁判员担任比赛的裁判工作。

(2)组织裁判员进行必要的赛前训练,并复习《网球竞赛规则》、竞赛规程和行为准则。

(3)准备一份比赛中所有裁判员的名单,注明通讯地址、各自的裁判级别(国际网联批准或国家网协批准),并将此名单复印后交监督或裁判长各一份。

(4)制定每天裁判员上场的顺序,所做安排需经监督或裁判长同意后方可生效。

(5)赛前召开碰头会,介绍有关场次的安排和执法程序。例如,如何呼报、裁判手势要求、场地轮转安排等。

(6)评估所有裁判员的工作表现。

(7)在比赛进行中应一直在场,除监督或裁判长另有安排外,裁判组长不能担任主裁判员或司线员。

(8)协助监督和裁判长履行职责。

四、主裁判

主裁判主持比赛的裁判工作。在比赛的全部过程中,主裁判可对场上参赛队员和其他裁判工作人员行使他的权力。他有权决定比赛中出现的一切问题(包括规则中没有规定的问题)。在比赛中,他有权改判其他裁判的判定,即他的判定为最终决定。比赛过程中,主裁判应坐在球网一端的裁判椅上,椅子应距网柱约 1 米左右的位置,椅子的高度应在 1.82～2.44 米之间。

主裁判的主要职责如下。

(一)比赛前职责

1. 准备基本工具

准备工具如下:记分表、带橡皮的铅笔、手携式秒表、挑边器(硬币)、量网尺(卷尺)等。

2. 做好比赛的准备工作

比赛准备工作是检查以下事项。

(1)检查单打支柱。单打支柱应在球网相反两侧,单打边线外 0.914 米处放置,如果负责双打裁判工作,应确认单打支柱是否已被去掉。

(2)检查球网高度。球网中心带高度为0.914米。

(3)检查主裁座椅位置。椅子的位置应距网柱0.914米,此距离观察球场角度较好。

(4)检查司线员座椅位置。司线员不应该面对太阳而坐,如可能的话,应坐在主裁对面;发球司线员和端线司线员的座椅,应安放在对应线的靠近挡网处或离边线3.7米处,但座椅不可垫高位置;司网裁判员座椅应放在网柱边,并尽可能地放在主裁判对面。

(5)检查网球。主裁判应有足够的新球完成比赛,并准备一些不同程度的旧球作为丢失球的替补。

(6)检查其他物品。应给运动员准备好饮水、毛巾及运动员座椅这些物品,运动员座椅应放在主裁判两侧。若使用麦克风,必须固定安装,不可手持,并且要使用带有开关的麦克风。裁判椅及其周围不得安装供公共广播用的麦克风。

3.召开运动员赛前会议

赛前会议的事项如下。

(1)在网前等候运动员,当他们准备好后,召至网前开会。

(2)告知运动员比赛盘数,平局决胜制及换球制度。

(3)询问运动员有何问题。

(4)在两运动员面前掷币决定选择发球还是场地。请牢记:挑边获胜运动员可以选择发球或接发球、选择场地或要求对手选择。

(5)检查运动员着装是否符合比赛要求。

(6)填写记分表,表明挑边获胜者及其选择的情况。

4.准备活动期间主裁判工作事项

在运动员5分钟准备活动期间,主裁判的准备工作如下。

(1)主裁判在座椅上坐定并在运动员第一下击球时开表计时,注意准备活动时间是5分钟。

(2)完成记分表的准备。

(3)在准备活动还剩两分钟时,宣报"两分钟"。

(4)在准备活动还剩一分钟时,宣报"一分钟",并介绍比赛。例如,这是第×××轮比赛,参赛双方为我椅子左侧的×××,右侧的×××。采用三盘两胜(五盘三胜)及平局决胜制。×××获挑边权并选择×××。

(5)当5分钟准备活动结束,宣报"时间到,准备比赛",并指示将球交于发球方。

(6)当看到双方运动员已准备好,宣报"×××发球,比赛开始",并在记分表上记下开始时间。

(二)比赛中职责

在比赛过程中,主裁判要控制场上的局面,并应该注意球场及其周围发生的情况。

(1)主裁判目视发球方准备，并在其击球(第一发球和第二发球)前检查接球方准备状况；之后，目光移回发球方并注意发球。

(2)一分结束后，要目视失分运动员(如有问题或产生提问，肯定来自失分运动员)，不要只顾低头看记分表。

(3)呼报分数的方式应遵循正确的国际网联报分程序(先英文后中文)。

①除了在平局决胜制的小分中，发球方的分数总是呼报在先，如：15∶0、0∶15、15平、30∶15、30平、40∶30、平分(不能报40平)，×××占先，×××胜。

②当一分结束后，报分应响亮清晰，并迅速记在记分表上。

③在一局(盘)结束后，除了报"×××胜"外，主裁判还应宣报局比分，如第1盘第6局结束，史密斯胜，局数4比2，史密斯领先。或第1盘结束，史密斯胜，局数7比5，盘数2比1，琼斯领先。如果观众可以看到记分板，则无须呼报盘比分。

④当一盘到达平局决胜的时候，呼报：第12局结束，史密斯胜，局数6∶6，决胜局，发球。

⑤在决胜局中，先呼报分数，再报出领先运动员姓名，如1∶0，琼斯领先。2∶1，史密斯领先。在平局决胜制报分中，用"zero"代替"love"。决胜局结果呼报：第×××盘结束，×××胜，局数7∶6。

⑥当比赛得出结果后，宣报获胜方：全场比赛结束，史密斯胜。(盘数3∶2)，局数6∶4、1∶6、7∶6、4∶6、6∶2。每盘呼报中，比赛获胜者的报分呼报在先。

(4)主裁判是场上事实问题的仲裁员，在没有司线员的情况下，主裁判必须对所有的线进行呼报。

(5)如果司线员的呼报有明显的错判时，主裁判可以及时更正。更正一定要迅速，不要等到运动员申诉或反对后再做出更正。

(6)如果担任沙地网球裁判，主裁判有责任检查球印。

(7)主裁判要保证比赛的持续进行。运动员在每分之间只有20秒的间隔时间，而在交换场地后有90秒的时间。届时主裁判一定要提醒运动员继续比赛。

(8)如果某一运动员在比赛中受伤，通常被允许接受3分钟的治疗。

(9)当下雨和场地状况不适应比赛或当场地光线不够的时候，主裁判应推迟比赛，无论何时，都尽可能将推迟比赛定在一盘结束或局数比分平分的时候。

(10)在比赛过程中，主裁判负责换球并决定用球是否符合比赛要求(有司网裁判时，由司网裁判负责换球)。

(11)记分表。根据国际网联认可的程序填写记分表。

①赛前。在与运动员赛前会议前，完成记分表上所要求内容的填写，如赛事名称、轮次、换球、运动员姓名等。

②挑边。挑边以后，表明赢方运动员及其选择。

③时间/中断期。记录每盘比赛开始和结束的时间及比赛中断的时间及原因。

④发球位置(区)。根据运动员在场中的正确位置，按发球顺序运动员姓名的大写字母标入"发球区"的纵列中。

⑤换球。在记分表右侧换球处预先做好标记。

⑥记分。在记分表的表格用斜杠及以下字母记分。

"A"——发球直接得分。

"D"——发球双误。

"C"——违反行为规则。

"T"——违反时间准则。

另外,". "应标在发球者记分格底线正中,表示第一发球失误。

⑦违反准则。行为/时间准则的违反应分别在相应表格中表明。

⑧事实陈述。应列举所有犯规事实,确切写明任何认为是污秽的、有伤尊严的语句。

(三)比赛后职责

(1)在运动员相互握手并回到座椅上后,主裁判以尽可能快的速度离开座椅。

(2)比赛结束后不要与运动员交流。

(3)完成记分表的填写并交给裁判长。

五、司线员

优秀的司线员是做好一场比赛的裁判工作的关键,准确的线上呼报会使主裁判工作相对简单和容易,使比赛能够更加顺畅而减少争议;而司线员的失误,如延误呼报及事后改判会使主裁判面临很多麻烦。

(一)主要职责

(1)选择视角最好的位置,观察自己所司之线。如果视线被接球方阻挡,应适当向内、外移动,进行调整。

(2)完成所负责线上的所有呼报,而对自己职责之外其他司线员或主裁判的裁定不作任何评论。

(3)如因运动员阻挡了视线而没有看见落点,应立即做出未看见落点的手势。

(4)对错判立即更正。再好的司线员也难免出错,一旦意识到误判,应立即呼报"更正"。

(5)如主裁判进行改判,应保持安静。当运动员问及呼报和改判时,不予回答并将问题转向主裁判。

(6)当负责端线、边线或发球中线时,注意呼报"脚误"。

(7)负责司网时,应呼报"擦网"球。

(8)当主裁判未看见或听见运动员违反行为准则的言行,司线员要及时向主裁判报告。

(9)不要为运动员拾球或递毛巾。

(10)不要与观众交谈。

(11)不要为运动员鼓掌加油。

(12)未经主裁判允许,不得离场。

(二)呼报技巧

1. 姿势

应一直保持警觉及身体上的放松。边线上为站姿,端线及发球线上为坐姿。

2. 呼报

呼报总是在手势之前做出,一共有六种呼报:出界、(发球)失误、脚误、重赛、擦网、更正。

3. 手势

四种手势如下。

(1)“出界”或“失误”:手臂侧向完全伸展,指出球“出界”或“失误”方向。手势应在呼报之后做出,并保持足够长的时间,以使主裁判员可以看到。

(2)“脚误”“更正”与“擦网”:手臂充分上举,同时呼报“脚误”“更正”与“擦网”。

(3)“好球”:双手并拢(手背向上),并让主裁判员看到。在线内大约1米范围内的好球应做出好球手势。

(4)“未看见(落点)”:双手在面前并拢于眼下位置。当比赛再次进行时,继续观察球的落点。

4. 观察

观察球的方法及位置对判断的准确性是至关重要的。

(1)不要一直跟随球的运行轨迹直至线上,稍微移动头部就可以知道球的位置。

(2)在球落地前,目光移至线上。

(3)保持头部稳定,立即将目光集中于线上及线后的区域。

(4)在运动员对抗击球时,不要将目光滞留在线上。

(5)在发球线上关注发球运动员的准备动作,当其将球抛起准备发球时,立即将目光集中于线上及线后区域。

5. 呼报后

当一分结束后,在硬地赛场中,一分结束后的手势或呼报做出时,注视主裁判;在沙地、红土赛场上,应将目光留于球印上,同时注意主裁判反应。在呼报的过程中,不要注视运动员。

(三)工作时的注意要点

一名优秀的司线员在比赛过程中,要注意下面注意事项。

(1)在比赛双方做准备活动时，就应该端坐或站在司线员的位置上，同时检验自己的视野。
(2)看线时要正襟危坐，姿势(站姿、坐姿)要端庄。
(3)呼报时要自信，声音大而清晰。
(4)在手势做好后，要保持一段时间，直至主裁判示意或报分。
(5)在工作过程中，不能与运动员争论，有争议示意询问主裁判。
(6)在球落地之后才能判断球的好坏。
(7)在比赛中自始至终要全神贯注。

(四)仪表和作风

(1)工作期间不准饮用含酒精的饮料。
(2)上场工作必须关掉所有通信工具。
(3)不能带手提包上场，上场工作不能吃东西、喝饮料。
(4)集体进场，集体离场，不得个别擅自离场，换班要准时。
(5)不得评论主裁判工作。
(6)无条件服从工作的调换。
(7)准时参加赛前会议、赛后会议。

六、司网裁判

在网球比赛中，经常看见一位坐在网柱旁的裁判员，他(她)就是司网裁判员。他(她)的工作程序如下。

(1)坐于网柱后，尽可能坐在主裁判员对面。如果安放单打支柱，则座椅放在网柱之间。

(2)只在运动员发球时将手放于钢丝绳上，并注意球的声音，发球结束将手拿开。注意脚不应伸入场区内。

(3)发球擦网应呼报“擦网”然后将一手上举。

(4)击出的球穿网而过呼报“穿网”。

(5)帮助主裁判员换球，将新球交给拾球员，收回旧球。

(6)每盘结束时，丈量网高。

七、球童

球童在大型网球比赛中扮演着不可缺少的角色，他可以辅助主裁判与运动员交流，为运动员服务，使比赛能够顺利进行。一名合格的球童必须要熟悉网球比赛的规则，知道双方运动员何时交换发球，何时交换场地，只有清楚地了解这些知识，才能根据比赛的实际情况在没有主裁判的提示下将球送到正确的场地一边。

(一)主要职责

拾球和送球是球童主要的职责。拾球时要求动作迅速,送球实际上是将球由一边底线送给运动员或送给网前的球童,再由其选择适当的时机传到另一边底线。传递球时要屈身将球从地面滚到另一名同伴手中,传递的路线是直线,不应使球斜穿球场。

除了拾球和送球外,球童要听主裁判的指挥,帮主裁判传递东西和传达信息给场上其他裁判员,免去主裁判上下裁判椅的麻烦;帮助运动员拿毛巾、递水,为运动员撑阳伞;当运动员交换场地休息时,网前的两名球童要面向主裁判和运动员站立,以便与主裁判交流或随时为运动员提供服务。

(二)临场工作

实际工作中,网前与后场球童分工有明确划分。通常一场比赛的球童最多为 6 人,最少为 1 人。人数的多少取决于比赛的规模、等级和组织者的需要。

6 人制球童的站位是:底线两端各两名,网前两名。底线球童身体笔直站立,双手置于背后。一分结束后,持球手上举,另一只手放在身前,便于让运动员知道手中球的数量。当运动员点头示意要球时,将球抛出,在地上反弹一下后,落到运动员伸出的手中或拍上。如手中无球,则双手在体前摊开,以示告知。

网前球童是蹲是站,要根据观众看台的高低而论。如网前球童站立时不会影响观众的视线,则不必蹲下,否则,必须蹲于网柱后面,做百米起跑状。一般而言,网前球童要保持在网柱两边,当一方跑动拾球时,另一方要与其交叉换位。当然,无论是采用几人制,球童应该和司线员一样,在规定时间内或局数内交替上场。

知识拓展

“球童”一词的由来

根据圣安德鲁斯的记载,“球童”一词背后有一段非常有趣的故事:16 世纪末苏格兰的玛丽女王非常热衷于高尔夫,经常往返于苏格兰和法国两地的她常与当地皇室一起打球,而在法国的皇室里,贵族们喜欢让军队里的军校生“Cadet”来为他们背球包,所以当玛丽女王 1561 年返回苏格兰的时候,就把这个词一起带回了故乡。也有人说,球童这个词最早从法语的“lecadet”演化而来,这个词的意思是“男孩”或者是家里最小的孩子,大约在 1610 年的时候,这个词开始流传到英国,之后就简化成为球童(Caddie)。

八、运动员行为判罚标准

(一)三级处罚制

在男子和女子职业网球比赛中实行三级处罚制。处罚情况如下。

第一次违例——警告。

第二次违例——罚分。

第三次违例——取消比赛资格。

在运动员违反行为准则的宣报中,使用正确的措辞是非常重要的。例如:

“×××先生/小姐乱击球,违反了行为准则,给予警告。”

“×××先生/小姐使用猥亵语言,违反了行为准则,给予罚分。”

“×××先生/小姐摔拍子,违反了行为准则,取消比赛资格。”

在宣报的同时应在记分表上正确记录行为准则的违反情况,确保对每项违反准则细节的记录进行确切的描述。

(二)运动员违反规则的行为

1. 服装要求

运动员应在着装上具有专业仪表,并且服装整洁规范。

(1)不能穿圆领长袖衫或体操短裤。

(2)商业及制造标志应符合规则要求。

(3)在双打比赛中,双打搭档应穿着底色相同的服装。

2. 无故拖延

规则要求,运动员比赛应当具有一定的“连续性”,如果其超过规定的 20 秒或 90 秒时间,如出现下列情况。

(1)(在主裁判“继续比赛”的指令后)拒绝比赛。

(2)自然状态下的体力不支(如抽筋、中暑等)。

(3)在因伤治疗的时间后,或在交换场地时的治疗后未能及时比赛的,将被视为拖延比赛而违反准则。

在其他情况下超出 20 秒或 90 秒,该运动员将被视为违反时间准则而受到处罚(警告、罚分)。

3. 场外指导

运动员在比赛过程中不可以接受场外指导(除了团体比赛交换场地的时间里)。
主裁判应在确定运动员接受场外指导的时候,给予其违反规则的处罚。

4. 能听见的猥亵语言

运动员在场上不应使用(通常为我们所知的)猥亵语言,而如果这些污秽言语又被主裁判、司线员、球童或观众清楚听到,则给予违反规则的处罚。

5. 能看见的猥亵行为

运动员不应用手、球拍、球或其他器具做出下流动作及举动。有之,则给予处罚。

6. 乱击球

运动员不应粗暴或愤怒地乱击球、乱踢球或乱扔网球。如出现下列情况,则给予处罚。
(1)击球出场外。
(2)在场内冒失的或造成危险的举动。

7. 摔球拍或其他器具

(1)毁坏或损坏球拍。
(2)在比赛中出于愤怒或尴尬(用拍)砸球网、球场、主裁判座椅或其他固定物。

8. 出语伤人

运动员不应对其对手、某一裁判员及观众等恶语相向(指不尊重的、侮辱性的、贬低性的及伤及尊严的语言)。如有之,则给予处罚。

9. 身体伤害

运动员不能对其对手、某一裁判员或其他任何人进行身体伤害(如推搡、踢打等)。有之,则给予处罚。

10. 做出与运动员身份不符的行为

在任何时候,运动员都应该表现得与这项运动及其身份相符。而与其身份不相符的行为是指运动员任何玷污体育(运动)风尚的不良举止,如向裁判或其他人吐痰等。有之,则给予适当处罚。

参考文献

[1] 苏丕仁. 乒乓球运动教程[M]. 北京:高等教育出版社,2004.
[2] 刘建和. 乒乓球[M]. 北京:人民体育出版社,2006.
[3] 贾纯良,穆亚楠. 乒乓球快速入门与实战技术[M]. 成都:成都时代出版社,2014.
[4] 崔秀馥. 乒乓球[M]. 北京:北京体育大学出版社,2003.
[5] 苏丕仁. 现代乒乓球运动教学与训练[M]. 北京:人民体育出版社,2003.
[6] 袁文惠. 乒乓球教程[M]. 郑州:黄河水利出版社,2009.
[7] 杜力平. 乒乓球裁判工作指南(第二版)[M]. 成都:西南交通大学出版社,2014.
[8] 刘亚云,黄晓丽. 小球运动[M]. 长沙:湖南师范大学出版社,2007.
[9] 赵雷,周兴伟. 球类技巧[M]. 北京:中国社会出版社,2007.
[10] 张瑞林. 乒乓球运动[M]. 北京:高等教育出版社,2005.
[11] 陈雪红,周兴富. 球类运动教学与训练[M]. 哈尔滨:哈尔滨地图出版社,2007.
[12] 中国乒乓球协会. 乒乓球竞赛规则(2011)[M]. 北京:人民体育出版社,2011.
[13] 黄益苏. 球类运动[M]. 北京:高等教育出版社,2007.
[14] 邹巍,陈丽娟. 羽毛球[M]. 重庆:西南师范大学出版社,2013.
[15] 西安交通大学体育部. 乒乓球·羽毛球·网球[M]. 西安:西安交通大学出版社,2001.
[16] 曹犇,许庆发. 羽毛球[M]. 桂林:广西师范大学出版社,2005.
[17] 肖杰. 羽毛球运动理论与实践[M]. 北京:人民体育出版社,2005.
[18] 惠程俊,刘瑞豪. 羽毛球快速入门与实战技术[M]. 成都:成都时代出版社,2014.
[19] 樊更生. 球类运动教学与训练[M]. 北京:中国商务出版社,2009.
[20]《球类运动》教材编写组. 球类运动[M]. 北京:人民体育出版社,2008.
[21] 邱勇. 羽毛球 网球[M]. 北京:北京师范大学出版社,2008.
[22] 周海雄,张剑峰,王凯军,郭立亚. 网球竞赛技术手册[M]. 北京:人民体育出版社,2014.
[23] 乔佇,李先国,黄念新. 网球运动教程[M]. 南京:南京师范大学出版社,2005.
[24] 董洁. 网球教程[M]. 北京:高等教育出版社,2005.
[25] 虞力宏. 网球[M]. 北京:高等教育出版社,2004.
[26] 王杰. 网球入门与技术图解[M]. 北京:人民体育出版社,2006.
[27] 宋强. 网球:全能技术图解[M]. 北京:北京体育大学出版社,2008.
[28] 周海雄,祁兵. 网球技战术训练手册[M]. 北京:人民体育出版社,2007.
[29] 中国网球协会. 网球竞赛规则(2013)[M]. 北京:人民体育出版社,2013.

参考文献